皇陵探秘系列

# 宋太祖陵密码

查献芹 著

辽宁人民出版社

© 查献芹 2023

**图书在版编目（CIP）数据**

宋太祖陵密码 / 查献芹著 . —沈阳：辽宁人民出版社，2023.4
（皇陵探秘系列）
ISBN 978-7-205-10707-9

Ⅰ.①宋… Ⅱ.①查… Ⅲ.①赵匡胤（927-976）—陵墓—研究 Ⅳ.① K928.76

中国国家版本馆 CIP 数据核字（2023）第 012158 号

出版发行：辽宁人民出版社
　　地址：沈阳市和平区十一纬路 25 号　邮编：110003
　　电话：024-23284191（发行部）　024-23284304（办公室）
　　http：//www.lnpph.com.cn
印　　刷：北京长宁印刷有限公司天津分公司
幅面尺寸：165mm×235mm
印　　张：19
字　　数：260 千字
出版时间：2023 年 4 月第 1 版
印刷时间：2023 年 4 月第 1 次印刷
责任编辑：赵维宁
助理编辑：姚　远
封面设计：乐　翁
版式设计：一诺设计
责任校对：耿　珺
书　　号：ISBN 978-7-205-10707-9
定　　价：59.80 元

# 序章　田野乡间的永昌陵

在河南巩义市八陵村、西村一带的田野间，散落着上千件的石刻雕像。夕阳西下，乡间格外宁静，金黄的稻谷随着秋风摇晃着，石像横七竖八地立在那里，残缺不全。这是一个规模庞大的皇家陵墓群——宋太祖赵匡胤的永昌陵携领北宋皇陵，还有后妃、宗室及王公大臣陪葬墓。这个皇家陵墓群，叫作七帝八陵，这是因为北宋九位皇帝中，除徽、钦二宗被金人掳走死于漠北之外，其余七位皇帝均葬在这里，还有一位"皇帝"是赵匡胤之父赵弘殷，他的陵墓之前在开封，后来迁到这里。

在七帝八陵中，最有名的就是宋太祖陵，皇陵主人就是北宋开国皇帝赵匡胤。

纵观整个中国历史，宋太祖赵匡胤在其中的地位举足轻重，他结束了华夏地区自唐末五代以来长达近七十年的混乱局面，解救了饱受战火之苦的百姓，为宋朝后期文化的繁荣、经济的发展创造了良好的条件。

他与统一六国的秦始皇、击败匈奴的汉武帝、开创大唐盛世的唐太宗齐名。秦皇汉武、唐宗宋祖，这四位在历史上赫赫有名的帝王，他们

# 宋太祖陵密码

生前种种功绩有国史的记载，风流韵事有野史的传说，就连他们的"身后事"也有诸多的研究。

所谓身后事最重要的就是丧葬与皇陵，而皇陵及其风水都被当时的人赋予一定的含义，这里将成为他们通往另一个世界的宫殿，或许他们会在另一个世界再创一番事业。因此每位皇帝都十分用心修建自己的陵墓，希望它们能长长久久地存在。直到现在，西安临潼的秦始皇陵、陕西的汉唐陵保存得都比较完整，然而只有由赵匡胤永昌陵所引领的宋陵散落乡间，这既令人惊讶又令人有些疑惑。

永昌陵经过千年的无数劫难只有遗址尚存，地面建筑大半被毁，百孔千疮，地宫几乎被盗墓贼扫荡一空。现在只有沉默的石狮孤零零地矗立在那里，望着远方的簇簇青山，忠诚地站岗，它们并不知道自己守卫的大门早已不存在了。当年的宋皇陵如今已变成麦田，古代帝王皇权的象征和让现代普通人吃饱饭的粮食形成古与今、精神与物质的魔幻现实对比。

沉默的皇陵与它埋藏的文物慢慢地呈现出当时宋朝的政治、经济、文化的缩影，那么我们还能从这座被时间侵蚀的皇陵中看到什么？开国皇帝赵匡胤的永昌陵作为北宋第一座标准皇陵为以后的皇陵制度带来了什么影响？这些被毁坏的石刻又藏着什么秘密？它们屹立千年，又想告诉大家什么？为何宋陵与其他朝代的皇陵在保存上出现这种两极分化的情况？

这些问题让笔者对宋太祖陵产生了好奇，忍不住想透过厚重又沧桑的历史，去寻找关于它的蛛丝马迹。

本书从赵匡胤为自己的陵墓永昌陵选址的原因以及选址的方法切入，之后是对墓主人赵匡胤以及对赵匡胤的顶级葬礼和宋朝的皇陵制度的介绍。在对修建永昌陵的背景有了基本的认知后，再从大局到细节来讲永昌陵的整体布局和石刻花纹。

然而历史上对于永昌陵的记载并不多，尤其是现在永昌陵并没有保留下来，因此如果要了解它还是有一定难度。但是永昌陵是北宋皇陵的引领者，而北宋皇陵也是永昌陵的延续。如果单说宋太祖皇陵不提其他七帝八陵，并不能深入了解永昌陵。因此本书中还会介绍七帝八陵的概况和陵主的生平，以及其中皇后陪葬墓和大臣墓的情况。

最后则是讲述关于皇陵建立与守护的困难，以及皇陵现在的情况和未来发展。

这本书希望能够从大局到细节，从建立到守护再到发展来讲述关于宋太祖皇陵的故事。

查献芹

# 目　录

**序章　田野乡间的永昌陵** ............001

**第一章　永昌陵的选址**

　　一、鸣箭选陵 ............ 002

　　二、五音姓利 ............ 013

**第二章　墓主人赵匡胤**

　　一、生平介绍 ............ 028

　　二、建隆之治 ............ 041

**第三章　皇家顶级葬礼**

　　一、葬前丧礼 ............ 056

　　二、葬礼、祭礼 ............ 067

## 第四章　永昌陵的结构

　　一、帝陵后陵 ........... 078

　　二、其他建筑 ........... 094

## 第五章　宋陵石刻艺术

　　一、神道石刻 ........... 101

　　二、风格演变 ........... 117

　　三、纹饰书法 ........... 127

## 第六章　七帝八陵（上）

　　一、宋永安陵（宣祖陵）........... 142

　　二、宋永昌陵（太祖陵）........... 144

　　三、宋永熙陵（太宗陵）........... 146

　　四、宋永定陵（真宗陵）........... 151

　　五、宋永昭陵（仁宗陵）........... 160

　　六、宋永厚陵（英宗陵）........... 170

# 目 录

## 第七章　七帝八陵（下）

一、宋永裕陵（神宗陵）………… 176

二、宋永泰陵（哲宗陵）………… 182

三、宋永佑陵与永献陵（徽、钦二帝陵）………… 191

## 第八章　后陵及陪葬墓

一、元德后陵 ………… 212

二、濮王园陵 ………… 224

三、寇莱公墓 ………… 227

四、包孝肃墓 ………… 234

## 第九章　宋陵的血与劫

一、采石之役 ………… 242

二、守陵之人 ………… 250

三、盗墓之祸 ………… 256

四、南宋皇陵浩劫 ………… 264

## 第十章　国宝重回故里

一、现存情况 ............ 280

二、文化开发 ............ 284

**后　记** ............ 290

第一章

永昌陵的选址

天渐渐破晓，几道霞光射向山峦、射向天空，如点点火光燃起又汇聚在一起。须臾，红日冲破阻碍，喷薄而出，残月与万星在万丈光芒中被赶走。万籁俱寂，一支响箭迎风朝着西北方向射出，仿佛要射穿这天际。箭龙呼啸，长空万里！

"箭落之地便为朕之皇堂也，朕自为陵名曰永昌！"赵匡胤对随行朝臣说。

## 一、鸣箭选陵

"欲出未出光辣达，千山万山如火发。须臾走向天上来，逐却残星赶却月。"这首《日诗》的作者就是宋太祖赵匡胤，赵匡胤写这首诗时还没有发迹，却已有宏伟志向，后来他也真如诗中所写"走向天上来"，此诗颇有些诗谶的味道。

开宝九年（976），太祖在他西巡回来的路上就这样"草率"地选择了自己的皇陵位置，射箭选皇陵这一段记载出自宋代文言逸事小说《玉壶清话》，这件事真假不曾被考证，但是后来太祖的永昌陵确实就在这里，这是北宋王朝唯一一座由皇帝亲自选定的陵墓。这一段逸事也广为流传。

永昌陵位于今天河南省郑州市下辖的巩义市坞罗河南侧、西村北，巩义原为巩县，是在秦庄襄王元年（前249）设立的，之所以叫巩义，是

## 第一章　永昌陵的选址

因为它"山河四塞、巩固不拔",又因为它把守着古都洛阳,所以从很早以前巩义就有"东都锁钥"的称呼。现在巩义境内拥有北魏石窟、北宋皇陵、康百万庄园等国家、省、市级文物保护单位100多处,是一座历史文化名城。

可见巩义是块风水宝地,然而在北宋时,这里距离大宋都城汴京(今开封)有100多里,永昌陵成为历史上离都城最远的皇陵。一般来说,帝王死后都会被埋在离都城较近的地方,比方汉唐的都城在西安,他们的皇陵就在西安附近,那里有20多座汉唐帝王陵墓。

皇陵是一个帝王最后的归宿,是他们心中另一个世界的宫殿,而都城是一个国家的核心,更是国家的保证。在帝王心中,就是死了也要在另一个世界控制着他的国家,那么皇陵与都城无论是在实际中还是在玄学中都有一定联系。

所以赵匡胤将皇陵选在巩义,除了它本身的地理环境外,还有一定的政治用意。实际上当时太祖年仅50岁,并非日暮途穷,为何突然选定皇陵呢?其实这种种都是为以后迁都做准备。

太祖将这两件事连在一起也是不得已,选定皇陵这一年其实对于赵匡胤来说,本是一个新征程的开始……

开宝九年(976)正月十五上元节的活动从前一年冬至日就开始准备了,国都汴京的老百姓在宣德楼大街搭起看棚、编制草龙,百戏艺人汇集于此,击丸、蹴鞠、踏索、上竿、鱼跳刀门,这些节目五花八门,艺人的技艺令人拍案叫绝。汴京到处张灯结彩,大内前御街两廊下,奇术异能、歌舞百戏鳞鳞相切,乐声嘈杂十余里。

就在两个月前,也就是开宝八年(975)十一月,赵匡胤以"天下一家,卧榻之侧,岂容他人鼾睡"为辞,拒绝了江南国主李煜的援兵请求,决定要彻底收复江南。

事实上,这场仗从准备到攻打已经有三四年了。开宝四年(971)二月，宋灭南汉后，就开始准备平定江南。而南唐后主李煜对此非常恐惧，他不求当皇帝，只希望能保持现在的一切。他主动去除唐号，改称"江南国主"，又派遣自己的弟弟郑王李从善（940—987）来到汴京朝贡，将这些告诉赵匡胤，表示愿意称臣。太祖同意，但将李从善扣了下来。而且太祖并没有打算放过李煜，他派宋军于荆南建造战舰，李煜生性懦弱，得知后怕惹祸，只好放任宋军，每日与臣子设宴喝酒，以酒浇愁。

开宝五年（972）正月，李煜再次表达臣服的态度，并颁布了一项废除礼节的法令：下"诏"改称"教"；改中书、门下省为左、右内史府，尚书省改为司会府，御史台改为司宪府，翰林改为文馆，枢密院改为光政院；降诸"王"为"公"，以避宋代，以表示尊敬。但实际上，有宋使来，李煜只是撤去大殿中僭越的器物，等到宋使走后，再恢复原貌。太祖本意并不想劳民伤财，于是册立李从善为泰宁军节度使，又在汴京城设了一座府邸，暗中建议李煜进京投奔宋国。然而李煜只是遣户部尚书冯延鲁（905—972）为李从善所受封赐道谢，冯延鲁一入汴京就生病了，而太祖知道冯延鲁的才能，此时冯延鲁年岁比较高，太祖见他生病便命使者带着太医为他诊治，之后就下诏令其南归，不再提让李煜入京的事。冯延鲁回国之后，就辞去了自己的职务，但后主不准，后来他病逝于金坛五叶村的家中。

开宝六年（973）夏，太祖又遣翰林院学士卢多逊出使南唐，希望李煜主动投降，但是李煜只上表愿接受北宋册封爵位，并不想投降，太祖被拒绝。

开宝七年（974），李煜似乎觉得赵匡胤只是"吓唬"他，因此居然上表求放李从善归国，宋太祖没有准许。到了秋天，宋太祖又给了李煜一次机会，他先后派梁迥、李穆出使南唐，诏李煜进京，理由是祭祀神灵。然而李煜托病不从，回复"微臣为朝廷效力，只盼能保住祠堂，没想到事情会变成这个样子，唯死而已"。

李煜如此表明态度，导致南唐与北宋彻底决裂。

太祖有了这两年的准备，当即遣颍州团练使曹翰兵出江陵，又命宣徽南院使曹彬为升州西南路行营马步军战棹都部署，偕都监潘美，统领10万大军出荆南，水陆并进；李煜也筑城聚粮，开始备战。到了闰十月，宋军攻下池州，李煜也彻底将臣服的面具摘了下来，下令全城戒严，并停止沿用北宋年号，改为干支纪年。可是他面临的不只有大宋，还有吴越。这个时候吴越乘机进犯常州、润州，李煜便派人质问吴越，说以"唇亡齿寒"之理，吴越王不回复，反而将李煜的书信送到宋廷。

北宋攻陷芜湖和雄远军，沿采石矶搭建浮桥，渡江南进。李煜征召将士，委任皇甫继勋统领兵马，全力御敌，因为兵力差距太大，南唐大军溃不成军。然而这些消息李煜并不知情，内殿传诏徐元瑀、刁衎阻隔战败消息，宋屯兵的部队，距离金陵城只有10多公里。

宋军三面进攻，十一月二十七日金陵失守，守将呙彦、马承信、马承俊等力战而死。最终李煜奉表投降。南唐灭亡。正月四日，李煜被俘送到京师，携其子仲寓，弟从镒、从谦、从度、从信等伪官属45人，素服待罪于明德门楼前，赵匡胤封其为违命侯。

至此，不过登基才16年的北宋开国皇帝赵匡胤平定江南，"先南后北"方略的"先南"部分完成，结束了自唐末五代以来长达近70年的藩镇割据混战局面，形成这期间最接近大一统的局面。那年上元节，赵匡胤或许站在城楼上与民同乐赏灯，草龙灯随风飘动，望之蜿蜒如双龙飞舞，红红火火。

这次胜利没有让他停止脚步，他继续对外进攻北辽，而对内他有一个重大的事情要做——迁都洛阳。

从皇宫城楼往外看，满目灯火万盏，把整个汴京照得通亮，可与皓月争辉。

因汴河、蔡河、五丈河、金水河这四条河环绕或者穿过汴京，汴京被称为"四水贯都","半天下之财赋,并山泽之百货,悉由此路而进"。唐朝时期,又有李渊的玄孙李勉(717—788)任永平军节度使和汴宋节度使,扩建汴京城池,这里城宽池深。在和平时期,汴京确实是一个好的都城选择地。开国之初,赵匡胤为实现统一,南征北战,在战略上是攻势,战场是在别人的土地上无须过多顾忌。汴京通达便利,容易出兵,方便提供战略物资,定都于此仍不失为明智的选择。

然而汴京地处平原地带,一马平川,是四战之地,唯一可以凭借的黄河并不靠谱,冬季有可能会被冰封,而且即使在不结冰的情况下,汴京也有可能被水淹。现在南方诸国已被扫平,北宋与北汉乃至辽国的关系正是紧张之时,北汉之地在黄河以北,距汴梁仅相隔一河。北方骑兵虎视眈眈,一旦进入中原,便可策马扬鞭,直取汴京。

赵匡胤的目光锁定汴京西南方——洛阳,他出生在洛阳夹马营,洛阳有"四面环山、六水并流、八关都邑、十省通衢"之称。山川纵横,西依秦岭,出函谷是关中秦川;东临嵩岳;北靠太行且有黄河之险;南望伏牛,有宛叶之饶,所以"河山拱戴,形势甲于天下"。此地无论从军事上还是从经济上都是优先选择。

太祖深谋远虑,其实早在建立北宋初期他便有所谋划。建隆四年(963),他将埋葬在汴京东南的父母遗骨迁葬于巩县之邓封乡,以帝陵制度安葬,称为永安陵,这是在巩县形成北宋皇陵区的开始。

其实这已经表明他迁都的态度了,那为何还要将自己的皇陵看似随意地定在永安陵附近呢?

因为即使有永安陵的铺垫,迁都之事也并不顺利。

上元节之后,太祖赵匡胤下诏西幸洛阳祭祀天地,派庄宅使王仁珪、内供奉官李仁祚修葺洛阳宫,令焦继勋负责监督此役,并提出迁都的想法,"吾欲西迁,据山河之胜,以去冗兵,循周汉故事,以安天下也"。就是说我想迁都,那里有稳固的山河,还可以屯兵,就像周汉时期一样,

## 第一章　永昌陵的选址

可以让天下安定下来。

没想到却遭到群臣反对，其中起居郎李符（生卒年不详）以"八难"之由反对：

> 京邑凋敝，一难也；宫阙不完，二难也；郊庙未修，三难也；百官不备，四难也；畿内民困，五难也；军食不充，六难也；壁垒未设，七难也；千乘万骑，盛暑从行，八难也。

简单来说就是：在物质上，城市残缺破烂，宫殿、祭天地的郊宫和祭祖先的宗庙不完整，没有修缮，还没有壁垒；在人力上，朝臣都没有准备，周围还困着百姓，屯兵用的食物也没有那么多，况且这么多人在盛夏时没有办法去洛阳。所以迁都一事不可行。

《续资治通鉴长编》记载："上至西京，见洛阳宫室壮丽，甚悦。召知河南府、右武卫上将军焦继勋面奖之，加彰德节度使。继勋女为皇子德芳夫人，再授旄钺，亦以德芳故也。"

只是这并没有说服赵匡胤，"八难"考虑得过于表面，物可以修、可以建，人可以准备。因此宋太祖依然在三月携众文武大臣前往洛阳郊祀。在洛阳，太祖见洛阳的宫殿壮丽，非常满意，将河南府、右武卫上将军焦继勋招来加以褒赏，授官彰德军节度使，并选其女为次子德芳的妻子，也因此再授军权给德芳。赵匡胤夸赞洛阳宫殿，用实际行动反对"八难"，继续增加将洛阳作为都城的筹码，并将有可能为继承人的四子德芳与洛阳联系起来。

太祖坚定的态度让群臣不敢反对，唯有铁骑左右厢都指挥使李怀忠（912—978）进言：

> 东京有汴渠之漕，岁致江淮米数百万斛，都下兵数十万人，

咸仰给焉。陛下居此，将安取之？且府库重兵，皆在大梁，根本安固已久，不可动摇。一旦遽欲迁徙，臣实未见其利。

这个理由要更深入一些，汴京禁军数十万人的口粮，所依仗的就是汴渠漕运，若是定都在这里，口粮该怎么办？而且重兵皆在汴京，这是陛下的根本，不能动摇，迁都实在是没有太多的利益可图。

然而这依然没有说动赵匡胤，因为在开宝元年（968）和开宝二年（969），赵匡胤曾两次出兵进攻北汉，都因辽出兵援助，无功而返。对于辽的兵力，赵匡胤有一定的了解，如果辽出兵攻打汴京，恐怕……因此迁都洛阳有一定必要性。

只是最终太祖还是没有迁都，这是因为赵匡胤的弟弟赵光义（939—997）说服他了。

对于其他朝臣来说，不想迁都洛阳最私人的原因就是，大多数朝臣都是汴京人，一家老小房屋、财产都在那里，他们怎么会愿意离开汴京这个安乐窝呢？而赵光义拒绝迁都的理由则是切切实实地不愿意动摇自己的根基。建隆二年（961）七月，赵光义被任命为开封府尹、同平章事，在之后长达15年的时间里，他韬光养晦，在汴京网罗了一大批文武精英，势力密布纵横，其官署号称南衙，其势力举足轻重。据统计，其幕府成员多达60余人，连太祖的旧部都有意与他结交。迁都对他来说无疑是釜底抽薪。

《续资治通鉴长编》有这样的记载，赵光义在反驳太祖迁都时说，国家社稷的兴亡"在德不在险"。

这句话出自战国时期军事家吴起对魏武侯说的一段话：

昔三苗氏左洞庭，右彭蠡，德义不修，禹灭之；夏桀之居，左河济，右泰华，伊阙在其南，羊肠在其北，修政不仁，汤放之;商纣之国,左孟门,右太行,常山在其北,大河经其南,修政不德,武王杀之。由此观之,在德不在险。若君不修德,舟中之人皆敌国也!

这里列举了几个有名的国家的衰败,上古时代三苗氏、夏桀、商纣都地形险峻、有天险依仗,却因德义不修、修政不仁、修政不德被灭,所以说安邦治国"在德不在险",河山的险是不能依靠的,霸业从不在河山险要处产生。

赵光义这句话几乎是直指赵匡胤,如果赵匡胤迁都便是夏桀、商纣,便是不修、不仁、不德,这让赵匡胤无法反驳,连圣贤都这样认为了,他还有什么理由迁都呢?赵匡胤只能搁置迁都的计划,起程回汴京。

开宝九年(976),太祖在西巡洛阳回程的路上,去了自己从小长大的地方夹马营。夹马营在五代时期作为拱卫首都洛阳的军事重镇常年有军队驻扎,有兵甲又有马,所以之前又叫作甲马营。在那里,太祖指着一处道:"我幼时十分喜欢一匹小石马,爱不释手,但是石马经常被其他小朋友拿走玩,我担心它被弄丢了,就将它埋在这里,不知道它是否还在这里。"说罢,他便让随从去挖,果然在这里找到了石马。

之后,太祖又去巩义的永安陵祭拜父母。

赵匡胤的父亲也是位有名的武将,名为赵弘殷(899—956),幽州涿郡(今河北涿州)人。赵家世代官宦,赵弘殷年轻时十分骁勇善战,尤其擅长骑射,在当时的赵王王镕(873—921)旗下任职,后来救援后唐庄宗立了战功,庄宗留他负责管理禁军。再到汉乾祐年间(948—950),赵弘殷与后蜀军队在陈仓大战。然而两军才刚刚开打,赵弘殷的左眼就被箭射中,但他不但不退缩,反而气势更勇猛,奋力抗击,把敌军打得落花流水。因此,赵弘殷被任命为护圣都指挥使。如此不过几年,在后周广顺三年(953),赵弘殷已经一路高升,先任铁骑第一军都指挥使，转任右厢都指挥使，遥领岳州防御使。到后来又跟随后周世宗柴荣（921—959）出征淮南，前面进攻的军队被击退，敌方吴兵乘机进攻，赵弘殷率领军队拦腰攻击吴兵，击败了他们。

显德三年（956），赵弘殷统率军队攻打扬州，与周世宗约定在寿春买饼店会合。小贩卖给他们的饼又小又薄，周世宗被骗，大怒，要将这几个卖饼的人处死，是赵弘殷求情，这几人才被释放。赵弘殷勇猛又善良，累官至检校司徒、天水县男，和儿子赵匡胤分别执掌禁军，这在当时是十分荣耀的事情。也是这一年，赵弘殷去世，享年58岁，追赠太尉、武清军节度使。建隆元年（960），赵匡胤建立北宋，追封其为皇帝，谥号昭武，庙号宣祖。

而赵匡胤的母亲昭宪太后杜氏（902—961），是定州安喜县（今河北新乐杜固镇杜固村）人。在赵弘殷去世的那一年，赵匡胤担任定国军节度使，杜氏受封为南阳郡太夫人。杜氏治家严谨，十分明事理，颇懂礼法。在赵匡胤发动陈桥兵变，建立了北宋成为皇帝之后，就有人给杜氏送信："你儿子做皇上了。"当时杜氏并没有什么畏惧，只说："我儿一向胸怀大志，果然如此。"或许杜氏从最初就是知道赵匡胤的想法，并且也是支持的，甚至觉得赵匡胤有能力成为皇上，在这个乱世做出一番大业。

但是杜氏并没有飘飘然，建隆元年（960）二月初五，杜氏受封为皇太后，已经是皇帝的赵匡胤在朝堂上礼拜太后杜氏，大臣们也都向杜氏表示恭贺。然而杜氏郁郁不乐，并没有表现得很欣悦，有个文臣上前劝说："臣听说过'母以子贵'，您现在是太后娘娘，您的儿子做了皇帝，您为什么不高兴呢？"杜氏听后摇摇头回答："我也听过一句话'为君难'，皇帝难当啊。这个位置处在亿万兆民之上，如果治国有方，则皇位可尊；一旦治国无方，即使皇上想回到曾经当匹夫也不可能了。这是我所忧虑的啊！"赵匡胤听后连忙再次向杜氏拜道："我一定听从您的教导，做一个明君。"

## 第一章　永昌陵的选址

此时距离宣祖与杜太后去世已经有十几年了，赵匡胤来到永安陵，看着巍峨的皇陵，心中难掩悲伤，如果杜太后在世应该会明白他迁都的用意吧。永安陵改卜原因之一就是迁都，为此太祖也是铺垫了很多。

首先，皇陵的名字与其他几位先人有区别，太祖称帝后追尊四代先人为皇帝，他们的皇陵名字都是单字。谥其高祖赵朓为文献皇帝，庙号僖祖，墓为钦陵；曾祖赵珽为惠元皇帝，庙号顺祖，墓为康陵；祖父赵敬为简恭皇帝，庙号翼祖，墓为定陵（后改为靖陵）。史称"宋三陵"。而到了永安陵就改成了双字，其后皇陵首字都是"永"字，称"永某陵"。

其次，"宋三陵"并没有在巩义。巩义是赵匡胤亲自选址，由此可以说永安陵是北宋第一座皇陵。

由此也可见赵匡胤对自己父母的感情，作为开国皇帝，或许他还没有感觉到天家与普通人家的差别，他在陵中对着父母哭道："此生我不再来这里祭拜父母大人了。"他痛哭悲号了很长时间。这个行为也颇耐人寻味，不知道是不是因为觉得大家不理解他，也不知道是否因为他察觉出弟弟赵光义的其他心思，或许以后会有兄弟阋墙的情况，所以决定不会祭拜父母。当然这也有可能是一种誓言，如果以后他不能迁都就不会再来祭拜父母。

他亲自选自己皇陵的地点，又亲自定了陵名，不排除是在祭拜父母的时候想到将皇陵定在洛阳巩县，为将来迁都继续做准备，表明早晚有一天会迁都的决心。就算自己活着的时候不能迁都，他的后人也会迁都！

随后，赵匡胤登上陵园高台，朝西北方射了一箭，将重新找回的石马埋在落箭的位置，将此地定为皇陵穴位。

太祖离开永安陵之前赐河南府百姓当年田租减免一半，侍奉陵墓的人家可以免除一年的徭役。可见他对皇陵一事十分重视。但是，如果皇陵是如此重要，那么真的可以鸣箭选陵吗？而且永安陵改卜一事也是单单为了迁都这恐怕是不行的，那个时候赵匡胤也并没有将迁都一事说出来"吓人"。

因此，当初永安陵是他命司天监赵修己（生卒年不详）、内客省使王仁赡（917—982）等改卜安陵于洛阳巩县之邓封乡（今河南巩义西村镇常封村）。司天监是掌管天文、历法、祥瑞、兆候的机关，永安陵是经过司天监选择的地点，永昌陵紧挨永安陵，两陵相距不过600多米，风水必然没有问题。

永昌陵所在区域在北宋时被称为"龙洼"，是名副其实的风水宝地。山水秀丽，土质优良，水位低下，适合挖墓穴和奉殓厚葬。南有嵩岳少室，北有黄河天险，永昌陵面嵩山而背洛水，可谓"头枕黄河，足蹬嵩岳"，是被风水家视为"山高水来"的吉祥之地。

这里就有一个问题了，就是在传统的陵墓风水中，最理想的格局是东、西、北三面有山，南面则地形开阔，两侧有活水流出，也就是背靠山，面前开阔，要不就是皇陵处在高处，居高临下。但是以永昌陵为首的北宋皇陵恰恰相反，它是面对着山、背靠着水，也就是说皇陵处在山下面，永昌陵之后的各个皇陵呈现南高北低的格局，陵台处在地势最低的位置，这应该也是"龙洼"这个名字的由来。

北宋皇陵建造的方向不仅和其他朝代皇陵不一样，与大多数将主体建筑置于最高位置的传统也不一样。北宋皇陵的墓葬头向与普通的相反，因此在风水文化中被称为倒葬法。在历史上，秦始皇陵也是南靠骊山、北依渭水，还有一些少数民族也是这样的葬法，比如仡佬族，"横苗倒仡佬"说的就是这种倒葬法。出现这种葬法，一来是因为地理位置，二来就是因为风俗习惯。

北宋皇陵出现这种葬法是因为当时流行一种"五音姓利"的风水学说。

## 二、五音姓利

"五音姓利"是当时流行的一种风水学说,与皇陵选址有关。真正的皇陵选址是需要经过层层程序的,首先是负责观察天象、颁布历法的司天监官员和阴阳先生一起巡查合适的地点,之后把找到的地点附上地图报给皇上,皇上同意之后再次派官员巡查一遍,复查的结果报给皇上,由皇上最后定夺建立皇陵的具体位置。

其中阴阳先生就是根据"五音姓利"来巡查皇陵地址。

"五音姓利"如果按照字面意思来解释的话,就是五种音调对姓氏有利,这似乎解释不通,那么"五音姓利"到底是什么意思呢?首先要先弄清五音是什么。五音是古代的音符宫、商、角、徵、羽,它的命名相传是源于中国最早的乐器"埙"的五种发音,相当于现在的音阶哆、来、咪、嗦、拉。

五音出自《四诊抉微》,古人把五音与五脏相配:

> 脾应宫,其声漫而缓;肺应商,其声促以清;肝应角,其声呼以长;心应徵,其声雄以明;肾应羽,其声沉以细,此为五脏之正音。

"五音不全"这个成语就是出自这段话。

也有说法认为五音是源于五行,宋张炎《词源·五音相生》中说:

> 宫属土,君之象,为信,徵所生。其声浊,生数五,成数

十。宫，中也，居中央，畅四方，唱始施生，为四声之纲。

商属金，臣之象，为义，宫所生。其声次浊，生数四，成数九。商，章也，物成就可章度也。

角属木，民之象，为仁，羽所生。其声半清半浊，生数三，成数八。角，触也，物触地而戴芒角也。

徵属火，事之象，为礼，角所生。其声次清，生数二，成数七。徵，祉也，物盛大而繁祉也。

羽属水，物之象，为智，商所生。其声最清，生数一，成数六。羽，宇也，物聚藏宇覆之也。

在古代，古人对事物的认知，很容易相互联系起来，比方说与五有关的东西：五音、五方、五行、五色。这些都会有对应的关系。

五音：宫、商、角、徵、羽。

五行：土、金、木、火、水。

五方：中、西、东、南、北。

五脏：脾、肺、肝、心、肾。

五色：黄、白、青、赤、黑。

在时间上也会按照土、金、木、火、水区分哪个时辰哪行最旺。

这里面五行是古人最在意的，人的一切活动都离不开五行，生有居室，死有墓室，那么死后在另一个世界，也要遵守五行的规律。"五音姓利"就是把人的姓按照五音区分开，而五音又分别与五行土、金、木、火、水相对应，那么每个姓氏就可以找到它的属性，根据五行就可以在地理上找到与其姓氏相应的最佳埋葬方位与时日，确定吉与凶。

宋朝国姓为赵，那赵属于五音中的哪个音呢？宋仁宗曾命人编纂过一本地理官书，叫作《地理新书》，这里面有完整的五姓堪舆资料，这里面的卷一有"五姓所属"篇，里面包含了当时姓氏的分类。赵姓为角音，角属木，木主东，里面又有"东高西下为之角地……南高北下为之徵地，角姓亦可居……"的说明。

而巩义宋陵所处的地理位置：东有青龙山及红石山、青石山，南又抵嵩山山脉，山势高耸，北枕黄河及支流伊洛河，往西南而去，正对角姓有利。

这与南宋笔记集《云麓漫钞》里记录的巩县宋陵的地形一样："东南地弯，西北地垂，东南有山，西北无山，角音所利如此。"

简单说来：

赵—角姓—属木—主东（根据阴阳术数）—东高西下、南高北下—巩义（东南高，西北低）—改卜永安陵—赵匡胤鸣箭选具体位置—永昌陵……

"五音姓利"最早出现在汉代的"五音图宅"中，但主要是用在阳宅，到了隋唐时期，"五音图宅"才慢慢地被运用在阴宅中，转化为"五音姓利"并且流行起来。但是没过多久，到唐太宗（599—649）执政时期，他认为阴阳家所写的书"多谬伪浅恶，世益拘畏"，命人进行删减改正，"五音姓利"就在被删减改正的内容之中。到了五代十国，各个朝代更迭，礼法各不相同，"五音姓利"再次兴起。

"五音姓利"或许给皇帝带来了死后的希望，但给普通百姓带来了灾难。

元丰五年（1082），司天监主簿亢天经上奏宋神宗："夷门山属国音主山，福德生王之方，三男阳气之位。现在山上多是庶民的坟墓，山岗充满了死气，不利于国嗣，不若尽迁冈上坟墓，补其阙陷，则永除妖咎之根矣。"

此时当政的是宋神宗（1048—1085），他也是信国姓风水的，便下诏："夷门山樊家冈并向外百步内及角桥东以南至冈，自今毋得葬埋，令开封、祥符两县觉察。"

这个夷门山并非现在甘肃的遮阳山，而是当时在开封附近的一座山，又叫作夷山。

开封府尹王安礼听闻后，进谏宋神宗："如果真的这样做的话，那坟墓当徙者十三万人啊。"

这个王安礼就是大名鼎鼎的王安石的弟弟，他担心宋神宗继续下诏，因此又问道："陛下是否以周文王为圣人？"

宋神宗回道："当然。"

王安礼便道："文王卜世三十，亦不过掩骼埋胔而已。未闻迁人之冢，以利其嗣者。莫如师文王。"这句话的意思就是说，周文王占卜后得知自己的国运会有三十世，但是他死后也不过就是正常下葬，没有人听说他让人迁走坟墓以对自己的三十世后嗣有利。臣请陛下不如以周文王为师。

宋神宗听后心生恻隐，便收回成命。

结果过了十几年，在绍圣元年（1094）的时候，宋哲宗因为国音的问题，计划将在永裕陵范围内的上百座民坟迁走。

"五音姓利"与常规风水有异而且劳民伤财，在南宋的时候曾引起一次风水大战，而论战的主人公就是一代大儒朱熹，朱熹在堪舆上非常有造诣，他曾为自家做过风水，两次迁移父亲的墓。绍熙五年（1194）六月二十八日，宋孝宗赵昚去世。这时才入朝十几天的朱熹便上了《山陵议状》奏章，这个奏章的内容涉及孝宗山陵的选址问题，他建议延请术士，为已故的先皇寻找风水宝地，以此延伸到宋朝总的皇陵制度，也表达了他的墓葬风水观念，以太祖赵匡胤迁都未果、北宋覆亡之历史观照，陈述"国音"之弊，"五音姓利"害人误国。

> 臣闻之，葬之为言藏也，所以藏其祖考之遗体也，以子孙而藏其祖考之遗体，则必致其谨重诚敬之心，以为安固久远之计，使其形体全而神灵得安，则其子孙盛而祭祀不绝……士庶稍有事力之家，欲葬其先者，无不广招术士，博访名山，参互

## 第一章　永昌陵的选址

比较，择其善之尤者，然后用之……古之葬者，必坐北而向南……若以术言：则凡择地者，必先论其主势之强弱，风气之聚散，水土之浅深，穴道之偏正，力量之全否，然后可以较其地之美恶……

不知道是朱熹太强势，还是他说到了大家的心里，也可能是"五音姓利"触及了礼法的核心，朝廷上下无人出来应战，风水界也是一片静默。然而就是这样，他的建议也没有被采纳。

之后元朝不建陵墓，明清时期的皇陵又恢复了之前的传统风格，到了现在，在风水学说中，"五音姓利"基本已经绝迹了。

宋皇陵中还有一个有趣的地方，据说现代有风水大师实地测量过，北宋皇陵确切的位置是正子午向偏左6度左右。正子午向就是正南北向，偏左6度，也就是说北宋皇陵整体来说并没有完全朝向东，这与"五音姓利"中赵姓属角、属木、向东有出入，这是因为其寓意"无限接近旺气，却不达到旺的顶点"，以免盛极而衰。当然也有可能巡查皇陵地点并不像现在这般简单，对于古代人来说，没有电子设备，没有便利的交通，要得出这个结果恐怕是大费周折，因此或许并不是很精确。

所以太祖所定的皇陵位置除了有政治因素外，还有风水玄学因素。在选完自己的皇陵后，太祖便离开了巩义。

完成选陵这一大事，太祖似乎从迁都这件事里察觉到了什么，开始大肆赏赐。在圆丘祭天回来后，太祖大赦天下，除了十恶、故意杀人者不赦免外，各种流放以及拖欠赋税的人全部释放不再追究；那些被降了官职或者被免官的人酌情移近安置、分级任用，官吏中没有得到赐恩的人也都得到了赏赐。没过几天，赵匡胤还举行盛大的宴会，赏赐亲王、左右亲近大臣、将帅们。好像是在弥补之前迁都给大家带来的恐慌。

回到京都后，太祖又进行了比较有针对性的封赏。他先下诏封赏两

017

个弟弟，增加晋王赵光义的食邑，因京兆尹赵光美（947—984）曾经多次立功，加封其为开府仪同三司；然后是两个儿子，加封赵德昭（951—979）为开府仪同三司，增加赵德芳（959—981）的食邑。这个赵德芳就是后来在《包青天》《杨家将》等电视剧里出现的八贤王。

然后就是对重臣的封赏，薛居正、沈义伦加封光禄大夫，枢密使曹彬、宣徽北院使潘美加封为特进，其他朝廷内外的文武官员也都得到了封赏，提升了官阶。

薛居正（912—981），字子平，开封府浚仪县（今河南开封）人，为人刚正不阿。武将史弘肇（？—950）性情残忍自傲，连当时的隐帝都敢顶撞，他的手下诬告百姓贩私盐，薛居正察觉出不对，询问之后查出真相，将史弘肇的手下治罪，史弘肇对薛居正无可奈何。后来薛居正成为太祖的得力帮手，北宋刚建立时，太祖亲自征讨叛军，薛居正就管理留司三司，可见太祖很信任他。建隆三年（962），薛居正遇数千由逃兵聚结而成的山匪，监军使怀疑城中的1000多名僧侣与山匪是同伙，准备全部捕杀。薛居正让监军使晚些捕杀，先带兵消灭山匪，审问山匪头子。薛居正通过审问得知僧侣们并没有参与其中，僧侣们这才活下来。第二年太祖将要亲自征伐太原，需要征用大量的百姓运输粮草，然而当时正在闹饥荒，百姓四处逃难，太祖命薛居正乘驿马召集百姓，10天后百姓都恢复了生业，可见其能力超群。

沈义伦（909—987），后来因避太宗光义名讳而单名伦，字顺宜，开封太康（今属河南）人，是北宋的开国功臣之一。这可是个厉害人物，他在太祖和太宗两朝执掌财政大权，后来成为丞相。北宋建立时，他以佐命之功成为赵匡胤霸府幕僚，在诸位幕僚中名列第四。沈义伦对百姓的苦难很是关切，有一次他出使吴越，途中见到因为饥荒不少百姓饿死，归朝后他力请宋太祖下诏对淮南进行赈济。在宋灭后蜀之后，宋军将领贪功成性，只有都监曹彬和当时为转运使的沈义伦清廉，曹彬回京后说：

## 第一章 永昌陵的选址

"唯荐义伦可任。"开宝二年(969)二月,宋太祖亲自出兵北汉,沈义伦为大内都部署、判留司三司事,掌管皇宫安全和处理朝廷日常财政事务。就算得到太祖如此的信任,他依然谨小慎微,当新贵们纷纷建造宏丽的新居时,他的房子依然简朴没有装修。就算是太祖让官员按照图纸给他盖房子,他还是要求建造较狭小的房屋。后来,沈义伦与参知政事薛居正同日升为宰相。

曹彬(931—999),字国华,真定灵寿(今河北灵寿)人,北宋开国名将。这个人物的出身比较特别,他是后周太祖郭威的妃子张氏的外甥。曹彬严于军事,极守军规,以不滥杀著称,受到宋太祖赵匡胤的信赖,在北宋一统天下的大业中做出了巨大贡献。开宝七年(974),曹彬率领水师数十万,攻灭南唐,次年破了金陵,又决策伐北汉、攻辽朝,以功擢枢密使。

潘美(925—991),字仲询,大名(今河北大名)人。这个人其实大家也很了解,他就是《杨家将》相关小说或者戏曲、电视剧里面的大奸臣潘仁美。然而历史上真实的潘美并不是这样的,他并没有与辽人勾结,图谋大宋天下。潘美非常有先见之明,他年轻时风流倜傥,曾经对人说过:"后汉将要结束了,现在奸臣恣肆行虐,这是天下改朝换代的兆头。大丈夫要在这个时候建立功名,不然碌碌无为,只能与万物一并灭亡,这是大丈夫的羞耻。"

潘美深得赵匡胤的信任,陈桥兵变以后,赵匡胤命潘美先去见执政大臣,宣谕圣旨于中外。当时陕州有个主将十分凶悍,信任奸佞小人,手里握着许多兵器,太祖怕他叛乱想处置他,就派潘美监视他的军队。潘美一人骑马前去宣谕,并且劝这个主将入朝臣服,这个主将被说服。赵匡胤高兴地说:"潘美能让他来觐见,我就如愿以偿了。"

赵匡胤于建隆元年(960),亲自率兵讨伐李重进,以潘美为副将。乾德元年(963),宋朝平定了湖南的叛将汪端,人心未宁。潘美被封为潭州

## 宋太祖陵密码

（今湖南长沙）的防御使，以安人心。南汉数次侵犯桂阳、江华等地，皆被潘美打败。自唐代以来，溪峒地区的一些当地族人时常侵犯内地，给民众带来了巨大的灾难。潘美追到了他们的大本营，杀死了许多俘虏，并对其余的人加以抚慰，这些地区才安定下来。可见潘美确实是一员大将。

那么如此勇猛又忠心的大将军居然被后世写成奸臣，这又是怎么回事？

在雍熙三年（986）的时候，此时是太祖的弟弟赵光义为皇帝，他命潘美和曹彬等人北上，潘美率人在燕云十六州分别攻克了寰州（今山西朔州）、朔州、云州（今山西大同）、应州（今山西应县）。

适逢曹彬大军的进攻失败，太宗下令全军撤回，并命潘美等人在撤退之时，将寰、朔、云、应四州的居民全部迁移至内地，免得遭受伤害。潘美和杨业率领部民南迁时，却被辽兵包围。当时杨业告诉潘美："辽军的兵力和士气都很旺盛，我们打不过他们。朝廷只是让我们护送百姓。我们只需带着军队从大石路出发，然后再暗中通知云州和朔州的驻军，等到军队离开代州那天，由云州军队先行。我的军队在应州，契丹军队肯定会来反抗，此时就下令让朔州百姓出城，直接进入石碣谷。并派出千名弓箭手，在山谷入口处设下伏击，再由骑兵在中间接应，如此，三州之民，便可安然无恙。"

监军王侁（？—994）反驳他："你率领数万大军，却如此胆小怕事。你只需大张旗鼓地直奔雁门北川就行了。"杨业道："不行，这样会失败的。"王侁用话激他说："你一向自诩天下无敌，如今见了敌人，竟踌躇不动，莫非另有图谋？"杨业无可奈何道："我不怕死，只是时机不对，白白牺牲士兵，而没有建树。现在您责怪我为何不死，我应该走在所有人的前面。"

出发的时候，杨业已经预料到这次战役的艰难，他向潘美痛哭流涕道："这次行动非常凶险，我本来是太原的降将，按理应当被处死。皇上不但没有要我的命，反而对我恩宠有加，赐我为将军，给我兵权。现在这个情况我不是不出手，而是在等待机会，为自己的祖国做贡献。可是现在大家责怪我不应战，如此我只能先拼命了。"他指着陈家谷口说："各营步兵、弓箭手，掩护左翼和右侧，等我转战到这里，就用步兵夹击敌人救援我们，若不能，必死无疑。"

潘美于是和王侁率领部下的兵马在谷口布阵。不过等了小半天也没见到杨业所部，王侁耐不住派人登上托逻台眺望，没有看见士兵，以为辽军被打败撤走，王侁想争军功，迫不及待地率领军队出了谷口。潘美无法掌控局面，遂沿交江往西南方向行进20公里。不久杨业战死，潘美立即带兵后退。

杨业带兵从朔州出发，半路上遭遇了辽人的埋伏。杨业边战边逃，终于来到了山谷的入口处。当他们看到谷口无救兵时，拍着胸脯，悲痛不已。他带着自己的军队拼死拼活，身上有数十个伤口，士兵们也几乎全部战死，杨业更是亲手杀死了100多名敌人。后来由于他的坐骑负伤，再也不能向前，被辽人俘虏。杨业绝食三日而死。

宋太宗听闻杨业战死，十分痛心，处理了相关人员，潘美贬官三级，监军王侁"除名，隶金州"。在这件事上，潘美虽然有错却也无法避免。而后来那些戏曲、小说，则是将潘美对杨业之死的责任，进行无限的艺术夸张、扩大，以达到戏剧的效果。

潘美与其他几人都是当时赵匡胤非常信任的大臣，这几人要资历有资历，都立过功，晋升都有道理，但这里面的赵德昭与赵德芳晋升就显得有些突兀了。或许是因为太祖察觉出赵光义的势力过于强大，开始分散他的权力。总体来说，这里虽然是大肆封赏，但是重点赏赐应该是太祖的儿子。

首先开府仪同三司这个官职并不简单。开府，指以自己的名义自置幕府与幕僚部属的行为，渐渐演变成有指定的地点为自己的办公场所。三司就是三公三师。太师、太傅、太保，是为三师；太尉、司徒、司空，是为三公。三公三师皆为正一品。"仪同"的意思就是在这个地点的待遇就同三司一样。这个权力已经很大了。最重要的是看这前后封赏的都是什么人。晋王赵光义不必说，已经封无可封，只能增加食邑。赵光美加封后也是开府仪同三司，这样做的目的可能是拆分赵光义的权力。

太祖怕赵光义察觉或者心中不满，于六月初五，步行来到晋王赵光义的府邸，下令修建一台水泵，将金水河之水注入赵光义的宅院，形成池塘。秋七月初三，太祖亲临晋王赵光义府邸视察新挖成的池塘。同时继续加重对另一个弟弟的恩赏，七月十一日，太祖得知赵光美生病，亲临其府邸探望。后来没几天，太祖又两次去赵光美府邸。

可是不论太祖有什么计划，时间却都来不及了，就如那首诗谶。选址皇陵7个月之后，开宝九年（976）十月二十日，赵匡胤猝死，终年50岁，他的灵柩停放在进入万岁殿的西雨道中，谥号为英武圣文神德皇帝，庙号为太祖。他的死因成为千古之谜。

关于赵匡胤之死的记载，《宋史·太祖本纪》中只有寥寥数字："癸丑夕，帝崩于万岁殿，年五十。"《宋史·太宗本纪》中记载得更简单："开宝九年冬十月癸丑，太祖崩，帝遂即皇帝位。"这是官方史书里的描述，只有时间和结果，没有死因，没有继位过程。只有野史中留下的"烛影斧声"，成为各历史爱好者讨论的话题，宋太祖之死成为千古谜团。

据说当天晚上赵匡胤病重，宋皇后想召第四子赵德芳进宫，以便安排后事。但是晋王赵光义早已得到消息，赵德芳没有进宫，反而是赵光义直接进入太祖寝室，宋皇后见赵光义已到，知道事有变故，乞求道："吾母子之命，皆托于官家。"官家便是皇帝的意思，这就是承认赵光义的地位了，赵光义便道："共保富贵，无忧也！"

"烛影斧声"的记载最早出自文莹的《续湘山野录》，书里记载赵匡胤曾问一道士自己的寿命到哪天，道士则说今年十月廿日晚上若是晴空万里就没事，若不是则命在旦夕。到了这天夜里本是星斗明灿，忽然雪雹骤降，太祖急传宫钥开门，召开封尹，即太宗赵光义。然后两人酌酒对饮，宦官宫妾悉屏之。饮完酒，殿下雪已数寸，侍者远远地看见太祖拿着柱斧，对太宗说："好说，好说。"之后太祖解带就寝，鼻息如雷。等到五更时，侍者听不见声音了，经查看发现太祖驾崩。之后太宗就在太祖的灵柩前即位了。之后，太宗引近臣环玉衣以瞻圣体，玉色莹然如出汤沐。

文莹，北宋时期钱塘僧人，生卒年月不详。《湘山野录》主要是记载自北宋开国至神宗时期的历史，内容十分广泛，上及朝章国典、宫闱秘事、将相逸闻，下及风俗风情。由于某些记载暴露了北宋朝廷的阴暗面，因此该书上了禁毁书目。这就又为"烛影斧声"添加了一丝神秘色彩。那个时候大家对道教颇为推崇，有传说《续湘山野录》记载中的道士便是陈抟老祖（？—989），陈抟，字图南，号扶摇子，是北宋著名的道家学者、养生家，尊奉黄老之学。太平兴国二年（977），也就是赵匡胤刚死没多久下葬的这一年，陈抟来朝廷觐见，太宗对待他很优厚。不知道两者是否有什么关系，在后来太平兴国九年（984），陈抟再次朝觐，太宗以更加优厚的礼节对待他。当然这些戏说成分比较多。

然而赵光义作为"烛影斧声"里的第二男主角，杀兄继位的可能还是很大的。开宝九年（976）赵匡胤开始将两个儿子送上政治舞台，并抬高弟弟赵光美的地位，尤其是太祖迁都的决定，更是刺激了赵光义的神经。赵光义甚至认为太祖已经察觉到了他心中的计划。只是这些也都是推测，并没有任何证据直指赵光义杀兄继位。

关于宋太祖之死还有一种说法就是偶然致死说。太祖家有遗传的狂躁忧郁症，这是纵观宋朝各个皇帝得出的结论，而且赵匡胤也有酗酒的恶习。在开宝八年（975）打猎的时候，太祖坐不稳马，也有记载说是马突然摔倒导致赵匡胤坠马，赵匡胤斩杀了自己的坐骑，后来又后悔了。前面所说的在永安陵哭诉、为自己选了皇陵，似乎也有可能是因为自己身体不好所以才有此决定。

在《续资治通鉴长编》上，在赵匡胤驾崩当月，曾明确记载"上（赵匡胤）不豫"，皇帝病重时会被称为"不豫"，之后太祖就驾崩了。

整个赵宋王朝除去最后三个小孩，还有因为生育问题一心养生的宋高宗赵构，其他14位皇帝没有一个活过60岁，这其中还有疯了的皇帝，可见赵家可能有家族遗传病，所以不排除赵匡胤是因为自己生病而死的。另外，有人考证"烛影斧声"中的斧不是斧头，而是镇纸，这是不可能杀人的。这样的话赵匡胤之死就与赵光义没有一点儿关系了。

再一个就是"金匮之盟"说，赵匡胤死后第六年，在"烛影斧声"流传得越来越广的时候，赵光义拿出"金匮之盟"……

太后杜氏死前，已立下约定，太祖百年之后由其弟光义继位。

据记载，杜太后病重时，太祖与赵光义探望杜太后。太后问太祖："你可知你为何能夺得天下吗？"太祖回答："这是先人之福！"杜太后摇头说："这是后周的皇上年幼，主少国疑，你才得以黄袍加身当上皇帝。所以以后传位，应该先传给你的弟弟光义，光义之后传给光美，然后再让光美传位给德昭，这样我大宋江山才可以永固。"太祖、太宗于是叩头说："一定遵照母亲说的做。"之后，杜太后吩咐赵普写下一份契约，放入金匮。

在杜太后去世一个月后，宋太祖赵匡胤就正式封自己的弟弟赵光义为"开封尹"。五代时期的皇室成员，一旦被确立为京城的府尹，就相当于皇储，即皇位的继承人。如后晋少帝石重贵、后周世宗柴荣，在继位前的实际职位都是"开封尹"。由此可见，杜太后的"金匮之盟"并非空穴来风。

而且《宋史》《续资治通鉴》等正史也明确记载了杜太后"尤爱光义"。

但是其中也有不符合逻辑的地方，杜太后怎么知道自己的儿子什么时候死呢？而且当时赵匡胤的长子并不是幼年。既然早就有了这个"金匮之盟"，为何不早点亮出来？

当然"金匮之盟"也有一定的合理之处，杜太后是死在宋朝开国第二

第一章 永昌陵的选址

年,她也不知道宋朝会统一中原,会成为辉煌的朝代,五代中很多王朝都是第二代就被灭国了,而且皇帝的寿命也不长。当时赵德昭才10岁,所以杜太后有所担心也比较正常。而对这个"金匮之盟",赵光义自己是不知道的,是杜太后、赵匡胤、赵普三人订立的,赵普被政敌卢多逊逼得走投无路,不得不依靠太宗保命的时候,他只能用"金匮之盟"来换取自己翻身的机会。"金匮之盟"也是在这个时候被正式公布出来。

似乎,赵光义后来就这样被洗白了。

但无论如何,赵匡胤的死已经成为定局,接下来就是谁登上这龙椅了,赵光义从权势上来说要比刚刚成年不久的赵德昭更厉害,再加上有太祖的"圣旨",赵光义毫无危机地登上了皇位,庙号太宗。

十月二十二日,赵光义大赦全国,连常规赦免得不到原谅者这次也被赦免。不过赵光义还是做了做表面功夫,二十三日,大臣们上奏请太宗上朝处理政事,赵光义没答应;等到第二天,宰相薛居正等人坚决请求,赵光义这才同意上朝处理政事。又过了三天,二十七日的时候,赵光义任命弟弟赵廷美为开封尹兼中书令,封为齐王;任命太祖儿子赵德昭为永兴军节度使兼侍中,封为武功郡王;任命赵德芳为山南西道节度使、兴元尹、同平章事。薛居正加官为左仆射,沈伦加官为右仆射,卢多逊为中书侍郎,曹彬继续担任枢密使并同平章事,楚昭辅为枢密使,潘美为宣徽南院使,朝廷内外官员都不同程度地升官晋爵。

这里加封的官员几乎与之前赵匡胤加封的人员是一样的。太宗又下诏茶、盐、榷酤沿用开宝八年(975)数额。这也与之前一样,没有太大的变动。宋太祖生前所惩罚或欲惩治之人,均获赵光义宽恕。

如此一来,赵光义这龙椅算是坐稳了。《宋史》上说,杜太后怀上赵光义之前梦见神仙捧着太阳授予她,赵光义出生的当天夜里,红光升腾似火,街巷充满异香。实际上赵匡胤出生的时候也有传说,当时赤红的光照满屋子,奇异的香味过了一个晚上都未散去。赵匡胤出生时身体上有金色，三天都未改变。不知道是不是真的就这么神奇，杜太后是天选之母，还是赵光义觉得自己也得有点什么神奇的东西，才能比得过兄长，登上皇位。

赵光义小的时候和别的孩子一起玩，人人都怕他，听他的话。成年后，他的鼻子很高，有真龙之相，一副庄重威严的样子，一看就知道是大人物。赵光义也是有点能力的，他天性喜欢学习，父亲宣祖统兵淮南，攻破州县，什么都没拿，只为他搜集古籍，并且经常勉励他，因此赵光义博览群书，多才多艺。

太祖赵匡胤建立宋朝后，任命赵光义为殿前都虞候，领睦州防御使。赵匡胤亲征泽州、潞州的时候，赵光义以大内点检的身份留守东京，之后不久赵光义领任泰宁军节度使。太祖亲征李重进，任命赵光义为大内都部署，加同平章事，准他行使开封尹的职权，又加官兼中书令。太祖亲征太原，改赵光义为东都留守，另外赐给他府第，赐其门前可列仪仗，封其为晋王，位次排在宰相之上。由这些就可以知道，赵光义的势力其实是赵匡胤一步一步养大的。

夜里，蓝得发黑的天空上带着点点星光，晴空万里。巍峨高耸的宫殿在黑暗里像是吃人的巨兽，突然风起云涌，鹅毛大雪片片落下。宫殿中杯觥交错，窗外可以看见两个人互相推托的影子，也能隐约听见"好说，好说"的声音……

雪停，天下留下一片一望无际的白色以及一个不明不白的死因。

太祖亲自选的陵墓如此之快就派上了用场。虽然永安陵是北宋第一座宋皇陵，但是永昌陵是大宋真正意义上的皇帝陵寝，永昌陵的历史价值并不低，历史地位也非同一般，从中可以研究自五代十国到北宋的历史、文化等。

现在永昌陵是地面遗迹保存较好的一座宋陵，在了解这座皇陵前，我们先了解一下墓主人宋太祖赵匡胤。

# 第二章

## 墓主人赵匡胤

大年初二，本应喜气洋洋地过年，但是在离开封20公里的陈桥驿却气氛凝重。士兵们神情肃穆，等待接下来的命令，夜晚寒风凛冽，军中懂得天文的军校苗广义指着天空说："我刚才看见天空中有两个太阳互相搏斗，黑光摩荡者久之，一日胜一日，是天命所归啊。"众人看着天空不知所措，两个太阳……搏斗……这是什么意思？后来不知道是谁说了句："应该将赵点检立为天子。"这句话就像魔咒一样，越传越广……

次日，赵匡胤黄袍披身，众将士山呼万岁。

赵匡胤壮丽传奇的一生迎来了最"高光"的时刻……

## 一、生平介绍

赵匡胤（927—976），字元朗，后唐明宗天成年间出生在洛阳夹马营的一个名门望族，祖籍涿郡（今河北涿州），母亲杜氏，父亲赵弘殷，他的父亲、祖父、曾祖父都是军人。赵匡胤作为宋朝开国皇帝，在位16年，谥曰英武圣文神德皇帝，庙号太祖，葬永昌陵。

赵匡胤出生时并没有赶上大唐盛世，正逢乱世，那有多乱呢？907年到979年是五代十国，唐朝灭亡后，在中原地区前后定都的有五个朝代，即后梁、后唐、后晋、后汉和后周，而在中原地区之外的地方还存在过十个割据政权。

赵匡胤未出生前的仅仅20年间就已经更换了一次朝代，后梁开平

## 第二章 墓主人赵匡胤

元年（907），梁王朱温（852—912）又叫朱全忠，逼迫唐哀帝禅位，后又杀了唐哀帝，唐朝正式灭亡，朱温称帝，改名朱晃，建国号梁，史称后梁。结果后梁存在还不到20年，后唐同光元年（923）晋王李存勖（885—926）在魏州（今河北大名）称帝，以光复唐朝为号召，建国号唐，史称后唐，之后出兵灭后梁，迁都洛阳。又过了四年，赵匡胤才出生，这个时候赵匡胤的父亲赵弘殷在洛阳掌管禁军。

后晋天福元年（936），后唐将领石敬瑭（892—942）向契丹借兵叛变，并且称辽太宗耶律德光（902—947）为父，又割让燕云十六州给契丹。耶律德光帮助石敬瑭在太原建立后晋，又出兵灭了后唐。但是石敬瑭的如意算盘打错了，十年后的耶律德光趁机灭后晋，正式建立辽朝，史称辽太宗。这个时候中原无主，将领河东军刘知远以这个理由在太原称帝，建国后汉。

这个时候赵匡胤还是个"游手好闲"的小年轻，不过20来岁，对未来充满了茫然，在古代，这个年龄已经娶妻，如果不想留在家里"啃老"，怎么也要干出点什么来，他想起现在复州和岳州的防御使王彦超（914—986）与父亲赵弘殷是同僚好友。王彦超是有名的将领，家里也是官宦世家，赵匡胤想投靠他，或许可以通过这层关系，得到王彦超的重用和提拔。因此他来到复州（今湖北仙桃西北），然而王彦超可能觉得赵匡胤太年轻没有资历，就给了他十贯钱，打发赵匡胤离开。想来王彦超要是知道赵匡胤后来有大造化，也不会如此轻率了。赵匡胤只能离开复州到了随州（今湖北随州），投靠随州刺史董京本（生卒年不详），这个人也是赵弘殷的朋友，他收留了赵匡胤，只是董京本的儿子看不惯赵匡胤，后来赵匡胤又离开了这里。赵匡胤建立北宋后，对王彦超未收留自己这段往事不说念念不忘，却也放在心中，后来有一次赵匡胤与王彦超围猎后一起饮酒，赵匡胤趁着酒酣时问道："当初朕来复州投卿，卿因何不纳？"不管是真的询问原因还是指责，王彦超听了立即跪下叩头道：

"浅水岂能藏神龙耶，当日陛下不留滞于小郡实乃天意也！"赵匡胤听后哈哈大笑，从此不再追问过去的事。

再回到赵匡胤还没有建功立业之时，他还是一个"无业游民"，四处游荡，到了襄阳，在一处寺庙中借住。这里有位老和尚擅长看相算命，看到赵匡胤之后惊为天人，说："我给你足够的盘缠，你往北走就会遇到你的机遇。"北面正好是后汉枢密使郭威，也就是未来的周太祖在招揽人才，赵匡胤应募，在周太祖军帐下供职。之后赵匡胤平步青云，问鼎天下，还真让这位老和尚给看对了，也不知道后来预示赵匡胤死的是不是这位老道士。

又过了四年，后汉乾祐三年（950）后汉大将军郭威（904—954）因全家被后汉隐帝所杀，起兵南下，攻入开封。后汉隐帝最后被杀。郭威先立后汉高祖的养子刘赟（？—951）为帝，太后监国，随后突然得报契丹南下，郭威带着军队出京御敌，但大军到澶州（今河南濮阳）时，士兵发动兵变，拥立郭威称帝，之后郭威带着大军返回开封，夺得政权。951年，郭威称帝，建国后周，郭威即后周太祖，后汉灭亡。这个时候赵匡胤补为禁军东西班行首，任滑州副指挥。

后周显德元年（954），后周太祖去世，由养子柴荣（921—959）继位，即后周世宗，赵匡胤转任开封府马直军使，执掌禁军。

这几个朝代存在的时间，一个比一个短。乱世出英雄，此时赵匡胤不过27岁，才成亲9年。有一次周世宗在与北汉对战的时候，战斗还没有开始，指挥樊爱能等人因惧怕敌人居然逃跑了，在危急的时候，赵匡胤骑上马迅速冲向敌人前锋，北汉军队在强大的攻势之下大败溃逃。赵匡胤乘胜进攻河东城，焚烧城门，哪怕左臂被流箭射中也往前冲，直到柴荣制止他，这一场战役历史上称为高平之战。回到京城后，赵匡胤因表现勇猛被任命为殿前都虞候，领严州刺史，得到周世宗的信任。

之后赵匡胤就开启了一路开挂的传奇道路，当然赵匡胤身上并没有什么"金手指",全靠自己一步一步爬上最高峰。

显德三年(956)春天,赵匡胤跟随柴荣征伐淮南,一路势不可当,首战在涡口打败南唐军万余人。南唐节度使皇甫晖(?—956)率领号称15万人的军队,又被赵匡胤击败在清流关,赵匡胤保持本色一路追到城下,皇甫晖被逼无奈,开始拖延时间,说:"这样吧,我们各自为了自己的君主,私下没有恩怨,不如双方布好阵势再一决胜负。"赵匡胤完全不惧怕,笑着回答:"自然可以。"随后皇甫晖摆好阵势出来迎战,谁知道赵匡胤并不怕什么阵势,也不需要这些阵势,他抱着马脖子一直冲入南唐军阵内,在众人还没有反应过来的时候,手中兵刃砍中了皇甫晖的脑袋。此战又是赵匡胤大胜,后来皇甫晖因伤重拒绝医治而死。

这么看来,赵匡胤似乎是个只知道冲冲冲的勇猛将军,事实上并不是这样,就在这一战的晚上,赵匡胤的父亲赵弘殷率领军队半夜来到城下,让人开门以进入城内。赵匡胤则说:"父子诚然是至亲,但是现在城门开关,却是国家的事情,关系到战事的胜负与国家的安稳,现在不能开门。"直到天亮,赵弘殷才得以进城,可见赵匡胤不但是个有勇有谋之人,还是一个忠君爱国之人。

还有一件事可以说明赵匡胤的勇猛。后汉将领韩令坤(923—968)攻下扬州后,南唐派军队攻打他。南唐军队人数众多,韩令坤的军队此时疲惫不堪,且扬州内还有南唐降兵,无法应付,他主张退兵。柴荣命令赵匡胤率兵2000人赶往六合,六合在扬州附近。赵匡胤到了六合下令说:"如果扬州兵有敢过六合的,就砍断他们的脚。"有了赵匡胤的这层保护,韩令坤才得以固守扬州。不久,赵匡胤在六合东面打败南唐齐王李景达(924—971),斩杀敌军1万多人。回来后,赵匡胤再次升职,被任命为殿前都指挥使,不久又被委任为定国军节度使。

因为有赵匡胤的协助,周世宗也是百战百胜,到了显德四年(957)春天,赵匡胤跟随柴荣出征寿春,攻克连珠寨,趁势攻下寿州。冬天,

## 宋太祖陵密码

赵匡胤跟随柴荣征伐濠州、泗州，依然充当前锋。当时南唐在十八里滩扎寨，柴荣还在商议是否用骆驼摆渡军队时，赵匡胤已经率先带着自己部下的骑兵横渡过河，直接攻破南唐军寨，又用在这里缴获的南唐战舰进攻泗州，攻下了泗州。南唐在清口驻屯军队，赵匡胤独自带兵沿淮河东下，连夜追到山阳，擒获了南唐节度使，将其交给了柴荣，拿下了楚州。再后来两人一路大杀四方，在迎銮江口击败南唐军，焚毁了南唐大营，在瓜步镇击溃了南唐军，平息了淮南之乱。

赵匡胤势头如此之猛，南唐主李璟（916—961）畏惧他的威名，便想到了一个办法，赵匡胤如此勇猛，若是被柴荣怀疑了，便可将两人分开，自己就可以保命。因此，李璟派遣使臣送给赵匡胤一封信，并馈赠其300两黄金，想要离间柴荣和赵匡胤。但是赵匡胤不吃这套，把黄金全部送到内府，南唐的离间计失败。

显德六年（959），柴荣北伐，赵匡胤担任水陆都部署。这次北伐还是以柴荣、赵匡胤两人大胜为结果，只是其间发生了一件怪事。柴荣在行军路上审阅各地所上文书的时候，得到了一个皮口袋，里面有一块木板，上面写着"点检作天子"。

柴荣感觉这件事透着怪异，当时对柴荣帝位产生威胁的有两人。一人是周太祖郭威的外甥李重进（？—960），一开始李重进的官职是因为姻亲关系才得到的，后来因参加过高平之战，立有战功，拜成德军节度使、同平章事，成为"使相"。在周太祖病危的时候，周太祖传位养子柴荣，临终前还特意命李重进向柴荣行君臣之礼，以免李重进有其他的想法。

另一人是周太祖的女婿张永德（928—1000），正好就任点检这个职位，他也是屡立战功。张永德此人非常聪明，在后汉乾祐三年（950）的时候，因为郭威功高盖主，后汉隐帝打算除去郭威的势力，要派人杀害郭威的亲人。张永德此时正在潞州将领常遇的家中，听闻有密诏给常遇（一作常思），就猜到自己可能有生命危险，便对常遇道："您是接到了马

## 第二章 墓主人赵匡胤

上杀掉我的密诏么？我不怕一死，只是怕连累您的家人。"常遇没有想到张永德会猜出来，也没有想到他会这样说，便问道："何出此言？"张永德回道："当今奸佞之人当政，郭公立誓为国除奸，此事若成便是您的功德，不成您再杀死我亦不算晚。"张永德暗示常遇，郭威会起兵。常遇深以为然，便下令让侍卫对其严加看守，并厚加款待。常遇又亲自询问张永德："你觉得你岳父的事情有多大把握？"张永德回答得十分肯定："必成。"不出所料，郭威起兵成功，之后派遣使者至常遇所在之地，常遇恭贺郭威之功并歉然道："老夫差一些就坏了大事。"常遇便送张永德回到周太祖之处。

后来张永德追随柴荣，高平之战中有将领逃跑，在此战结束后，柴荣在军帐中与张永德说："高平之战中投降的主将不必诛杀，然而樊爱能以下的将校，我会按照军规处置。"这样做的话可以保护高级将领，因为当时懂得带兵打仗的将领是很难得的。而张永德则说："陛下如果只愿固守边疆，就可以这样处置，但是如果是想开疆扩土、威震四海，就应该重重惩戒将领的过失以整肃军纪。"柴荣听后掷枕于地，大呼称善。第二天，柴荣便下令诛杀逃跑的樊爱能、何徽方二将，此后军威大振。

这两人一对比的话，李重进怕是真有夺权的意图，而张永德对于柴荣来说更加可信，也更加有能力，但是张永德确实是"点检作天子"里的点检。现在朝局并不稳定，谁当皇帝都说不好，因此，这事就被柴荣记在心中。

这个时候又恰巧柴荣生病，柴荣想起养父郭威是怎么得了天下的，难免有所顾虑，因此罢免了张永德，任命当时品级与两人都有所差距的赵匡胤为检校太傅、殿前都点检。同年也就是显德六年（959），周太宗柴荣驾崩，他年仅7岁的儿子柴宗训继位，史称周恭帝，赵匡胤改任归德军节度使、检校太尉，赵匡胤掌握了后周的军事大权。

"点检作天子"这个政斗的小把戏似乎被人遗忘了，好似这只是为了

## 宋太祖陵密码

排除张永德的一次阴谋，不排除这是李重进为了打击政敌的特意安排，之前张永德一直与李重进不对付，说他藏奸。本以为这件事到此结束，但谁也没有想到"点检作天子"又一次成为谶语。只是这个天子并不是李重进。

柴荣去世不到半年，迎来了显德七年（960），大年初一那一天，朝臣们遵照礼制向年仅7岁的周恭帝柴宗训恭贺正旦。没想到却接到镇、定二州的奏报："契丹与北汉合势入寇。"北汉是五代十国时期的割据政权之一，是十国中最后一个政权。大致位于今天的山西省中部和北部。后周可以说与北汉有血海深仇，后周开国皇帝郭威全家在乾祐三年（950）被后汉隐帝灭门，张永德凭借自己的聪明躲过一劫。其实那个时候郭威还并没有什么政治野心，但是家都被灭门了，但凡有点血性的人都会反叛。郭威在邺都（今河北邯郸大名东北）起兵，杀死隐帝，称帝建立后周，后汉被灭。

但是后汉皇室中有人不服郭威。后汉高祖刘知远的弟弟，河东节度使、太原尹刘崇（895—954）有背景、有兵力，在这个谁都能当皇帝的大环境里，他干脆占据河东十二州称帝，改名刘旻，仍用后汉的乾祐年号，史称北汉，这是十国里唯一在北方的政权。刘崇也不是一个明君，他称帝后一直学石敬瑭依附契丹建立的辽朝，对辽国自称"侄皇帝"。

北汉现在的皇帝是刘崇的儿子刘钧，刘钧同样奉辽帝为"父皇帝"，在柴荣死的这一年他不过才登基6年，现在大周幼帝登基，内部并不稳定，如果刘钧想勾结契丹进犯后周，也是有道理的。大周才经历了君主去世，朝廷内部确实不安稳，宰相范质等人仓皇之间，匆忙派遣赵匡胤统率诸军北上抵御。这几人似乎忘记了当初周太祖是怎么样取得后汉政权的。

正月初二，年还没有过完，赵匡胤就统率大军离开都城，一行人夜晚住在距离开封20公里的陈桥驿（今河南新乡封丘东南陈桥村），在开

## 第二章 墓主人赵匡胤

封东北方向，四处静悄悄的，但是好像总有人在窃窃私语。因为下午出了一件怪事，军队里有一个叫苗训（925—997）的人，他师从陈抟老祖，懂得天文，在士兵中比较有威望。他招呼门吏楚昭辅（911—979）过来，说看到太阳下面还有个太阳，黑光来回摇动了很长时间，又说："一日克一日，要出新天子。"

这个预言被楚昭辅传了出去，还有一些赵匡胤的亲信在将士中散布议论，说："现在皇帝年幼没有什么能力，根本不能亲政，我们这些士兵为国效力拼死打仗，有谁懂得我们这些将士？还不若先拥立赵匡胤为皇帝，然后再出发北征！"这些议论深入士兵的心中，他们想起大过年的还要打仗，还要对一个小娃娃俯首称臣，兵变的情绪很快就被煽动起来。

当然这些流言早就有一些铺垫了，在要北上作战前，京城里就已经有人在说"赵匡胤会当上皇上"的流言，有的富人听说了害怕打仗举家逃跑，只有宫里不知道这件事。赵匡胤也听说了，就跑回家偷偷跟家里人商量："外面都是这些流言，可怎么办？"当时他的姐姐正在厨房，听到后面如铁色，吓了一跳，但是很快就回过神来，举起擀面杖追着赵匡胤打："男子汉大丈夫遇事不能自己做主，跑回家吓唬女人算什么本事？"赵匡胤听后沉默不语。

赵匡胤到底是怎么想的，没有人知道，夜宿陈桥这天，据说当天晚上因为有人给他饯行，所以赵匡胤喝高了，醉卧阁中，没有什么知觉，因此外面那些士兵们想要他当皇上的事情，赵匡胤是完全不知道的。当时外面的事都是弟弟赵匡义（此时还未改名赵光义）和他的亲信当时为归德节度掌书记的赵普（922—992）周旋，然而两人到了发兵后的第二天就"拦不住"这些士兵了，被鼓动的将士们都来到赵匡胤的寝室外，赵匡胤的弟弟赵匡义进入房间向赵匡胤报告外面发生的事情，那些将士们喊着："诸将无主，愿策太尉为天子！"

赵匡胤出来后，就见将士们手中拿着兵器排列在庭院中，他还没有来得及回复，就有人把象征着龙袍的黄袍披在太祖身上，随后大家围着他跪下山呼万岁。这声音几里外都能听到。赵匡胤百般拒绝，众人并不听从，之后拥立他为皇帝，扶着他上马。赵匡胤只能一副被迫的样子说："你们拥护我成为皇上是因为你们自己贪图富贵，你们若是能听从我的命令我就答应你们，不然，我不能当皇上。"

众人马上回答："一定听从您的命令。"赵匡胤思索了下说："第一，太后、皇帝，我是必须侍奉他们的，无论是什么原因你们都不能惊扰冒犯；第二，各位大臣都是我的平辈同事，你们也不得侵犯凌侮；最后，朝廷的府库、官宦百姓的家庭，更不能侵犯掠夺。听从命令有重赏，违抗命令就砍你们的头。"此时，赵匡胤已经接受自己成为皇上的设定了。众人听后再次下拜，严整队伍返回开封城。

进入开封城也是个问题，但是当时守备开封的主要禁军将领石守信（928—984）、王审琦（925—974）等人都是赵匡胤的拜把兄弟，两人得知兵变情况后便打开城门接应。不过也不是所有人都不抵抗，当时有一个叫作韩通（？—960）的禁军将领想率兵抵抗，他是侍卫亲军马步军副都指挥使，得到赵匡胤政变的消息后，就从内廷骑马飞奔而来，才到街上就被赵匡胤这边的军校发觉，赵匡胤的部下立即追到韩通家，将其一家杀死。赵匡胤即位后，追赠韩通为中书令，将其以礼安葬。

之后再没有人反抗赵匡胤的军队，可以说陈桥兵变的将士兵不血刃就控制了当时的开封城。

现在士兵、都城都被控制住了，只剩下最后一步，就是安抚朝廷内外的朝臣。赵匡胤先命令士兵回到军营，他自己没有入宫而是回到了官署，免得造成逼宫的嫌疑，等士兵们拥着宰相范质（911—964）等人前来。赵匡胤见到他们，低声哭泣着说："我违背天地，没想到今天到了这种地步啊。"范质十分愤怒，他走下殿廷，握住中书侍郎、平章事王溥（922—982）的手说："仓促派遣将士抵抗北汉造成这样的结果，是我们的罪啊！"范质心中悔恨，指甲掐得王溥的手几乎都要出血了。

范质又当面质问赵匡胤说："先帝世宗对太尉您就像对待亲生儿子一样，可是现在他尸骨未寒，您怎么就这样做？"赵匡胤哑口无言，赵匡义也泪流满面。与赵匡胤结拜为兄弟的列校罗彦环拔出宝剑，对范质等人高声说："我辈无主，今日须得天子。"赵匡胤斥骂罗彦环。范质此时知道大势已去，没有办法改变现在的局面，便说："事已至此，不能太仓促了，自古帝王有禅让之礼，现在可以举行了。"因而详细陈述种种礼节，又说："太尉既然通过礼仪接受禅让成为皇帝，就应该侍奉太后如母，赡养少主如子，千万不要辜负先帝旧恩。"赵匡胤听后流着眼泪许诺，后来太祖也因此对范质甚为敬重，继续以他为宰相。

之后赵匡胤召集文武百官，在傍晚的时候，文武官员已经在崇元殿排定了位置。然而各项安排都已经做好，就是没有周恭帝柴宗训的禅位制书。这时翰林学士承旨陶谷（903—970）从袍袖中拿出周恭帝的禅位制书，说："已有制书！"然后开始宣读：

> 天生蒸民，树之司牧。二帝推公而禅位，三王乘时以革命，其极一也。予末小子，遭家不造，人心已去，国命有归。咨尔归德军节度使、殿前都点检赵（此处原空两字），禀上圣之姿，有神武之略，佐我高祖，格于皇天，逮事世宗，功存纳麓。东征西怨，厥绩懋焉。天地鬼神，享于有德。讴谣狱讼，附于至仁。应天顺民，法尧禅舜，如释重负，予其作宾。呜呼钦哉，祗畏天命。

宣读完毕，宣徽使引导赵匡胤到了殿前庭里，这里有个小细节，赵匡胤陈桥兵变当晚说是喝醉了，就是这位宣徽使灌醉赵匡胤的。赵匡胤北面下拜接受制书后，登上崇元殿，换上皇帝的衣帽，登上皇帝宝座，正式即皇帝位，是为宋太祖。之后周恭帝和符太后迁到西宫，恭帝改封为郑王，尊奉符太后为周太后。由于赵匡胤在后周任归德军节度使时的藩镇所在地是宋州（今河南商丘），遂以宋为国号，定都开封，改元"建隆"。

赵匡胤登上皇上之位顺利得不可思议，这让人忍不住怀疑其中是否有预谋，而且这预谋不单单从陈桥兵变开始。或许从"点检作天子"就开始了。

挑拨周世宗与张永德关系的那个小木片，基本上被认定是李重进干的，但其中是否有赵匡胤的手笔呢？赵匡胤与张永德关系很好，初时，有一个睢阳的书生曾说赵匡胤有做皇帝的征兆，因此张永德私下非常支持赵匡胤。而张永德自己就通晓天文之术，也擅长占卜面相，说不好这个所谓的书生就是他编出来的。后来赵匡胤下聘娶日后的孝明皇后时，张永德出了数以千计的金帛银钱来资助他，因此两人关系十分好。"点检作天子"这件事的结果虽然是张永德被降了官职，但也是给赵匡胤腾出了位置，这可能是巧合，但也不排除是有预谋的。总之，张永德在宋太祖登基后受尽恩宠。

再说到让赵匡胤带兵离开开封到陈桥的原因：北汉与辽国联合入侵后周。

这件事是否真的存在呢？陈桥兵变之后，也没有人再提入侵这件事了，此事不了了之，总不能说这些敌人又回去了吧。后周显德七年（960）对应辽国应历十年。在《辽史·穆宗本纪》中没有记载当时用兵的记录，而这一年对应北汉天会四年，同样各种史书中关于北汉的记录里也没有记载北汉这段时间联合辽国进攻后周的事。所以北汉与辽国联合入侵后周这件事可能就是给赵匡胤带兵在外提供的一个机会，假设当时陈桥没兵变，黄袍没有披上身，那么也可以继续北上御敌。而且陈桥这个地点选择得也非常"准确"，距离开封城北20公里，若是有需要，急行一个多时辰就可以到开封了。

## 第二章 墓主人赵匡胤

接下来就是最明显的一个问题，黄袍是哪里来的？也不排除只是找了一件黄色的袍子或者布披在了赵匡胤身上。但是在当时要找一块黄色的布也不好寻找吧。

之后再到最重要的一个点，赵匡胤回到皇宫即皇帝位，周恭帝的禅位制书是哪里来的？什么时候写的？陶谷的职位里有一个词叫作承旨，就是撰写诏书，就算这是他的职业，他也不可能当场就写出来，这个禅位制书恐怕也是提前准备好的。如此，黄袍加身极有可能是早就计划好的了。

在这次政变中，大多数人都得到了一个稳妥的结局，只有一个被灭门的韩通、一个计谋失败的李重进，还有被夺了江山的周恭帝。但是赵匡胤对于柴家后代已经算是比较宽容的，据说赵匡胤在陈桥兵变后回到开封，在皇宫里正巧看到一个宫妃抱着一个婴儿，就问："这是谁的儿子？"宫妃回答说："是周世宗的儿子。"当时赵匡胤已经成为皇上，身旁有几位重臣范质、赵普、潘美，赵匡胤转身询问他们怎么处理这个孩子。赵普等回答说："应该除去，以免后患。"赵匡胤摇摇头说："我接人之位，再要杀人之子，我不忍心。"就把这婴儿送给潘美抚养，以后也不曾再过问此事，而潘美也不再向赵匡胤提起这个孩子。这孩子成人后，取名惟吉，最后还当了官，官至刺史。

这里还有另一个版本，是潘美从中劝说，赵匡胤才同意没有处置这个孩子，不过赵匡胤本意应该就没有想对柴家赶尽杀绝，在陈桥兵变时他就已经说过不得滥杀无辜。不管怎么样，他本意都是为了收买这些朝臣的人心。赵匡胤刚即位，先要稳定朝廷内部关系，也让自己得一个宽容的名声。他也确实得了一个好的名声，因为这样的结局在整个历史中几乎是没有的，当初唐太宗李世民"玄武门之变"后，把手下败将李建成的五个儿子全部杀死，其中年纪最长的不到11岁。据《旧唐书》记载：

建成死时年三十八，长子太原王承宗早卒。次子安陆王承道、河东王承德、武安王承训、汝南王承明、钜鹿王承义并坐诛。

"玄武门之变"中另一个主角齐王李元吉的下场也是一样的,他的五个儿子都被诛杀。

太祖应该不单单是为了好名声而是真心觉得有愧于柴家,后来在建隆三年(962)太祖秘密镌刻一碑,立于太庙寝殿之夹室,叫作誓碑。每逢祭天或新君继位,大宋天子都要行至碑前跪瞻默诵,然后再拜而出,没有人知道这上面写的是什么。直到100多年后的靖康之变,金人将祭祀礼器席卷而去,太庙之门洞开,人们才看到在夹室内只有一高7尺、宽4尺的誓碑,上有誓词三行:一为"柴氏子孙有罪不得加刑,纵犯谋逆,止于狱中赐尽,不得市曹行戮,亦不得连坐支属";一为"不得杀士大夫,及上书言事人";一为"子孙有渝此誓者,天必殛之"。

如果是为了好名声,大可不必瞒着誓碑上的内容,宋朝的皇帝基本上都遵守了誓碑遗训,赵匡胤温厚的个性透过这个石碑遗训,表现在种种小事上。有一次,太祖设宴招待群臣,里面有个翰林学士曾经是后周世宗柴荣信任的臣子,他喝醉之后就开始思念周世宗,甚至还当众喧哗。众臣皆大惊,担心太祖治他的罪,太祖却不在意,让人扶他出去休息。这个学士却开始大声痛哭,最后被侍者搀扶出去。第二天,有言官上奏说这个学士当众大哭思念周世宗,应当严惩。宋太祖却笑着说:"他不过是喝醉了。世宗在时,我和他同朝为臣,我了解他,知道他的脾气,一个书生,哭哭故主,不会出什么大问题,不用在意。"对待其他人太祖也是这样宽容,有一次赵匡胤乘驾出宫,路上,突然飞来一支冷箭射中黄龙旗。禁卫军吓得魂飞魄散,赵匡胤却拍着胸膛说:"谢谢他教我箭法。"不准禁卫去搜捕射箭者,以后再也没有发生过这种事了。

这个时候不仅仅有外面的威胁,内部也依然不平稳,当初设计"点检作天子"的李重进反叛了，赵匡胤用了一年的时间安抚朝廷内部，又在平定李筠、李重进叛乱后，开始确定对其他政权的战略，统一全国。

## 二、建隆之治

接下来就开始对外了，直到赵匡胤建立北宋，才正式结束了五代，五代的次序是：唐朝灭亡—后梁—后唐—后晋—后汉—后周。

但是五代结束了，十国并没有结束。依然有数个小政权割据天下，势力林立。

十国分为：前蜀、后蜀（已称帝）、南吴、南唐、吴越、闽国、南楚、南汉（已称帝）、荆南、北汉（已称帝）。其中的一些国家或者藩镇已经向宋朝臣服。这样看起来有些混乱，其实按照地区看比较简单：两川地区有前蜀、后蜀，国家富强；江南地区国力最强的是南唐，还有南吴、吴越、闽国；湖广则被南楚、南汉、荆南等占据；北方是北汉，军队强悍，又与辽国勾结。

这些对于刚刚建立的宋朝来说，都充满了威胁，即使南唐因为多次用兵导致国力衰竭，前蜀、后蜀安于享乐。更何况，周围还有北方的辽国虎视眈眈。刚当上皇帝的赵匡胤自然是坐立不安，这皇位过不了二三十年说不好就是别人的了。

思来想去，有一天晚上赵匡胤直接去了枢密直学士赵普（922—992）家里，那天还下着大雪。赵普是赵匡胤身旁的第一谋士，在陈桥兵变中，他起到了重要作用，据说他是黄袍加身的"总策划"，后来也是他派人通知开封城里赵匡胤的亲信做好接应工作，有他的精心谋划，赵匡胤才会这么顺利地成为皇帝。后来赵普独相10年，他能认赵匡胤为主自然也能认赵光义为主，赵光义在即皇帝位之后，受到众人的诟病，也是赵普拿出的"金匮之盟"。

赵匡胤雪夜访赵普，赵普忙将太祖迎进去，赵普的妻子燃炭烧肉备酒，赵匡胤称呼赵普妻为嫂子，君臣之间颇为亲密，而谈话的内容就是商量用兵北汉的问题。

太祖对赵普说："我最近一直睡不着觉，因为我床以外都是人家的地盘。"赵普思量一段时间说："太原当西北二面，太原既下，则我独当之，不如姑俟削平诸国，则弹丸黑子之地，将安逃乎？"北汉都城晋阳就是太原。这话的意思就是，太原这个地方可以抵挡西、北二面，太原如果被我们攻下，那么我们就必须再单独抵挡这西面和北面，不如等我们削平诸国以后再做打算，到时候太原这一弹丸黑子之地，哪里能逃得掉呢？

太祖笑道："吾意正如此，特试卿尔。"

现在可以把这些"内忧外患"分成两大部分：以南唐为主的南方政权，还有北方北汉割据政权以及被石敬瑭割给契丹的燕云十六州。契丹与北汉的军队比较强悍，现在北宋的军队无法同时攻打两边，如果先攻打北汉，契丹必然会介入坐收渔翁之利，到时候北方边境就会受到威胁。所以，赵匡胤就把目光放在了南方，南方鱼米之乡，税收丰厚，先将南方收复，这样还可以积累物资，为北方作战打基础。

赵匡胤也会询问其他人的看法，其中就有大将军张永德，张永德的建议是："太原兵少而悍，加以契丹为援，未易取也。臣以为每岁多设游击兵，扰其农事，仍发间使以谍契丹，绝其援，然后可下也。"张永德的建议也是一样的，北汉的兵力虽少但是很精悍，再加上有契丹（辽国）支援，所以太原并不容易攻取。张永德以为应该每年多设置游击军在那里，干扰他们的农事，同时派遣使者和契丹沟通，断绝契丹对北汉的支援，之后就可以攻取北汉。

这也和太祖的想法不谋而合。因此，太祖为统一全国制定了先易后难、先南后北的战略决策，在建隆三年（962）九月，太祖开始部署兵力，一部分兵力守卫西、北边境，防止辽国与北汉向南侵略；然后选择荆、湖为突破口，准备带军南下，开始统一战争。

为什么要选择荆、湖为突破口呢？首先是由于荆南、湖南的地理因素，荆、湖南北相邻，东边是南唐，西面是后蜀，南方靠南汉，只要占领荆、湖，就可以割裂江南诸国，将一个整体打散，再各个击破。

而且当时的湖南武平节度使病重，之后十月，武平节度使病死，继位的是他11岁的儿子周保权（952—985）。这个时候衡州刺史趁乱起兵，直逼周保权。周保权这个时候年纪小，也没有什么能力，因此向北宋求援，这正好给了赵匡胤一个带兵南下、借道荆南的机会，如果顺利，既可以得到湖南又可以攻取荆南，一箭双雕。

乾德元年（963）正月初七，这一年，赵匡胤因此还改了年号，他命山南东道节度使慕容延钊（913—963）率十州兵以助湖南讨张文表为名，借道荆南。十几天后，太祖又在荆南征发3000名水军接受慕容延钊指挥。慕容延钊在高平之战中奋勇杀敌，立下汗马功劳，所以他的能力毋庸置疑。枢密副使李处耘是都监，李处耘生性勇武，尤善射箭，曾经在一次战役里一个人射杀十几个士兵，导致其他士兵不敢进攻。两人联手必然百战百胜。二月初九，慕容延钊暗中派遣李处耘率数千轻骑，攻占江陵（今属湖北）城，当时的节度使被迫投降，荆南就这样被不费一兵一卒地灭亡了，大宋得到3个州、17个县。

这个时候周保权已经平息了内乱，他知道太祖的意图，就是要夺下湖南，为了阻止宋军南下，他命人领兵阻截。之前起兵造反的张文表被斩首示众以震慑其他人。然而这些不过都是无用功，宋军先攻克潭州，后又水陆并进，突破三江口（今湖南岳阳北），缴获战船700艘，占领岳州（治巴陵，今湖南岳阳），紧接着占领朗州，俘获周保权。仅半年左右的时间，荆南与湖南被灭。不久，周保权被带到开封，太祖没有怪罪他，任命其为右千牛卫上将军。

慕容延钊与李处耘两人在袭占荆、湖中也立了大功，然而这两人后来因有人挑唆产生了嫌隙，经常上奏互相指责，最后李处耘抑郁而终。两位曾经并肩作战的大将最后关系如此，也实在让人唏嘘。

荆南与湖南被平后，按照赵匡胤的计划，接下来就要攻打蜀国了。后蜀主孟昶（919—965）得到消息后，想着可以依靠川地险要的地势，严兵拒守，再联合北汉共同抵抗，就派蜀将赵彦韬（生卒年不详）去北汉送信，没想到赵彦韬没去北汉，反而去了北宋，投降北宋了。赵匡胤这边其实正好缺一个发兵后蜀的借口，在得到后蜀要与北汉联合的消息又得知蜀军兵力部署情况后，直接下令出兵讨伐后蜀，还十分体贴地下诏让人为孟昶建造房屋500余间，供帐杂物齐备，以等待孟昶投降后使用。

孟昶虽然耽于享乐但是还做了一些实事，他组织百姓发展农桑纺织事业，发展经济，因此四川的经济在五代十国处于领先地位。太祖对后蜀势在必得，因为后蜀这里实在是太富有了，富到什么程度呢？连马桶都用七宝装饰。而打仗是需要消耗经济的，更何况北宋后面面临的还有比较强大的北汉和辽国，所以经济储备很重要，而后蜀最不缺的就是金银。

孟昶这边派大将王昭远（生卒年不详）抵抗北宋，又派太子孟玄喆（939—991）率精兵数万守剑门。可惜这两人都不怎么靠谱。王昭远之所以能在历史上留名，就是因为他不自量力，自比诸葛亮，在与北宋打仗之前，他手拿铁如意指挥军事，说："你们以为我这次进军只是为了抵抗敌军吗？错了，我要领这二三万雕面恶少儿，夺取中原！这对我来说易如反掌啊！"而孟玄喆奉命守剑门，却用车携带爱姬，带着乐器和几十个演戏的人随军出发，这哪里有打仗的样子，蜀人看见了都偷偷讥笑。结果王昭远被击败，成为笑柄。孟玄喆听到王昭远等战败的消息，也逃回成都。

大宋势不可当，后蜀很多将帅都被俘虏了，只是攻打到夔州（今重庆奉节）时，守将高彦俦（？—965）战败，拒绝投降，他说："我以前不能守住秦川，今天又撤退，虽然君主不会杀我，但我有何面目见蜀人呢？"于是自焚而死。

身在皇宫的孟昶也十分焦虑，他问朝臣是否有计策，有老将说宋军远来，势不能久，只要将士兵聚集起来坚守，等到宋兵疲惫就有胜算了。孟昶却叹气说："那些士兵是我和先帝用温衣美食养了四十年的，如今面对强大的敌人，没有人能为我向东放一箭，就算是我想坚守，谁又能为我去守呢？"于是就让一个叫李昊（生卒年不详）的翰林学士写降表向北宋投降，后蜀正式灭亡，这个时候是乾德三年（965）正月，也就是说从太祖发兵伐蜀至孟昶投降一共66天。还有一个"巧合"的点，这个李昊之前也是前蜀皇帝的翰林学士，前蜀败亡的时候，也是他写的降表，当天晚上就有蜀人在他门上写"世修降表李家"，成为当时的一个笑话。

面对荆湖、后蜀的灭亡，南唐与吴越迅速臣服，虽然太祖的目的是要统一全国，但是南唐与吴越可以先缓缓，现在太祖所面临的状况是：南汉主刘𬬮（942或943—980）拒绝依附于宋。

经过几年的调整之后，开宝二年（969）六月，赵匡胤开始做出战物资准备。开宝三年（970），太祖派潘美率军攻打南汉。

南汉主刘𬬮也是个昏君，他继位的时候17岁，不会治理朝政，将政事交给身旁的宦官和侍女处理。他还认为群臣都有家室和子孙，不会对自己尽忠，所以只信任宦官，臣属必须自宫才会被重用，以致南汉宦官高达万人之多。南汉旧将很多也因为谗言被杀害，宗室几乎无人，掌兵权的也只有宦官。这些宦官并不懂军事，只懂得享乐，因此城墙、护城河都被装饰为宫殿、水塘，没有任何守护抵抗作用，更别说楼船战舰、武器盔甲，这些全部腐朽无法使用。

刘𬬮得到太祖发兵的消息，便派军队驻守贺州、昭州、桂州和连州以防备宋军。可是没多久,这四州就被宋军夺去了,结果刘𬬮不怒不悲反而高兴地说:"这四个州本来属于湖南,现在已经被宋军夺取了,他们就已满足,不会再南下攻打南汉。"刘𬬮竟是如此愚昧无知。宋军则继续进攻,同年十二月,宋军进攻韶州,南汉列象阵迎击宋军,宋军以强弓劲弩破其阵,夺取韶州。

到了开宝四年(971),宋军节节进逼,百战百胜,刘𬬮被逼无奈,挑选十几艘船要逃跑,上面装满了金银财宝,还有许多嫔妃。然而船还没有入海,那些被刘𬬮信任的宦官就自己先上船逃走了。刘𬬮无奈只好投降,南汉灭亡。

刘𬬮投降后在北宋的日子过得还不错,与后面的南唐后主李煜心怀国恨家仇完全不一样。刘𬬮以前以赐毒酒的方法毒杀臣子,有一天太祖赐酒给他,他以为太祖是要毒杀自己,号啕大哭,之后太祖笑着将酒自己喝下,刘𬬮非常惭愧。

还有一次,刘𬬮用珠子把马鞍结成戏龙的形状献给太祖,太祖忍不住感叹:"刘𬬮好工巧,习与性成,若能移治国家,何致灭亡。"

南汉被灭后,南唐后主李煜虽然表面臣服,但是一直暗中备战,在太祖要出兵讨伐南唐的时候,明臣服以求自保,暗中备战以防宋军进攻。然而太祖志在统一江南,想要出兵讨伐南唐,南唐大臣徐铉(916—991)劝道:"现在李煜没有罪,陛下师出无名。李煜和陛下,就好比地和天、儿子和父亲一样。天盖地,父亲庇佑儿子。"太祖则不以为然地说:"既然是父子,为什么要在两地吃饭呢?"开宝八年(975),南唐被灭,南唐归属北宋。

但是这里面有一个人卢绛(891—975)坚持不投降,继续抵抗北宋,他率领部下攻占其曾祖父做过刺史的歙州(今安徽歙县),他的曾祖父在那里留有贤声,因此卢绛在歙州颇得民心。卢绛兴复南唐,但是毕竟天下大势已去,孤掌难鸣,很难有什么作为。但是卢绛誓死抵抗。然而最后卢绛还是被抓，当时太祖对卢绛颇为赏识看重，想收为己用，但是卢绛一心忠于南唐，太祖虑其若是将来有了异心后果不堪设想，决定还是杀了卢绛并诛其九族。卢氏一族闻风潜逃，未逃避掉的便改为钟姓。

至此太祖统一南方，这时有群臣请加尊号"一统太平"，然而太祖并不接受，说："如今燕云十六州与北汉还没有收复，怎么能算一统太平呢？"由此可见太祖对燕云十六州与北汉的执着，只有二者收复，统一事业才算完成。

最终太祖也只是平定了南方各国，燕云十六州仍在辽国的统治下。

宋太祖的一生可以说是波澜壮阔，由平民到将军再到开国皇帝，直至统一中原。在历史中与秦皇、汉武、唐宗齐名。可是很多人认为宋太祖并不能与这三位皇帝并列。

其中一个原因就是从国土疆域来看。在北宋时期，与辽的边界在现在的海河交界处，西部包括今天的河北以北至山西和陕西南部，后期包括宁夏、甘肃和青海的一部分，西南统辖四川、贵州、广西和广东，而东南则是沿海地带。所以，北宋虽称唐代以后的第一个中原统一王朝，但其疆域范围要比其他统一王朝小得多。

因此赵匡胤提出的"先南后北"统一战略也被不少人诟病，南宋爱国诗人陆游（1125—1210）就曾评论过这一战略："中国（北宋）先取蜀、南粤、江南、吴越、太原，最后取幽州，则兵已弊于四方，而幽州之功卒不成，故虽得诸国，而中国之势终弱，然后知世宗之本谋为善也。"就是说，虽然北宋成功平定了南方各小国，但是已经无力收服燕云十六州，这个战略是错误的。后来著名历史学家钱穆也认为这一战略是错误的："宋则以赵普谋，先南后北为持重。兵力已疲，而贻艰钜于后人，则太祖之失也。"然而根据当时的情况，选择先南后北的战略是符合实际，甚至是别无选择的。

当时北宋才建立，内部并不团结，郭威的外甥、当时北周重臣李重

## 宋太祖陵密码

进反宋，赵匡胤亲征平定，本来在军事力量上，宋与辽相比就偏向弱势，据《辽史·兵卫志》记载，辽兵"合骑五十万"，而宋朝的兵力在《宋史》也有记载："开宝之籍总三十七万八千，而禁军马步十九万三千。"就算其中有夸大或者低估，但这个数目大体也是差不多的，辽的兵力是宋的两倍以上，更何况辽兵多是骑兵，战马众多，这是宋缺少的，宋多步兵，又因内部牵制，北宋无力向北进军。假设先北后南的话，北宋胜算比较小，最多就是不胜不败，最后可能谁也没有赢，北宋与辽国之间的战争必然是长久的拉锯战，而现在先南后北，太祖最终统一中原。

先南后北也并不是说放弃北方，只是战略上分为轻重缓急，《渑水燕谈录》记载："太祖讨平诸国，收其府藏，贮之别府，曰封桩库。每岁国用之余，皆入焉。尝语近臣曰：'石晋割幽燕诸郡以归契丹，朕悯八州之民久陷夷虏，俟所蓄满五百万缗，遣使北虏，以赎山后诸郡；如不我从，即散府财募战士以图攻取。'会上即位，乃寝。后改曰左藏库。今为内藏库。"在平定南方后，太祖还建立封桩库，就是想用于赎回燕云十六州，如果辽国不同意，再攻击，可以说"先南"就是为"后北"打基础，统一南方就是为了收复北方。

只可惜赵匡胤并没有完成统一大业，在开宝元年（968）和开宝二年（969），太祖曾两次出兵进攻北汉，但是因为有辽国出兵援助北汉，没有收复成功。第三次进攻北汉是在开宝九年（976），但是两个月后，赵匡胤突然死去，辽国还是出兵支援北汉，赵光义登基后只能先撤兵。

直到三年后太平兴国四年（979），宋朝派遣军队向北汉发起了总攻，将太原团团围住。石岭关外，北宋兵马打败了前来增援的辽兵，逼迫其归降。五代十国的割据格局终于终结，北宋实现了国家的一统。

如果没有太祖统一江南奠定的基础是不可能收复北汉的。

在国土疆域上，赵匡胤并没有做出错误的决策，在人品道德上赵匡胤心胸宽广，对柴家礼遇有加，那么从政治能力上，赵匡胤又是怎样的呢？

黄袍加身给了赵匡胤无限荣耀，不管到底是被迫上位还是阴谋上位，现在都已经成为定局，这也给了赵匡胤巨大的危机感。从唐末开始到北宋，这期间不停地更换朝代，没有一个皇帝能坐稳天下，怎么才能稳定政权？怎么才能让这个皇位长长久久下去？

赵匡胤为此也十分烦恼，有一天他与赵普谈论这个事道："从唐朝末世以来的数十年，皇帝已经换了八个了，一直都有战争，百姓活在水深火热之中，这是为何呢？朕想停止天下纷争，让国家长治久安，到底要怎样才能做到呢？"赵普则道："陛下能想到这件事，真是天地人神的福气。臣认为之所以会造成这样的结果，没有别的原因，就是藩镇的权力太大，君弱而臣强，一旦这样，藩镇必然会想争夺君主的权力。如今想要解决这样的情况，那就只能削弱藩镇的权力，限制他们的财政，没收他们的精锐军队，这样天下就会和平了。"

赵匡胤听后十分认同，但他心中其实还有一个担忧，会不会也有其他人"被迫"上位呢？当了皇上的赵匡胤想法自然是与当将领时候的想法不一样，他的那些兄弟们也都变成了臣子。这与赵普说的其实本质上相同，如果这些臣子兵权太大，将来也会有纷争。

思来想去，赵匡胤想到一个办法——杯酒释兵权。

在他登基的第二年，建隆二年（961）七月，赵匡胤退朝后留下石守信、高怀德、王审琦、张令铎等几个高级将领饮酒，这些人多是在高平之战中立过功劳的，曾与赵匡胤一同奋勇杀敌，也是赵匡胤当年的义社十兄弟成员。酒喝到正好的时候，太祖对这些军将们说："我当上皇上后，才发现还不如做节度使快乐。自从当了皇帝之后，我没有一天好好睡过。"这话让石守信等人大惊失色："陛下为何这么说？如今天命已定，谁敢再有异心？"赵匡胤喝了一口酒说道："你们说谁不想要富贵？若是有一日，也有人将黄袍披在你身上，拥戴你当皇帝。就算是你不想造反，那个时候还由得着你们吗？"

石守信等将领一听，酒都吓醒了，连忙跪下磕头，哭着说："臣等愚昧，不知道此事该怎么处理，还请陛下可怜我们，指一条生路吧。"赵匡胤松了一口气，便道："人生苦短，犹如白驹过隙，你们已经卖命一辈子了，不如及时享乐。多置一些房产地契，多攒一些银子，传给子孙后代，家中歌伎舞伶，日夜饮酒相欢，安享晚年，君臣之间没有猜疑，上下相安，这样不是很好吗？"其实就是用金钱换他们手中的兵权。话已经说到这个地步，而且这些将领们本就没有谋反的意思，因此都高兴地说："陛下这样为我们着想，对我们有再生的恩惠啊！"到了第二天，这些军将就称病请求辞职，赵匡胤一一敕准，并且给了他们十分优厚的"退休金"。

这就是历史上有名的杯酒释兵权，赵匡胤这样做虽有"鸟尽弓藏""兔死狗烹"的嫌疑，但是与汉高祖、明太祖大杀功臣之举相比较来看，还是十分宽和的。

这样做不仅消除了一些危机，更重要的是还让军权集中了起来，先解除了禁军将领的兵权，将他们调到外地当节度使，之后再削弱节度使的权力，节度使没有士兵也就无法造反。但是杯酒释兵权还是有一定的缺点，那就是用钱买权，加重了贪污的风险。

但即使如此宽待这些节度使，还是有一些节度使飞扬跋扈。有一天，赵匡胤将这些节度使约来一起打猎，给他们一人一把佩剑、一副强弓、一匹骏马。然后他也只身上马，不带侍卫。到了一个僻静的地方，赵匡胤对他们说："这里没有一个侍卫，如果你们想要自己当皇帝，现在可以杀我了。"众人吓得跪下，不敢上前，保证没有异心，只忠于北宋。赵匡胤又道："你们既然没有想当皇帝的想法，就应当各尽臣下的职责，今后不准再骄横不法，目无天子。"众人只伏地山呼万岁，赵匡胤这才满意，并许诺只要他们忠诚，就不会亏待他们。

这对于皇上与将领、节度使来说是一个皆大欢喜的结果。

杯酒释兵权也促进了军制的改革，接着，太祖改革禁军的结构，像之前太祖曾任职过的殿前都点检等职位都不再设立了，而是将禁军的统领权一分为三，由殿前都指挥使、侍卫马军都指挥使和侍卫步军都指挥使统辖，称为"三衙"。三衙平时只负责禁军的管理、训练，三衙之间互相不能统属，相互牵制，直接对皇帝负责，无权调遣军队，而且担任三衙长官的官员都是年轻的武将，这样他们也不能发展自己的势力。能调动禁军的是枢密院，枢密院在五代时是军事最高机构，到了唐末还掌管着朝政，就相当于又多了一个宰相，因此造成祸乱。太祖对其进行改革，枢密院专掌军事政令，调动禁军，但是不直接统领军队，统领军队的将帅没有调兵权，枢密院与将帅相互牵制，最终军队直接由皇帝指挥。这样禁军外出作战，由皇帝派遣将帅，并由皇帝亲自制定作战方略，将领不得擅改。

而禁军的挑选先是由太祖挑选强壮的士兵作为兵样，遣至全国各地，让各地按照这个兵样去招募士兵，之后这些士兵聚集在京师，太祖亲自教阅，加强训练，并给以优于外州的俸禄。

关于禁军驻守的问题，太祖采纳了赵普的建议，实行更戍法，就是约半数的禁军驻守京城及其附近，半数驻守在边境及内地若干重要地方，之后每一年或者两年必须换防一次，将帅则不轻易换地方驻守。这样就造成"兵不识将，将不识兵""兵无常帅，帅无常师"的局面，有力地防止将帅专权，而且也让士兵习于劳苦、免于怠惰，只是这样做大大地削弱了军队战力。

这样一来，禁军的所有权力，包括选练、驻守、行军、作战等都集中于皇帝。

杯酒释兵权除了消除了武将造反的隐患，促进了相关军制改革，同时也削弱了武将的势力，这也就从另一个方面促进了文人士大夫政治地位的提高。在这种情况下，为了选出更优质的文人，宋朝的科举制度得以进一步发展和完善。

在唐代，大臣可以直接在考试前推荐考生，推荐要比考试更重要，这样很难选出优秀的人员，反而都是"关系户"；而且即使通过考试成为进士也只是取得了做官的资格，还需要吏部考核，这就造成了很多进士多年得不到官职；此外，唐代出现党争，有一部分原因就是考中进士的考生会成为主考官的门生，这可以为以后在官途上多一层关系，慢慢发展下来就形成了派系。

这些弊端，太祖都做了应对，首先太祖下诏："礼部贡举人，自今朝臣不得更发公荐，违者重置其罪。"其次就是在宋代，进士只要通过殿试，根据名次就可以授予官职，不需要再经过吏部考核，这样做相对公平也使人才尽快地为国效力。最后关于门生派系，太祖创造了"殿试"制度，最后由皇帝亲自对考生进行考核，考中者皆为天子门生，弱化了考生与考官之间的师生关系，削弱了考生和考官之间结党的可能。除此之外，还采用糊名制，就是试卷答案由专人誊抄，防止因笔迹作弊。

在宋代，绝大部分的学子都可以凭借自己的真实水平进入仕途，大量出身贫苦又有政治抱负的读书人可以参与国家治理，可以说宋朝开启了中国历史上第一个大一统的平民政治王朝。

这也彻底扭转了唐末以来武夫专权的混乱局面。同时，太祖也十分重视图书收藏，从建国初期就开始搜集各国遗留图书，充实官府藏书。最一开始史馆、昭文馆、集贤院这三馆藏书仅有1.2万余卷。史馆是负责编修史书的机构，昭文馆和集贤院也是官署，都有详正图籍、教授学生的用途，所以只有1万多卷书籍还是很少的。后来太祖在乾德元年（963）平荆南收高氏图书，乾德三年（965）平定蜀国，太祖派官员赴成都收图书1.3万余卷，开宝九年（976）平南唐，令人到金陵收图书2万余卷，又收吴越图籍万卷。之后又是广泛征集民间藏书，凡有献书者皆给奖赏，如果所献的书籍是三馆里没有的，还会奖励献书者官职，比如三礼涉弼、三传彭干、学究朱载三人献书1.2万余卷，并赐科名。如此到开宝年间，官府藏书增至8万余卷，为北宋官府藏书奠定了基础。这使宋代的文化空前繁盛，以至于后人称"宋朝是文人的乐园"。

但是同样这也压制了武将的发展，武将要听从文官的话，甚至有不懂军事的文官担任边防大帅，因此在两宋近300年的时间里，就算继位的皇帝比较年幼，也没有再出现过"黄袍加身"的情况，更不会出现五代十国这样混乱的时期，可以说这是太祖当初改革军事制度的成功之处。

太祖并不单单改革了军事，在行政与财政两大方面也进行了改革。行政方面，沿用唐朝制度，实行宰相执政。北宋刚建立的时候还是用后周宰相范质、王溥、魏仁浦三人为相，后来范质三人请退，太祖就用赵普为宰相，为了防止赵普擅权，又以薛居正、吕余庆作副相，称参知政事，此后这就成为定制。

唐以及五代的时候，宰相朝见天子商议重大政事，皇帝命宰相坐下一起面议，到了北宋，范质等人每次要与太祖议事都写公文进呈，并说："这样才算臣子们秉承圣意之方，免除妄庸的过失。"太祖采纳了这个做法，后来奏折越来越多，就废除了坐论的旧礼。这样也是提升了皇帝的威严，削弱了宰相的权力。

以宰相为代表的中书省和前面所说与军事相关的枢密院号称"二府"，文武并立，他们的奏折也是分别报给皇帝批复，彼此并不知情，因此皇帝分别控制了政权和军权。

财政方面则设转运使把地方收入大部分运送中央，由三司使管理四方贡赋和国家财政，三司使是盐铁、户部、度支这三个机构。提到户部的话，大家就比较好理解三司使的含义了，最后三司使整体变成户部，但是现在，户部只是这三个机构之一。三司使统领三个方面：一是盐铁，掌管工商收入及兵器制造等事；二是户部，掌管户口、赋税和榷酒等事，榷酒就是和酒类相关的买卖，当时政府严格限制民间私酿自卖酒类，地方州郡赋税收入除留一小部分外，其余全部由中央掌握；三是度支，掌管财政收支和粮食漕运等事。这三司权力和责任都非常重要，地位仅次于宰相，称"计相"。

三司使的掌管内容有些复杂，最后造成机构过分臃肿，行政效率低下，但是在最初的阶段这些也分割了宰相的权力。

集权的同时，太祖对国计民生也十分重视，尤其是"黄害"，也就是黄河问题。在五代的时候，黄河决堤、改道，洪水泛滥，农村耕地被洪水吞噬，宋初也不断有水灾出现。太祖下了很大的力气治理洪水，在建隆三年（962），为了控制洪水，太祖命令黄河两岸修建水坝，种植树木。黄河大堤每年的正月、二月、三月都会泛滥，这个时候太祖也会下令严格巡察，防止洪水泛滥。因此，黄河发洪水，在太祖在位的17年中，仅有10余次，没有发生过什么大的灾难。太祖不仅仅重视黄河，对运河、汴河、蔡河等重要的河道也进行了大量的修缮。这些为稳定农村经济和商业经济提供了有力的支持。

太祖还重视农耕，减免劳役、税收，整顿官吏，劝奖农桑，促进社会经济发展，这些举措不仅很快医治了200年的战争创伤，还使宋代的社会快速走向了一个新的高度，百姓生活富足、兵马强壮、国库充裕、社会治安良好，达到了自唐朝开元盛世以后的又一鼎盛时期，史称"建隆之治"。

"谒庙礼毕，奏请恭读誓词！"随着唱诵，大宋天子走进太庙寝殿，身旁只有一个不识字的小黄门跟随，其余的人都远远立在庭中，恭立垂首，不敢仰视。殿内还有一夹室，门紧紧关着，用黄金饰品装饰的黄幔遮蔽着。这里面便是赵匡胤所设立的石碑遗训，上面的遗训两宋的皇帝基本上都遵守了，后来柴家子孙与南宋共存亡，这就可以证明赵匡胤身上有其他君主所没有的宽容。赵匡胤温厚的个性透过这个石碑遗训，表现在整个宋王朝的政治上。赵匡胤是可以与秦皇、汉武、唐宗齐名的。

# 第三章

## 皇家顶级葬礼

开宝九年（976）十月二十日，太祖崩，丧钟响彻皇宫，群臣除去华丽的饰物，皆在万岁殿中按班肃立，恭听宰臣宣布太祖遗诏："以日易月，皇帝三日而听政，十三日小祥，二十七日大祥。诸道节度使、刺史、知州等，不得辄离任赴阙。诸州军府监三日释服。"宰臣宣布完毕，群臣忍着哀痛之情一边行走一边哭十五声，之后再拜两次，如此发哀完毕。此时未来的新皇帝赵光义在灵柩前捧着遗诏，群臣恭请赵光义即位，赵光义一边号哭一边见群臣。群臣称贺新皇帝即位，安慰并表示哀悼。

又有礼官上前禀告不同身份的人穿不同的丧服，北宋皇家首次顶级葬礼由此拉开序幕……

## 一、葬前丧礼

虽然之前有改卜永安陵的葬礼活动，但是北宋开国皇帝宋太祖的葬礼才算得上是第一次"真正"的皇帝葬礼，而他所在的皇陵永昌陵也开创了北宋皇陵的典范。在五代的时候，战乱频发，五代之君往往不得其死，何暇顾其后哉？因此五代帝王的丧葬礼仪并不完整，也不见得符合当时的礼仪，所以北宋皇帝丧葬礼仪很多是继承了唐代的制度，又在其基础上创新，而北宋是非常讲究礼法、尊崇儒家的朝代，北宋的丧葬礼仪又多来自《周礼》《仪礼》《礼记》。

北宋皇帝丧葬流程主要有三大项：丧礼、葬礼、葬后祭礼。

## 第三章　皇家顶级葬礼

前面所说的宣遗诏、发哀、贺皇帝即位还有大殓成服，都属于葬前丧礼。因为皇室丧礼十分复杂，需要各种专职人员来操办，所以还要成立治丧委员会，其中包括山陵使和负责其他事宜的官员。组织建陵机构；将先帝的遗物赏赐给众人，赏赐给诸军；还有一些文字上的礼仪工作，比方说皇陵名字、哀册文、谥册文、商议先皇的谥号；要将皇帝去世的信息通知其他国；以日易月之小祥；逢七的吊唁；辍朝之礼，请新皇御正殿亲政；以日易月之大祥；外夷人吊；等等。这些都是葬前丧礼。

葬前丧礼大体包含：一是宣读遗诏等新皇登基的事务；二是大殓成服；三是成立治丧委员会等与皇陵相关的事务；四是先皇遗物赏赐；五是外交类的信息工作；六是文字上的礼仪工作；七是辍朝之礼和吊唁相关工作。

### 1. 宣遗诏

遗诏一般是皇帝生前拟定的，为的是交代身后事，《宋会要·历代大行丧礼》和《宋大诏令集》现存北宋太祖至哲宗和南宋孝宗至宁宗共十道遗诏。从这些遗诏可以看出，每个皇帝的遗诏内容是不尽相同的，但是也都有一定的规则，诏文一般都比较简短，主要就是确定新君以及安排葬礼等。

而太祖的遗诏在《宋会要辑稿》中有记载："修短有定期，死生有冥数，圣人达理，古无所逃。朕生长军戎，勤劳邦国，艰难险阻，实备尝之。定天下之祆尘，成域中之大业，而焦劳成疾，弥留不瘳。言念亲贤，可付后事。皇弟晋王光义天锺睿哲，神授英奇，自列王藩，愈彰厚德，授以神器，时惟长君，可于柩前即皇帝位。丧制以日易月，皇帝三日听政，十三日小祥，二十七日大祥。诸道节度使、观察使、防御使、团练使、刺史、知州等，并不得辄离任赴阙。闻哀之日，所在军府三日出临释服。其余并委嗣君处分。更在将相协力，中外同心，共辅乃君，永光丕构。"

这里就有个小疑问了，如果赵匡胤之前就已经定了遗诏，那么"烛影斧声"是否就是谣言了呢，有可能宋太祖觉得自己身体不好提前写了遗诏，也有可能这是新任皇帝后期篡改添加的，正史中太祖的遗诏有短有长，大体内容相近。

毕竟太祖的整个葬礼都是弟弟赵光义安排的，想要添些东西是很容易的。

### 2. 大殓成服

大殓是指将已经装裹的尸体放入棺材内，成服是指每个人还需要根据尊卑亲疏的差别穿上不同的丧服，这标志着正式进入丧期，这段时间，上至皇帝、下到百姓都要按照规定穿着丧服。也就是说大殓与成服是两件事，在北宋，大殓一般是在皇帝驾崩后第四天到第九天，成服是与大殓同一天或者是后一天。太祖是十月二十日驾崩，二十四日大殓成服。这一天也是有祭奠仪式的，备好祭品，赵光义就殿上御位，宰臣率领文武百官按班位排好开始放声哭泣，之后再拜，结束后，宰臣请新帝听政，之后到长春殿，皇帝及文武百官更换丧服。

### 3. 成立治丧委员会

赵匡胤的皇陵位置早已经选好了，接下来比较重要的就是安排山陵使。山陵指的是皇帝死后所埋葬的地方，《孔子家语》云："大王万岁之后，起山陵于荆台之上。"这里就有山陵二字。所以掌管皇帝丧葬安排的人员就叫作山陵使，亦称"山陵仪仗使"。当然不能仅仅有山陵使这一个人，在丧葬事宜中还设有礼仪使、仪仗使、卤簿使和桥道顿递使。礼仪使和仪仗使顾名思义，卤簿使要难理解一点，用现代的语言来说，就是掌管重大国事活动典章制度的人，这里面的内容很多，包括安保措施、交通安全等。桥道顿递使简称"顿递使"，是大型活动中的临时差遣，结束后就不会有这个职位了。这几个职位都以山陵使为首，所以山陵使是一个很重要的职位，相当于治丧委员会会长。

## 第三章　皇家顶级葬礼

比方关于赵匡胤改卜永安陵的人员安排,《文献通考·王礼考十二》中有记载:"宋太祖皇帝建隆四年,将郊祀,大礼使范质与卤簿使张昭、仪仗使刘温叟,同详定大驾卤簿之制。"

担任山陵使还有一定的政治用意。通常以宰相为山陵使,也就是说这个治丧委员会会长除了责任大外,还需要是个顶级的官员,并不是一个普普通通的高官阶官员就可以的。

为什么会出现这样的情况呢?

山陵使这个官职是在唐朝初期出现的,贞观九年(635),唐朝开国皇帝唐高祖李渊去世,处理丧葬事宜的人是当时的宰相房玄龄和后来成为宰相的高士廉。不过当时二人并不称为宰相,而是左仆射。这就是设置山陵使的开始。这样就形成了山陵使以前朝宰相任职的传统,这些人员都是下一任皇帝信任的重臣,而且等到丧事结束后,这些人员还会得到重用。不过这里有个特殊性,就是李渊去世之前已经将皇位禅让给了李世民,也就是说在李世民在位的时候,李渊去世了。

这个情况与赵匡胤改卜永安陵有相似点,就是赵匡胤在位的时候,处理父亲的丧事。当时的山陵使是宰相范质,他却在山陵事未完成的时候就上表辞去宰相一职,也得到了太祖的应允。这又是为什么呢?毕竟按照前面所说,担任山陵使的人员都是皇帝的亲信,会得到重用的。

先说范质此人,范质(911—964),字文素,大名宗城(今河北邢台威县)人,从五代后周时期到北宋初年担任宰相一职。范质自幼好学,博学多闻,尤其善文书。在后晋时,有一次辽国侵扰边境,晋出帝命15位将领出征。当时已经是夜晚,需要召诸位学士起草诏令,但是晋出帝担心如果再开宫门召人会将信息泄露出去。当晚值班的只有范质,范质就单独起草诏令呈给皇帝,所用文辞优美、事理清晰,受到晋出帝的夸赞。

后来郭威受命出征讨伐叛乱,每次朝廷给他的军事诏令都符合机宜,郭威询问后才知道这是范质起草的诏令，忍不住赞叹范质是宰相之才。后来郭威造反，攻到了皇宫，导致京城纷乱，范质为了躲避战乱藏匿于民间。郭威派人找到范质后十分高兴，当时正下着大雪，郭威就解下自己的袍衣给范质穿，又让范质起草太后诰命及一些其他的诏令。范质当即起草，很快就完成，很合郭威心意。后郭威任命范质为兵部侍郎、枢密副使。郭威对范质有知遇之恩，因此范质对郭威乃至郭威的继承人柴荣都十分忠诚。

范质虽然已经身居高位了，但还是手不释卷。有人劝他不必这样劳碌，但是范质说："有擅长看面相的人对我说过，我今后会成为宰相。如果真是这样，那我现在不学习，以后怎么处理政事？"在跟随柴荣征伐淮南的时候，很多诏令都是由他起草，那些文士们没有不惊艳臣服的。

除了起草诏令文书，范质对律法也十分擅长。他提出法律条例过于繁冗，很多条例惩罚过轻，又有很多条例惩罚过重，没有依据考证，这容易让官吏利用这些漏洞行不轨之事。周太宗特命他详细审订法律，最后编纂为《显德刑律统类》，宋代第一部法典《宋刑统》直接来源于此法典。

再后来范质被迫拥立赵匡胤为天子，在建隆四年即乾德初年（963），赵匡胤改卜永安陵并在圜丘祭天，任命范质为大礼使。范质与卤簿使张昭、仪仗使刘温叟讨论旧的典章制度之后，定下新的制度《南郊行礼图》呈给太祖，得到了太祖的嘉奖。从此宋朝礼仪制度开始完备，范质还为此事作了序。在这之后，范质按照之前的惯例申请罢相，太祖恩准。乾德二年（964）正月，范质罢相，被授为太子太傅。同年九月，范质去世，终年54岁。

因为郭威对自己的知遇之恩，范质临终前告诉儿子，不要向朝廷请赐谥号，不刻墓碑。太祖得知后为之悲痛而罢朝，追赠中书令，赐绢500匹及粟、麦各100石，给范家办丧事。所以范质辞相，一来可能是因为自己年纪大了本就有辞相的意图，二来也是赵匡胤有意调整中枢人员。但是其中还有一个地方要注意，范质是一个非常遵守礼法的人，对律法研究很深，但他在山陵事还没有完成的时候就辞相了。

其中的原因与担任山陵使的传统有关。在最初的时候，山陵使的人员确实是皇帝的重臣，但是到中唐的时候，因为安史之乱突然爆发，政治情况完全不一样。宝应元年（762），唐肃宗去世，当时政治环境对新君十分不利，宦官专权，唐代宗在惊险中登基。他肯定要操办唐肃宗的丧事，便巧妙地利用了山陵使这个官职，免除平定安史之乱的名将郭子仪的军职，让其担任山陵使。这样唐代宗就可以兵不血刃地压制权臣。山陵使逐渐成为解决权臣的一种手段，自此形成了前朝宰相担任山陵使，山陵事结束后就辞相的政治传统。

所以范质也根据担任山陵使的传统辞相了。

但是宋朝与唐朝的情况并不完全一样。宋朝才经历过五代战乱，当时也并不平稳，对才建立的宋朝朝廷来说，稳定才是最重要的，所以一些制度会沿用前朝的旧制，遇到不足的地方再慢慢调整，对国家来说是最好的选择。

而改卜永安陵是宋朝第一次大规模的皇帝丧葬活动，赵匡胤选择由前朝宰相范质为山陵使符合惯例，范质辞相也符合传统，但是之后的山陵使由谁担任呢？现在正是需要人才的时候，并不像唐朝那般需要抑制权臣。如果让继任宰相赵普接替山陵使一职，难免有让赵普辞相的错觉。

所以赵匡胤任命赵光义为山陵使，赵光义是皇室宗亲，处理山陵事是没有问题的。而赵光义处理改卜永安陵事宜之后，官职不曾降低，反而晋升了。这样山陵使这个任职制度就有了变化。赵光义当时的官职之一是同平章事，又称为"使相"，相当于宰相，只管行政，其实并无宰相实权。这就意味着任职山陵使的人由实际的宰相变为皇室宗亲担任的使相，而任职之后也不会有降职的危险。

那么，现在轮到处理赵匡胤的山陵事，新上任的皇帝赵光义该怎么选择？这对于赵光义来说是个考验，他面临着正统性、合法性的挑战。首先这应该是第一次真正意义上的皇家顶级葬礼，谁来担任这个山陵使是具有示范意义的，最重要的是赵光义继位多少有些不明不白，他需要迅速地稳定政局。

《宋会要辑稿》中有宋太祖丧葬典礼中关于山陵使的记载："十一月五日，命开封府尹、齐王廷美为山陵使兼桥道使，翰林学士李昉为礼仪使，知制诰李穆为卤簿使，侍御史知杂事雷德骧勾当仪仗使事。既而又命齐王兼充顿递使。"

赵光义最后选择了当时任开封尹的齐王担任太祖山陵使，虽然不是按照唐以来的以前朝宰相为山陵使的惯例，但是确实是按照赵匡胤改卜永安陵以皇室宗亲担任山陵使的政策。这样就让人感觉他是继承了太祖的遗志，这个继位似乎就有"合法"的感觉了，也有一种山陵事越发"家族性"的感觉。

当然，因为当时的具体情况与改卜永安陵并不完全一样，所以赵光义并没有完全按照太祖时的规则行事，不然应该是先让任平章事的薛居正出任山陵使再提拔他。

在前面已经讲过一些关于薛居正的事情，他年轻时好学，气质容貌伟岸，有远大志向。一开始薛居正因为参加进士考试未被录取，心情郁闷，写了一篇《遣愁文》自解。因为这篇文章寓意卓越豪迈，故第二年薛居正以"文章器业必至台辅"的理由被推荐，登进士第。到了北宋时期，薛居正监修《国史》及《五代史》(《旧五代史》)，受到太祖的嘉奖。薛居正无论在太祖时期还是在太宗时期都被看重，行事也分外符合皇帝的意愿，恩宠始终不减。只是到了太平兴国六年（981）六月，薛居正因为服丹砂中毒。在上奏政事的时候，他察觉到身体不适，怀疑自己毒发，于是到殿门外喝了1升多水，此时他已经不能说话了。有侍者将他搀扶回中书省，薛居正只是指着廊庑间的储水器，但是等到侍者把水送来，薛居正已经喝不下去了，吐气像烟雾，被送回家后就去世了，享年70岁。太宗闻讯为他辍朝三日，薛居正位居一品，按例本应辍朝两日，可见太宗对他的喜爱，后追赠薛居正太尉、中书令，谥号"文惠"。

太祖去世后，赵光义直接提拔了薛居正，薛居正加左仆射、昭文馆大学士。左仆射也是宰相的意思。这是对于薛居正在太祖驾崩之后力请太宗继位的奖励，当然太宗这样做最重要的是为了笼络权臣，迅速稳定政局。

山陵使已经确定了，接下来就要确定永昌陵的确切位置了，其实地址之前太祖已经定下了，便是鸣箭所选的方位选址，当然最主要还是根据"五音姓利"选址。永昌陵确实在永安陵的西北方，两个皇陵之间的直线距离要在400米以上了，不可能在射箭的射程范围之内。但是这个故事点出一个问题，那就是永昌陵并不在整个北宋皇陵的中心。永昌陵与永安陵更靠近。

那么从空间上，北宋诸皇陵就可以分成两组，永安陵、永昌陵为一组，以太宗赵光义的永熙陵为中心的后面的皇陵为一组，从中可以明显感觉出永安陵与永昌陵在整个北宋皇陵中显得有些局促紧张，其他皇陵在向赵光义的永熙陵聚集，之间的距离也比较舒畅。

这种安排身为皇帝的赵光义是可操作的，比如永昌陵歪一点、偏一点，所谓鸣箭择陵是"曲笔"的一种写法，就是为了给永昌陵偏离中心位置找一个原因，这事就解决了。由此可见，赵光义就没有打算按照"金匮之盟"把自己的皇位传给弟弟，而是会传给自己的子孙。所以这个"金匮之盟"的真实性又大打折扣了。

种种疑问都埋藏在这田野间的皇陵里。

现在山陵使已经安排完毕，陵墓位置也选定了。这里如果有其他人的墓地或者田地，就需要朝廷用金钱征用这块地，就如前面"五音姓利"

处所写。

### 4. 先皇遗物赏赐

先皇的一些遗物是可以赏赐给近臣的,而且那些在藩镇驻守的军士、守卫皇陵所在地的人及前来吊唁的侍者、之后灵柩要路过的地方的大小官员都会得到赏赐。

《宋会要辑稿》记载:"二十五日,内出遗留物赐近臣有差……六日,内出遗留物,遣使赍赐藩镇。"

### 5. 外交类的信息工作

在对外方面也有工作,除了将皇帝驾崩的信息告知本国臣民外,还要进行"丧葬外交",派使臣向其他国君主报哀,除了传递信息外,也是表明新的皇帝愿意与其他国继续保持友好的关系。不过在太祖驾崩这个时期,北宋与其他国的关系比较紧张,在正史上并没有关于"丧葬外交"的记载。

### 6. 文字上的礼仪工作

《宋会要辑稿》记载:"二十七日,命宰臣薛居正撰陵名、哀册文,沈伦撰谥册文,卢多逊书哀、谥册并宝,翰林学士李昉议谥号。"

对内的文书工作有条不紊地进行,商议出皇陵名字、谥号等让新皇选择。永昌陵这个名字是太祖定的,谥号为英武圣文神德皇帝。谨按谥法:"道德应物曰英,除乱静难曰武,穷神知化曰圣,经纬天地曰文,阴阳不测曰神,功成民用曰德。"

谥号是皇帝死后根据他生前所作所为而立的称号。除了皇帝外,皇太后、皇后还有重要朝臣都会有谥号。范质死后让儿子不要为自己请谥号,可能就是觉得自己生前的行为有愧于周太祖郭威。

《宋会要辑稿》记载了商议谥号的一段话,详细解释了太祖的谥号:"若乃坐筹决胜,训卒练兵,复吴蜀之土疆,吊交广之生聚,畏天威者不召而至,慕皇风者重译而来,岂不谓之'英武'乎?又若兴起学校,搜访隐沦，广延儒雅之徒，乐闻俎豆之事，明王圣帝，靡不葺其祠宇，名山大川，靡不奉其禋祀，岂不谓之'圣文'乎？又若宸谋不测，睿略遐敷，先天而天且不违，用事而事无愆素，功侔造化，智洞玄微，万灵归指顾之中，六合入牢笼之内，岂不谓之'神德'乎？'太'者，表尊极之称；'祖'者，彰开创之德。洪惟清庙，永配昊天，伏请上尊谥为英武圣文神德皇帝，庙号太祖。"

大概意思就是，训练士兵来恢复中原的疆土，这不就是英武吗？兴起学校，广收儒雅之徒，修建圣人的庙宇，这不就是圣文吗？遵守天道，不逾越规矩，这不就是神德吗？因此称之为"英武圣文神德皇帝"。

谥号定好之后，就要在南郊祭拜祖先时宣读，也就是读谥册文。本质上就是歌功颂德，将太祖之前的功绩陈述一下。还有一个文书叫作哀册文，就是在"追悼会"上念的祭文，最后会埋在陵墓里面。这两个都是用在葬礼上的。

**7. 辍朝之礼和吊唁相关工作**

前面说过的范质与薛居正在过世后，太祖与太宗都曾辍朝（罢朝）以示悲痛，如果皇帝和皇太后驾崩的话，也会有辍朝之礼，而且是一段比较长的辍朝时间，并且在丧葬仪式结束后，遇到先帝的忌日、出殡日等重要日子，还要行辍朝之礼。

《宋会要辑稿》记载关于宋太宗继位后的辍朝情况如下：

十一月一日，帝不视朝，群臣奉慰。自是至祔庙、冬至、朔望皆然。

第二年四月下葬时："七日，帝以将启攒宫，前三日不御坐，神主祔庙日亦然。"

祔庙，是指将死者附在祖先宗庙里进行祭祀。朔望，是指农历初一、十五，这几日也是要行辍朝之礼。攒宫是灵柩暂殡的意思，灵柩在未修建好皇陵时暂时停放在其他地方，到可以下葬的时候，皇帝前三天就要辍朝。

关于吊唁，佛教礼仪对此影响很大，其中逢七的吊唁就与此有关。逢七又称作逢七入临，就是从去世当天算起，每隔七天，群臣就要入皇宫哭吊先帝。不过太祖、太宗时正史中对此并没有记载，后面的几位皇帝都有逢七入临的记载，可能丧葬礼节在慢慢地完善。

关于这期间的"小祥"与"大祥"祭礼，按照太祖的遗诏，采取"以日易月"的制度，就是说一天代表一个月。"以日易月"是汉文帝所创的礼法，在此之前一直都是服丧三年，这样所耗费的精力要多很多。比方说"小祥"是指死者的周年祭礼，那么小祥的日期就是在皇帝驾崩后的第十二日，"大祥"相当于两周年祭礼，大祥的日子就是在皇帝驾崩后的第二十四日或第二十五日。不过北宋期间并没有关于"大祥"祭奠仪式相关内容的记载，南宋倒是有相关的明确记载。

这些葬前丧礼除了有具体时间的礼节，比方"逢七入临"之类的，其他是没有固定顺序的。

但是按道理来说，"小祥"与"大祥"应该算是葬后祭礼，就算是"以日易月"也应该是在葬后，为何会出现在葬前丧礼中？因为在宋代，皇帝驾崩之后才开始建造陵寝，与汉以来皇帝一登基就开始修建皇陵的制度不一样，而且汉以来有的皇陵要修建几十年，但修建宋皇陵还有时间限制，要求七个月以内完工，也就是"七月而葬"。

## 二、葬礼、祭礼

就如"以日易月"一样,"七月而葬"并不是从宋朝才开始,它最早出现在《礼记·王制》中:"天子七日而殡,七月而葬。诸侯五日而殡,五月而葬。卿大夫、士、庶人三日而殡,三月而葬。"大意就是天子死后七天放进棺材里,七个月之后再埋葬,以此类推,地位越低时间就越短。这样做的具体原因并不大清楚,有可能是因为古代医疗水平比较差,有误诊的可能,古人又比较迷信,觉得人会起死回生。

但实际上从汉以后,人们并没有完全遵守这个规定,葬期根据具体情况长短不一,到了北宋恢复了"七月而葬"的传统。不过这也是有原因的,从时代背景来看,五代十国这段时期,政权更替频繁,多是谁有兵权谁当老大,通常武将就是君主。赵匡胤"黄袍加身"后,就要遏制武将,提倡文治,就要恢复沉寂多年的礼法。而"七月而葬"可以追溯到《礼记》,还可以重建尊卑有序的礼法制度。可以说崇文抑武为传统丧葬制度的复兴提供了必要的背景环境。而为了推行传统丧葬制度,宋太祖甚至还颁布了诏令:"开宝三年十月,诏开封府,禁丧葬之家不得用道、释威仪及装束异色人物前引。"后来宋太宗也颁布了相关诏令:"访闻丧葬之家,有举乐及令章者……今后有犯此者,并以不孝论,预坐人等第科断。所在官吏,常加觉察,如不用心,并当连坐。"这种对于丧葬制度的严格程度几乎是其他朝代没有的。

从现实意义上来说,修建七个月比修建数十年要更加节约成本,这正是才建立的北宋所需要的。只不过因为时间太紧张,造成的人力浪费也是不少的。如果逾期的话也会受到严厉的惩罚。

## 宋太祖陵密码

北宋七位皇帝的皇陵中，太祖的永昌陵建造时间最短，太祖于开宝九年（976）十月二十日驾崩，于太平兴国二年（977）四月二十五日下葬，费时六个月零五天。这是因为永昌陵作为北宋第一座真正的皇帝陵，最初是按照其父永安陵的规格修建的，所以规格也是最小的。

而修建皇陵时间最长的是北宋第三位皇帝宋真宗的永定陵，宋真宗于乾兴元年（1022）二月十九日驾崩，于同年十月十三日下葬，费时七个月零二十三天。

这也是有原因的。

在修建永定陵的工程开启后，宦官雷允恭（生卒年不详）就想在修皇陵这件事上捞点好处，因此向章献皇后（968—1033）请示，要为修建皇陵效力。章献皇后是宋真宗的皇后，宋真宗死后她成为皇太后，是宋朝第一位摄政皇太后，在民间戏曲里，她的名字叫作刘娥，就是狸猫换太子里的太后，这么一说大家就比较熟悉了。而雷允恭曾经因揭发要伪造遗诏谋反的宦官而高升，章献皇后也是通过他与外朝宰相丁谓（966—1037）联系的，所以雷允恭当时的权势比较大。章献皇后提醒他："如果你乱干的话，可能会受到牵连。"但是她还是因为雷允恭的坚持，让他当了山陵都监。

雷允恭一上任，司天监邢中和就向他汇报了一个情况："现在正准备将陵墓往上移百步修建，这样从风水上来说对后代子孙有益处，就像汝州秦王的陵寝那样。"雷允恭一听马上说："既然如此可以去办，为什么不去做呢？"邢中和解释道："但是我担心那块地下面有石头和水脉。"雷允恭想拍皇上的马屁就说道："先帝没有其他皇子只有陛下一人，如果能对后代子孙有好处，有什么不可以更改的？"邢中和还是比较谨慎的，说："皇陵改动事关重大，涉及许多事，需要再勘探核查，耗费时间比较多，怕赶不上七月竣工的期限了。"雷允恭不想这些，自己所做的对皇室好就行，因此说："你只管按照刚才说的去做，将皇陵上移，我马上回宫禀报这件事。"雷允恭一向骄纵霸道，没有人敢违抗他，因此邢中和将皇陵原本的位置往上面移动，重新凿穴。雷允恭回宫向章献皇后禀报这一做法，章献皇后说："这是大事，不能这么随便改动。"雷允恭还是坚持之前的想法，说："只要让先帝的陵寝有利于子孙，还有什么可顾忌的呢？"章献皇后并不赞同这个想法，但又没有明面拒绝，便说："那你出宫与山陵使商议是不是可以这样做。"当时山陵使是宰相丁谓，这个丁谓也是奸臣，后来被称为"宋朝五鬼"之一。雷允恭便将这件事仔细说给他听，也可能是雷允恭避重就轻，丁谓没有多想，只是连连应允。雷允恭就又入宫奏报章献皇后："山陵使也没有不同的意见。"章献皇后也就不再管这件事。但是等到一施工，果然墓穴下有石头，石头挖尽后地下水涌出，没有办法建皇陵，只能再换地方，七月之期也就延迟了。雷允恭因为这件事和偷盗金宝而获罪被赐死，家中被查抄，邢中和被流放到沙门岛，不久丁谓也被流放到海上。

由此可见，两宋对"七月而葬"的制度是严格遵守的，当然在雷允恭案中，是否由于政治原因故意除掉雷允恭就不清楚了。

修建皇陵有了时间期限，为了准时完工，就导致两宋皇陵的规模比唐陵要小一些，有人将北宋皇陵中面积最大的永昭陵（宋仁宗赵祯的皇陵）与恭陵（唐高宗太子李弘的皇陵）的面积进行比较，恭陵的陵垣面积是永昭陵的7.8倍，可见宋陵修建得多么仓促。但是，因为尊卑，北宋皇陵是同时期高官重臣无法比拟的。

在皇陵如期竣工后，德高望重的宰臣率领群臣"请谥于南郊"，将之前确定好的谥册文呈上，第二日再在灵前念。

《宋会要辑稿》记载："太平兴国二年三月十七日，摄太尉、齐王廷美率群臣奉谥号册宝告于南郊。翌日，奉主于万岁殿，摄中书令读册。"

册文曰："哀弟嗣皇帝臣光义谨再拜稽首上言：伏以膺图受命，千年肇启于洪基；表行称功，万世永言于茂实。奉哲王之懿号，乃历代之通规。敢凭稽古之文,虔举易名之典。伏惟大行皇帝量包四海,道冠百王。顷事周朝,实当大任,貔虎内权于万旅,干戈外奉于四征。由战伐而立武功,历艰难而创皇业。三灵眷命,兆庶乐推。既应天以顺人,乃变家而为国。自临大宝,光宅中区,端拱九重,留心万务,向明而治,惟道是求……因山之陵寝既成,陟冈之孺慕何以!臣虔遵顾命,俾奉宗祧,徒知怀翼翼之心,何以继安安之化!爰征旧典,上奉尊称。谨遣摄太尉、皇弟、检校太尉、兼中书令、行开封尹、齐王廷美,奉宝册上尊谥曰英武圣文神德皇帝,庙号太祖。伏惟俯鉴至诚,允膺盛礼。陵迁谷变,长垂不朽之名;地久天长,永福无疆之祚。"

葬礼部分此时才算是真正开始。葬礼顾名思义,就是安葬死者的礼仪,它的过程从"启攒宫"开始,之后就是三奠、发引,浩浩荡荡的灵驾队伍到达皇陵后,终至掩皇堂才算完成下葬。

四月十日,启攒宫,皇帝与群臣皆穿丧服如初丧。群臣从早晨到下午都在殿中,之后再退出去,更换衣服离开宫城。

前面已经说过攒宫的含义,在宋代,因为皇帝生前不建皇陵,死后"七月而葬",所以皇帝的灵柩需要暂时被安置在宫中,这个暂时安放的宫殿叫作"攒宫"。而启攒宫就是开启这个宫殿带走放置好的灵柩。在葬前丧礼中还有一个步骤是"掩攒宫",一般在大殓成服之后,在攒宫外面用木料围成小屋状,涂上白泥,表示已经暂时安葬,相当于"殡"。

三奠指的是启奠、祖奠和遣奠。启奠是皇帝的灵柩要迁走之前所行的奠礼;祖奠是在神主前的祭奠;遣奠是皇帝灵柩下葬时的祭奠。这三奠是不同时间的祭奠,但是都要在发引日进行。

发引最开始是指出殡时送丧的人用绋牵引灵柩作前导,后来也指出殡时抬出灵柩。

宋太祖发引日是在太平天国二年(977),《宋史·礼志》中这样记载这天发生的事:"十三日,发引,帝衰服,启奠哭,群臣入临,升梓宫于龙輴。祖奠彻，设次明德门外，行遣奠礼，读哀册，帝哭尽哀，再拜辞，释衰还宫，百官辞于都城外。"

当天皇帝身穿丧服，在要离开前行启奠礼，群臣入宫一同哭泣，将灵柩抬上大升轝（灵驾），皇上在宫殿内行祖奠礼，结束后皇帝徒步恸哭，再到宫门外行遣奠礼，由宰相读哀册文。册文曰：

维开宝九年，岁次丙子，十月甲午朔，二十日癸丑，太祖英武圣文神德皇帝崩于万岁殿，旋殡于殿之西阶。粤以太平兴国二年夏四月辛卯朔，二十五日乙卯，迁座于永昌陵，礼也。仙驭将升，哀歌暂阕，晨霞欲晓于东方，宿仗初辞于北阙。揭丹旐以徐进，辟素帷而待撤。龙輴虽命乎少留，象物于焉而虚设。皇帝增孺慕以何极，痛天伦之永诀。感在原之恩重，怆陟冈之望绝。瞻凤翣兮徘徊，想龙輁兮呜咽。爰诏辅臣，式扬徽烈……有唐之末，寓县分裂，运既有开，天惟生哲。驱万旅之雄师，制八方之余孽。俾系颈以献琛，或束身而就絏。四海以之混同，三辰为之昭晰。何万世之功兮如此，何九龄之梦兮杳绝！未访道于崆山，已游神于禹穴。呜呼哀哉！鹥翻难驻，鸾车已乘，想乌耘于舜葬，稽鹤语于尧崩。山献寿兮安可信，畤祈年兮何足征！终顾命于玉几，虚纳册于金縢。呜呼哀哉！同轨斯来，因山是卜。陪鹤驭于缑岭，閟倾曦于昧谷。悲风空扬乎筎箫，宿雾已凝于林麓。虽脱屣于人寰，永垂芳于帝箓。呜呼哀哉！汉茔渭北，周葬岐阳，或四百余祀，或三十六王。矧惟鸿烈，谅集休祥，寿原既谨，景祚无疆。期卜年兮卜世，与地久兮天长。呜呼哀哉！

之后皇帝在大升轝前哭泣表哀痛，之后再次辞拜，大升轝发引之后，

## 宋太祖陵密码

皇帝就可以脱掉丧服回宫了，百官则要将灵柩送到都城外。据说护送灵驾的官员、卫士、仪仗队伍及皇宫妃嫔等共3000多人。大升轝到皇陵的路线是从开封开始到管城（今河南郑州），途经荥阳穿汜水到巩县，这是一条没有危险且平坦的路线，大概是因为相对来说路线偏长，而且跟着去皇陵的仪仗队人数比较多，更何况灵柩也比较沉。这应该是宋陵选在这里的另一个原因：交通比较便利。

待到大行皇帝梓宫到达皇陵后，会先在下宫安放数日，按照司天监选定的吉日掩皇堂，也就是下葬。关于下葬还有一个传说流传在民间。

在这个故事里，赵匡胤为自己选陵墓时并没有射箭，而是找了一个当时道法深厚的风水先生吴怡道，让他去选陵地。这个人物现在已经无从考证。他游遍全国，费尽心思选择陵地，但是在这个过程中，因为得罪了奸臣，被抓进牢里差一点丢了性命。后来他终于从狱中出来，逃过一劫，只是以后他不敢再与人交往，闭门家中，卧病在床。后来太祖驾崩，赵光义又派人来请他算太祖下葬的良辰吉日。吴怡道此时心存恨意，不想让太祖的灵柩顺利下葬，便装模作样地掐指算了又算，最后告诉来人："安葬先帝乃是大事，关系着江山社稷的安稳，我耗费心血终于找到一个良辰吉日。"朝中的侍者听了十分高兴，马上问道："先生，请问是什么时辰呢？"

吴怡道笑了笑，慢慢地说："上天早就有安排，等到山顶有石人露头就是先皇下葬之时。"

侍者有些听不明白，这要等到什么时候，问道："先生，还有其他的指示吗？"吴怡道继续说道："其间还会有兔子敲锣、鲤鱼擂鼓、扁担开花、毛驴骑人等奇怪现象，只有这些出现才是上天安排好的时候，千万不要忘记。"侍者还想详细问问，但是吴怡道已经没有声息了，说完那句话他就死了。

侍者只能将吴怡道的话禀告宋太宗。等到灵柩到了皇陵，众人便守在龙洼附近，等待下葬的好时辰，然而等了好几天都没有吴怡道所说的情况出现。宋太宗十分焦急，众人已经开始怀疑是不是吴怡道骗了大家，宋太宗得知有人这样说之后十分生气，几天之内砍了几个胡言乱语的官员。太宗又传旨询问巩县县令是否出现异象。这个小县令怕被杀头，无奈之下就面向东山，梗着脖子，大声喊道："我……我看到石人露头了！"他嘴上这样说，浑身却吓得发抖。

结果话音刚落，东面青龙山一山岗"轰隆"一声响，数道霞光齐插向云霄，崩裂处露出一个石人！那一刻，惊天动地的巨响惊起了附近草地里的兔子，几只兔子惊吓间就撞上了殡乐队的铜锣，铜锣"当、当、当"地响个不停；旁边奔流不息的坞罗河中几只鱼鹰刚从河里叼起了鱼，一听声响也是一惊，嘴巴张开，叼着的小鱼就从嘴里掉了下来，正好落到殡乐队的几面大鼓上，大鼓"咚、咚、咚"地发出声音；前来送葬的村民中有个卖花的老翁，将几束花缠成扁担高抬着以示祝贺良辰吉日；巨响还吸引了旁边一农户肩挑着刚出世不久的驴狗前来观看。没想到风水先生在世时所说的一切，皆是应验，也是巧合。

所谓良辰吉日终于到来了，哀乐响起，啼哭声不绝于耳，宋太祖总算成功下葬了。到正午时分，只听"当"一声，一只白兔飞跳，正与铜锣相碰。又听"扑通"一声，原来一条巨大的鲤鱼从天而降，落到鼓上面。此时，东侧山上又冒出一石人，好像正对棺椁默哀的样子。这些迹象说明赵匡胤的死早已被神知晓，便有了"上天示兆，神人来吊""玉兔敲锣鱼打鼓，山上石人奠君主"的说法。所以宋陵每年的祭品中不可缺少鲤鱼和兔子，东面的山也被称为"石人山"。

当然这也只是一个传说，不过在青龙山上确实有一块石头很像人，或许也是因为这个石人，大家才想出来这个传说。

太祖的灵柩顺利下葬后，葬礼结束，但是葬礼之后还有祭礼，其中有四项祭礼比较重要：虞祭、祔祭、祥祭与禫祭。

虞祭就是等到掩皇堂之后，相关官员奉虞主返京入宫所举行的仪式。这个虞主可以理解成被死者魂魄附着的人。古人认为，人死后还会有魂魄，担心魂魄不安，所以要迎回来。一般虞祭分为墓地之虞、途中之虞与殿中之虞。虞祭的次数也不止一次，共行九次。

祔祭是奉死者的木主于祖庙，与祖先的木主一起祭祀。

后面的祥祭就是"小祥"与"大祥"。一般小祥日前后半个月禁音乐，还有行香、奠酹和到佛寺进香的礼仪。当天，群臣进香奉慰。"大祥"是两周年的祭礼，其详情与"小祥"大体一致。

次月除服就是禫祭。

这样整个葬礼才算完成。

为了更好地了解太祖的顶级葬礼，笔者归纳了以下从太祖驾崩开始的整个葬礼过程。

开宝九年（976）十月二十日，太祖崩于万岁殿。

**葬前丧礼——**

十月二十一日，太常礼院制定丧服相关规则："群臣当服布斜巾、四脚，直领布襕，腰绖。命妇布帽头、裙、帔。皇弟、皇子、文武二品以上，加布冠、斜巾、帽，首绖，大袖、裙、袴，竹杖。士民缟素，妇人素缦。诸军就屯营三日哭。请皇帝视事日去杖、绖，服斜巾、垂帽。小祥日改服布四脚、直领布襕、腰绖，布袴。二品以上官亦如之。大祥日，皇帝服素纱软脚折上巾、浅黄衫、缦皮鞋黑银带。群臣及军校以上，皆本色惨服、铁带，靴、笏。诸王入内服衰，出则服惨。"

二十二日，宋太宗下诏："大行皇帝山陵有期，准遗诏不得劳扰百姓，宜令所司奉承先旨。应缘山陵支费，一取官物供给；工人、役夫并先用官钱佣雇。"

二十三日，太宗辍朝，众臣上表请听政，太宗不允。

二十四日，大敛成服。

二十五日，命翰林使、饶州团练使杜彦圭为山陵按行使，按行使便是巡查山陵位置的职官，武德使王继恩副之。将太祖遗留物赐近臣有差。

二十七日，太宗命宰臣薛居正撰陵名、哀册文，沈伦撰谥册文，卢多逊书哀、谥册并宝，翰林学士李昉议谥号。

十一月一日，太宗辍朝，众臣奉命劝慰。从这一天到祔庙、冬至、朔望都是这样。

二日，太子太师王溥等上奏祭礼的一些礼仪："祥禫服式请如旧制，其臣僚迎谢恩命、殿庭出入，候中祥变服之后权吉服。至祥禫日，并于幕次着孝服入临奉慰，仍于内东门权设次换衣。"

五日，太宗命开封府尹、齐王廷美为山陵使兼桥道使，翰林学士李昉为礼仪使，知制诰李穆为卤簿使，侍御史知杂事雷德骧勾当仪仗使事。既而又命齐王兼充顿递使。宰臣薛居正上陵名曰永昌。

六日，太祖的遗留物赐给藩镇。

八日，礼仪使让中书、门下两省、御史台文班各撰挽歌词。

十五日，中书省用玉制造哀、谥册二副。

十二月一日，翰林学士、权判太常卿事李昉，请上尊谥曰英武圣文神德皇帝，庙号太祖。

五日，山陵礼毕祔庙。

十四日，卤簿使提出仪仗队人数不对，重新确定最后仪仗队人数以及增加车辇。

**葬礼——**

太平兴国二年（977）三月十三日，灵驾发引，制定路线以及虞祭次数。

十七日，摄太尉、齐王廷美率群臣奉谥号册宝告于南郊。翌日，奉主于万岁殿，摄中书令读册。

二十日，再次确定车辇人数。

## 宋太祖陵密码

二十五日，以仪鸾副使段人海为山陵行宫使。

二十六日，定下发引日时皇帝穿丧服，行三奠之礼以及启攒前三日，禁止在京音乐。

四月四日，礼仪使言："太祖旧尊号宝册，欲准礼例，祔庙前一日内降列于仗内，安置本室。"

五日，以武德使王继恩兼永昌陵使。

七日，帝以将启攒宫，前三天不上朝，神主祔庙那一天也是。

十日，启攒宫。

十三日，发引，行三奠之礼，摄中书令读哀册。

二十五日，永昌陵掩皇堂。

**葬后祭礼——**

二十九日，虞主至京，行虞祭之礼。

五月一日，赏赐永昌陵相关官员。

十九日，帝奉辞神主于丹凤门外，有司奉导至太庙，近臣题谥号，行祔飨之祭，祔于第五室，以孝明皇后王氏升配。礼毕。

这么算来，整场葬礼所需要的时间为3年，就算皇帝是按照"以日易月"也得要一个月以上。后期还会有其他一些礼节，更何况这些主要的仪式就有30多项，而且上到皇上，下到老百姓，所有人都有份。其中涉及的政府部门就有两省、枢密院、御史台、司天监，开封府、西京的官员还有军队等都有在葬礼上要做的事，这些都十分影响政府的正常工作。

北宋的陵寝制度在中国陵寝史上可以说是一个复辟的阶段，复辟"以日易月""七月而葬"的制度。这些特征可以体现出北宋政治、经济和文化的诸多方面，让我们更进一步地认识北宋社会。

# 第四章

## 永昌陵的结构

## 宋太祖陵密码

历经了6个多月，太祖赵匡胤的灵柩终于入土为安了，埋葬在他"亲自"挑选的陵地，皇陵名称也是太祖定下的，而宋祖陵另一侧是太祖做主改卜的永安陵。永昌陵符合风水学中的"五音姓利"，位于风水宝地巩义，建造时间也符合当时的规定"七月而葬"，整个葬礼为北宋丧葬制度打下基础，也为永昌陵增添了几分玄学色彩。在经过一场顶级葬礼后，永昌陵又安静了下来，除了祭奠或者下次又有人要安葬在这附近外，这里不会被打扰。自此随着其他几位皇帝埋葬在这里，陵园总占地面积达25平方千米，令人唏嘘的是，北宋陵园历经千年无数次劫难，现仅存遗址……

永昌陵作为北宋开国皇帝赵匡胤的陵寝，我们已经知道它的堪舆选址与葬殓仪式，作为"传统文化"的重要载体，永昌陵到底是什么样的？它又承载着什么样的文化内涵呢？

## 一、帝陵后陵

陵墓在考古发掘中占有重要地位，然而非常遗憾的是，永昌陵陆地上的建筑由于时间久远，遭受自然灾害或者是战争等人为因素，现在只剩下一些土石，曾经宏伟庄严的地面木结构建筑已经被破坏殆尽。所以上宫部分已经很难保存下来了，只有地下建筑还能保存下来。我们只能根据一些历史资料来分析一下永昌陵的构造。

## 第四章 永昌陵的结构

在这之前先要了解皇陵的发展与皇陵的整体是由什么组成的。

中国从周代开始墓上出现封土坟头，到后来，墓主的地位是以坟墓的大小高低来体现的，所以皇帝的墓必然是最雄伟的，如山陵一样，所以君王的坟墓开始称为陵。

皇陵中除了"陵"还有"寝"和"庙"，"寝"顾名思义，是给死者的灵魂居住的寝室。后来"寝"不断地扩大，就成为现在的寝殿，慢慢地变成祭祀所用的地方。而"庙"也是用来祭祀和祈福的地方。

大部分皇陵由四部分组成：上宫、地下陵墓、陪葬墓，以及陵园内一些其他建筑群、石刻群。

上宫是应帝王朝拜陵墓的需要，在陵园内设立供奉牌位、祭祀亡灵的殿堂，北宋的上宫是木质结构，容易损坏；陪葬墓是安葬诸王、公主、嫔妃、宰相、功臣、将军、命官的墓，永昌陵由孝章宋皇后陵以及两个陪葬墓组成；陵山前排列石人、石兽、阙楼等。

永昌陵大概的组成部分已经清楚，现在要了解一个名词"兆域"，也称作"陵域""茔域"，就是每个皇陵占有的地域，也可以理解成范围。在这个范围内建造上宫、宫城、下宫及其他的建筑物。在兆域内，除了皇帝或者皇帝派遣的官员来祭祀以及陵寝内专设的宫人每日洒扫之外，其他人都不能进来，在兆域内禁止老百姓种田、下葬等。如果有皇室亲属或者朝臣下葬在这兆域内，就是陪葬，不会再起陵名，比方前面所说的孝章宋皇后陵。

有了兆域，就需要有东西来区分兆域和兆域之外以及兆域之内不同的区域，所以兆域四周就植篱为界，这一圈篱又称为"篱寨"，有时也用棘或者枳橘为界线。兆域之内种植着许多柏树，十分茂密。这些都是在丧葬中代表吉祥的植物。

据史书记载，宋陵域内不但柏林如织，就是诸陵之间也是柏林相接，连陵台上也种植柏树。在汉唐时期，皇陵陵台外一般筑两重墙垣，但是宋陵在陵台外筑一重墙垣后，就种枳橘，再种柏树，之后再筑墙垣。这道墙垣又称作"神墙"。可以想象，陵园内松柏葱茏，树木森森，让人感觉到庄重幽静。

皇陵作为统治者死后在另一个世界"生活"的媒介，也存在着尊卑等级制度，有一定的规格，规格确定后，神墙的长度与高度几乎在北宋每个皇陵中都是固定的。根据文献记载，永安陵的神墙边长为195米，永昌陵和其他陵的神墙约240米。而皇后陵的神墙则是110米。

神墙四面开城门称为"神门"，四角有城楼，在南面的神门外有一对石制的走狮，东、西和北面的三个神门上则有一对蹲坐的狮子。门内正中是陵台、献殿和地下宫殿。门外则是门阙仪仗，门阙指的是入口标志。这一部分有人称作"上宫"，实际上这并不准确。因为皇陵是坐北朝南，所以正门是在南边，那么门阙仪仗从南往北依次是鹊台、乳台和一些成对的石刻，比如说门阙石人、石兽雕像，之后就是南面神门。据《宋史·礼志二五》载：

> 南神门至乳台，乳台至鹊台，皆九十五步。乳台高二十五尺，鹊台增四尺。

乳台就是古代帝王、皇后的山陵法物之一，是阙台的一种。它的形状从侧面看像女性左右对称的一对乳房，尤其是唐乾陵的阙台从侧面看如女性躺卧，因此叫作"乳台"。鹊台也是阙台的一种。

而它们之间的距离也有规格，刚才所说的是永安陵，而永昌陵帝陵中南神门到乳台是165米，乳台到鹊台是155米，东乳台高3.2米，西乳台高3.6米，东鹊台高5.7米，西鹊台高5米，两乳台间距与两鹊台间距都是42米。从这就可以感觉到永昌陵的宽阔，只是可惜永昌陵的地上部分已经不在了。

## 第四章 永昌陵的结构

　　墓前开道，建石柱为标，这条道就在鹊台中间，称为"神道"，一直通到南面的神门，从这个门进去先到献殿，献殿就是举行隆重祭祀活动的地方。在文献中关于北宋皇陵中献殿的记录比较少，但是可以找到后妃园陵献殿的一些记录，它是"六架椽屋，重檐歇山顶，殿身三开间"，帝陵自然要比后妃的园陵高级，所以帝陵的献殿最少要八架椽，五开间。

　　过了献殿就到了陵台宫城部分。陵台其实就是对陵墓的称呼，帝王陵墓经过这么多年的演变一共有三种形态。第一种称为方上，是比较早期的一种封闭陵墓的方式。其具体做法就是挖坑筑石作墓，墓坑多为长方形或者正方形，放入棺材陪葬后，就用黄土逐层夯筑成覆斗形也就是"坟头"，内部不留一点缝隙。陵墓方方正正和秦汉时期以方为贵有关系，皇帝是大地之主，而当时人们认为天圆地方，所以用方形。秦始皇陵和西汉陵都是方形，有永远独霸四方的含义。

　　第二种是以山为陵，就是利用地形把山峰当作陵墓的坟头。这样免去了封土，而且坚固，看起来也十分巍峨。唐代帝陵一开始就采用了这一形式。

　　第三种是宝城宝顶。明清之际，陵寝制度再次进行重大改革。陵墓形制从方形变为圆形，并保留、扩建上宫建筑用来谒拜、祭祀，陵园围墙从唐宋时期的方形变为长方形。

　　北宋恢复了秦汉旧制，选用第一种陵墓方式，其陵台为方形覆斗状的土台。

　　永昌陵的陵台保存较好，陵台之前有一对人像，陵台三层，呈台阶状，三层陵台在中国陵寝史上是独一无二的。陵台顶部最长的一边边长为 18 米，底部边长与文献中记载的十分接近，是 48 米，高 14.4 米。后陵的陵台也是要比帝陵陵台低一些，尺寸按照品级降低而递减。神墙之内的这一大部分称为"上宫"。从门阙仪仗到上宫，这些差不多就是一个完整的皇帝陵。

在陵台之下是皇堂，也就是地宫。在汉唐时期，地宫又称作"玄宫"，宋朝为了避先祖讳改称"皇堂"。早期大部分地宫一般都深10余米，因为会有奴隶殉葬和车马随葬。渐渐地，地宫被装饰得更加富丽堂皇，并随葬多种奇珍异宝。

但是北宋皇堂的大小不如其他建筑尺寸那么有规律，永安陵皇堂距离地面57尺，皇堂高39尺，是北宋皇陵中最浅的皇堂。最深的皇堂是太祖的弟弟赵光义永熙陵的皇堂，"深百尺，方广八十尺"。永昌陵的皇堂具体多深并不清楚，但也要比57尺深。

这些就是上宫大概的面貌，实际上永昌陵自然不会只有献殿、陵台、皇堂，还有其他的小型建筑，比方说皇陵内总要有官员在这里看管，会有他们专用的房间，还有一些有装饰作用或者其他作用的亭台楼阁，只是这些并不作为主要建筑。

从北神门出来，就是后陵门阙仪仗和后陵、下宫。

皇后陵与皇帝陵构造是一样的，只是尺度要远远小于帝陵，上宫方城的面积大约为"帝陵一百亩，后陵四十亩"，后陵门阙仪仗也有乳台，如果墓主人地位不高的话，就没有鹊台。后陵上宫的神墙也有四神门、角楼，门前也有石狮。皇堂远远小于皇帝的皇堂，下深45尺。陵台与帝陵陵台相差有20尺。

在北宋，皇后去世后，与皇帝并不在一个皇堂里，实行"同茔不同穴"的合葬制度，就是说皇后与皇帝在同一个陵域内，但是不同坟更不同穴。这样做，一来是皇后与皇帝很难同时去世，一方下葬后就不会再开启灵柩和皇堂，在北宋只有赵匡胤的父亲宣祖和杜太后是合葬的，这也是因为后来皇陵改卜。二来是在北宋，皇后的地位要相对于其他朝代高一些，因此皇后是单独起陵的。

永昌陵之内的后陵是孝章皇后的陵墓，孝章皇后宋氏（952—995）又称"开宝皇后"，她是太祖的第三任皇后。孝章皇后出生在显贵之家，父亲宋偓（926—989）是后唐庄宗外孙，母亲是后汉永宁公主，永宁公主是后汉高祖刘知远的女儿。

这样的身份让她见多识广，进退有度。在幼年的时候，宋氏曾随母进谏后周太祖郭威，那个时候她才不到3岁，被赐以冠帔。后乾德五年（967），16岁的宋氏再次随着母亲入宫贺长春节，这个时候赵匡胤已经成为皇帝，宋氏受到太祖垂青，再次被赐冠帔。这个时候太祖的第二任皇后孝明王皇后（942—963）已经过世四年，中宫虚位。开宝元年（968）二月，宋氏被纳入宫为皇后，宋氏当时17岁，比太祖小25岁，成为宋太祖的第三任皇后。宋皇后性情温良好礼，每次太祖退朝后，宋皇后"常具冠帔候接，佐御馔"，可见两人相敬如宾。宋皇后没有生子，她偏爱太祖的幼子德芳（959—981），可能是因为太祖长子德昭（951—979）比较年长，宋皇后需要避嫌。后来在"烛影斧声"中，宋皇后得知太祖情况不好后，也是先通知的德芳，只可惜最后因为赵光义赶先来，宋皇后只能屈服。因此赵光义继位后，宋皇后身为嫂子，没有办法成为皇太后，只能上徽号"开宝皇后"。宋皇后家族显赫，又立国有功，她的小妹妹嫁给后来有名的宰相寇准为妻。宋皇后病重的时候就十分担心家族不和睦，她对太祖原配贺皇后所生的晋国长公主说："我瞑目无他忧，惟虑族属不敦睦，贻笑于人。"果然，宋皇后死后她的幼弟来到开封要求分家析产。由此可见宋皇后很有先见。

至道元年（995）四月，宋皇后驾崩，谥号孝章皇后。但是太宗既没有给皇嫂成服，也没有让群臣临丧，这与宋氏作为前朝皇后所应该享受的礼仪根本不相符。有位翰林学士私下向客人说宋皇后曾经母仪天下，应该遵用旧礼，这名翰林学士居然因此话被贬。宋皇后的灵柩被暂时放在太祖的妹妹故燕国长公主府中，后来殡于普济佛舍之中，既不和太祖合葬，神主亦不祔庙。至道三年（997）正月，太宗才将宋皇后的灵柩葬在太祖永昌陵北，命吏部侍郎李至撰哀册文，神主享于别庙。到太宗玄孙神宗时，宋皇后的神主才被升祔太庙。后来有史学家认为太宗如此薄情，可能就与宋皇后在"烛影斧声"当晚的行动有关。

孝章皇后是太祖的第三任皇后，她的陵园就在永昌陵后面，那么太祖的前两位皇后的陵园又在哪里？

太祖的结发妻子贺氏（929—958），开封人，出身名门，后来生滕王赵德秀、魏王赵德昭、舒王赵德林、昭庆公主、延庆公主。后来贺氏病逝，终年不过30岁。太祖登基后，建隆三年（962），追封贺氏为皇后，谥号孝惠皇后。

贺氏与太祖青梅竹马，太祖娶贺氏的时候还一无所有，但是两人感情十分要好。只可惜贺氏身体不好，又生了三子二女，最终没有等到太祖飞黄腾达就去世了，可以说她和太祖是患难夫妻了。

太祖对贺氏也是一片真心，其中还有一段逸事。赵、贺两家居住得很近，往来密切。贺家有种自酿酒，十分可口。赵匡胤常到她家借着饮酒的名义见贺氏，最终两人结为夫妻。后来贺氏去世，太祖思念贺氏，想到曾经的事，便想再尝尝这种酒，贺氏的族人就将酒和酿酒法献给了太祖，太祖赐酒名为"鉴湖春"。

但就算是这样，贺氏的陵园也并没有在永昌陵陪葬，而是在赵匡胤父亲的陵墓永安陵的西北处。

在北宋，皇后的陵墓不单独起陵，如果皇后去世的时候，皇帝还健在，那么皇后的陵园就在皇帝父母的陵域中起陵。

但是贺氏与太祖的永昌陵距离也十分近，可能是因为太祖心中对结发妻子的感情深厚吧。也有一种浪漫的传说，就是太祖当时鸣箭选陵是因为要离贺氏的陵墓近一些。这个说法就十分戏说了。

不过，贺氏死的时候，赵匡胤并没有成为皇帝，贺氏也没有当过一天的皇后。当时是以生前地位的高低来定尊卑，因此贺氏算不上元后，只能说是元妃，在这种情况下，要追封贺氏，并且按照皇后礼仪下葬还

## 第四章 永昌陵的结构

是有难度的。但是在太祖的坚持下，贺氏还是以皇后的身份下葬，并且太祖还为贺氏写了谥册、哀册。除此之外，在整个宋朝只有宋仁宗赵祯的宠妃被追封皇后是双册齐全的。

后来乾德二年（964）三月二十七日，孝惠皇后贺氏在永安陵发引，四月九日，永安陵掩皇堂。这段时间算起来正好是13天（农历三月只有30天），以日易年，一天代表一年，正好就对应了太祖与贺氏共同生活了13年，不知道这是巧合还是刻意为之。

永安陵的北部是太祖第二任妻子王氏孝明皇后的陵园。

孝明皇后（942—963），王氏，邠州新平人。在赵匡胤的原配夫人去世的同年，赵匡胤娶王氏为继室。王氏是彰德军节度王饶的第三个女儿。这个时候赵匡胤为殿前都点检，前面讲过的张永德就是在这个时候出了数以千计的金帛银钱资助赵匡胤。赵匡胤称帝后，在建隆元年（960）八月，册封王氏为皇后，这样说来，王氏要比原配夫人贺氏幸运很多。王氏"恭勤不懈，仁慈御下"，她常亲自为太祖宽衣做御膳，善弹筝鼓琴，早上起床，便会诵读佛书。王皇后侍奉杜太后至孝，也十分得杜太后的喜爱。不过她在生子方面就不如贺氏幸运，她生的3个子女全都早逝，也有说是生了子女两人。太祖最小的儿子赵德芳是不是她生的，并不确定，正史上记载是贺氏所生。乾德元年（963）十二月，孝明皇后崩，终年22岁。乾德二年（964）四月，葬于永安陵之北。神主享于别庙。太平兴国二年（977），祔享太庙。

不过就算是皇后地位有所提升，皇后陵与皇帝陵还是有很大差距，除去大小与规制，从名字上也可以表现出来。皇后陵称为"园陵"，皇帝陵则是"山陵"。皇后陵也没有像永昌陵这样的名字。

在永昌陵附近还有一座陪葬的皇后陵，是北宋第三位皇帝宋真宗赵恒（968—1022）的第一任妻子潘氏的园陵。潘氏也是出身显赫，她的父亲是大名鼎鼎的潘美。而她嫁给赵恒是因为当时赵恒迷恋一个戏子，太宗知道后十分生气，将潘氏嫁给了赵恒。六年后，潘氏去世，这个时候，赵恒还没有继位甚至还不是太子。按照宋陵的制度，皇后先于皇帝去世的话，这个时候皇帝没有山陵，皇后就会被葬在皇帝父母的山陵中，而此时赵恒的父亲太宗还活着，因此潘氏就被安被葬在了太祖的永昌陵里。直到赵恒继位后才追封潘氏为章怀皇后，园陵赐名"保泰陵"，是北宋皇陵中唯一一座有陵名的皇后陵，赵恒为何如此不得而知，不过后来到了咸平年间（998—1003），陵名又被去掉了，也不知何故。

但是园陵的这个规定也有例外，宋真宗皇后刘氏和宋神宗时期的太皇太后曹氏，两人的园陵最后都被下诏改为山陵。

这两人在历史上都非常有名。

刘氏便是前面所说的宋真宗恋上的戏子，她由一名戏子最后成为皇后，也是十分传奇。刘氏（968—1033），益州华阳（今四川成都天府新区华阳街道）人，谥号章献明肃皇后。没有人知道她的名字，在民间故事里，她被称为刘娥。在十三四岁的时候，刘娥嫁给了一名年轻的银匠。是的，这位传奇女子还曾嫁过人，而她与真宗相识也是因为这位银匠。小银匠手艺出众，善于结交朋友，他与襄王府里一个当差的关系十分好。襄王就是未来的宋真宗，此时他尚未被册定为太子，年仅16岁。

小银匠从好友那里得知襄王想得一才貌双全的蜀地女子，正好刘氏美名在外，小银匠便想试一试，便称自己为刘氏的表哥，将刘氏送到襄王府。

刘氏擅长击鼗，鼗就是拨浪鼓，刘氏边摇拨浪鼓边唱歌，又天生丽质，很快就得了襄王的喜欢，但是襄王的乳母将这件事告诉了宋太宗，宋太宗将刘氏逐出王府，为襄王赐婚潘氏。潘氏便是前面提到的章怀皇后。不过刘氏虽然被送出王府，但是襄王将刘氏藏在了王府指挥使张耆（？—1048）家里，两人经常偷偷见面，就这样偷偷摸摸地过了十几年。

直到至道三年（997），宋太宗病逝，传位于襄王。襄王赵恒继承大

## 第四章 永昌陵的结构

统后,光明正大地与刘氏来往。刘氏这个时候已经今非昔比,她长年幽居,赵恒也不是经常来,她唯有与书籍常伴,学习琴棋书画。而那个小银匠改姓为刘,继承刘家的香火,之后忠心耿耿地跟在赵恒身旁,还当了官,安分守己。

赵恒成了皇帝后,也没有忘记刘氏,于景德元年(1004)正月,封刘氏为四品美人,刘氏正式成为真宗后宫妃嫔。这个时候除了当时的郭皇后,就只有刘美人位分最高,但是她的皇后之路依然很艰难。景德四年(1007)四月十六日,郭皇后痛失幼子,病逝。郭皇后所生的3个儿子都夭折了,真宗已经快40岁了依然没有儿子。因为郭皇后去世,真宗心中想立刘氏为皇后,但她没有子嗣且出身卑微,群臣不同意,立后一事只能暂时搁置。

然而转机很快就到了,真宗与刘氏想出了"借腹生子"的方法。刘氏身旁的侍女李氏在大中祥符三年(1010),生下一子赵受益(后来的宋仁宗赵祯)。孩子一出生就被刘氏抱走,自此孩子只知自己的生母是刘氏,而真宗在孩子出生3个月前,就宣布刘氏怀孕,借此提高了刘氏的位分,册封其为修仪。这件事就是民间有名的"狸猫换太子"。

如今孩子已经生下来,又是个儿子,真宗便又想立刘氏为后,但是有很多大臣知道其中到底是怎么回事,依然阻止立刘氏为后。真宗只能"偷偷"地封刘氏为后,册后礼仪从简,不用官员进贺,也没有封后仪式,就连封后诏书也回避朝臣公议,只是将封后诏书传至中书省,就相当于在自己家里宣布一下。不管如何,大中祥符五年(1012)十二月,44岁的刘氏终于成为大宋王朝的皇后。

刘氏通晓古今史书,熟知政事,成为皇后后经常襄助真宗,真宗每日批阅奏章,刘皇后必侍随在旁。真宗外出巡幸,也要带上刘氏。

天禧四年(1020)二月,真宗生病,不能处理日常政事,这些政事都是由刘氏处理。真宗驾崩前,下诏:"此后由皇太子赵祯在资善堂听政,皇后贤明，从旁辅助。"直到两年后，真宗病逝，遗诏尊皇后为皇太后，军国重事，权取皇太后处置，也就是说把国家大事包括军权都交给了皇太后刘氏。

刘氏不但完成了由戏子到皇后的"华丽变身"，她还是宋朝第一位摄政的皇太后。

然而摄政皇太后也不是那么容易当的，当时的宰相丁谓想独揽大权，以为刘太后是女子无见识，而刘太后早就已经知道了丁谓的意图，想要除掉他。之后就发生了前面讲过的宦官雷允恭违反"七月而葬"的事件，连带丁谓被罢相贬谪。之后刘太后正式开始和仁宗赵祯一起听政决事，垂帘听政。

刘太后号令严明，赏罚有度，虽不免对自己的家人有所偏袒，但是没有放纵他们干预朝政，她的姻族也从不做危害国家的事。面对大是大非，她更加尊重士大夫的看法。在生活上，刘太后很朴素，刚做皇后的时候衣着朴素，做太后之后依然如此。

但是刘太后掌权时间长了就不愿把朝政交给仁宗，但是她并没有想过当皇帝。有官员试探地献出《武后临朝图》给刘太后，刘太后生气地扔在地上，说："我刘氏绝对不会做这样的事！"有了刘太后这句话，众臣如释重负，就连仁宗也心怀感激，更是将刘太后的生辰长宁节的仪礼提升到与皇帝生辰乾元节相同的程度。

刘太后虽然不想自立，但是她也想生前穿一次天子衮冕，这个要求就在明道二年（1033）二月举朝要行祭太庙大典的时候被提出来，她要着衮冕祭祀太庙。这个时候刘太后年纪已大，群臣惊讶，却只得将皇帝衮衣上的饰物稍减了几样，呈了上去。

这天，皇太后刘氏穿着天子衮衣，头戴仪天冠，在近侍引导下步入太庙行祭典初献之礼。在太庙文德殿，她接受了群臣给自己上的尊号：应天齐圣显功崇德慈仁保寿皇太后。之后刘太后就不再摄政，彻底还政

## 第四章　永昌陵的结构

于儿子仁宗。

三月，刘太后病逝于宝慈殿，享年 65 岁。

然而就算刘太后已逝，她的故事也没有结束，刘太后死后的第二天，朝会上仁宗对群臣哭泣："太后临终前数次拉扯自己身上的衣服，这是什么缘故呢？"有朝臣回道："想来是太后不想让先帝看见自己身上穿着天子的衣服下葬。"仁宗恍然大悟，下令给刘太后换上皇后冠服。刘太后到底是怎么想的，没有人知道，但是仁宗与朝臣的态度就是不希望刘太后穿着天子服饰下葬。

仁宗因为刘太后去世十分伤心，这时却听见有朝臣说刘太后不是他的生母，李宸妃才是，更有人说李宸妃是被刘太后毒死的。仁宗大为震惊，派人去看李宸妃的棺木，发现李宸妃穿着皇后服，葬品与一品夫人一样。仁宗十分后悔，又在刘太后牌位前自责："人言岂可尽信。从此后大娘娘的生平可清白分明了。"大娘娘是仁宗对刘太后的称呼。

后来上谥号的时候，刘太后谥为四字：庄献明肃（后改为章献明肃），而一般皇后只谥二字。仁宗又下诏将园陵改为山陵。

其实对仁宗生母李氏，刘太后并没有像民间传说那样残害，在真宗驾崩后，刘氏晋升她为顺容，将其迁往真宗永定陵，成为守陵的先帝诸妃之一。刘太后又寻访李氏的家人，给他们封官。后来李氏生重病，刘太后晋封她为宸妃，李氏封妃当天就去世了，终年 46 岁。起初刘太后还真没有打算将她按照皇后的等级下葬，只想以普通宫嫔的身份殓葬了事，后来听了宰相吕夷简的劝说，以一品礼仪将宸妃殡殓，在皇仪殿治丧，并给宸妃穿上皇后冠服。还好刘太后听劝，这才免去一场风波。

九月，仁宗下诏，将刘太后和宸妃同迁永定陵安葬。棺椁起驾之日，仁宗首先给刘太后发引，不仅执孝子礼，而且不顾朝臣的劝阻亲自牵引棺椁的绳索，一直步行送出皇仪殿。之后他才去了安葬宸妃的洪福院为生母起灵。

## 宋太祖陵密码

刘太后是宋朝第一位摄政的皇太后,她完成了宋政权由真宗时代向仁宗时代的顺利移交,奠定了宋仁宗时期兴盛的基础。刘太后常与汉吕后、唐武后并称,史书称其"有吕武之才,无吕武之恶"。

慈圣光献皇后曹氏死后的园陵也称为"山陵"。曹氏(1018—1079),真定灵寿(今河北石家庄灵寿)人,她是仁宗的第二位皇后,也就是刘太后的儿媳妇,但是这个皇后并不是刘太后亲选的,当初刘太后选定潘氏为皇后,仁宗并不喜欢,在刘太后去世后,潘氏被废。曹氏于景祐元年(1034)九月,册为皇后。

她与婆婆刘太后同样是传奇人物,但是与刘太后走了完全不同的道路,刘太后的人生属于逆袭,曹氏的人生则更为平顺。从出身上曹氏就远远地高于刘太后,曹氏出身高门大族,是将门之女,她的祖父是北宋开国元勋曹彬,宋真宗曾称赞曹彬说:"国朝将相家,能以身名自立,不坠门阀者,唯李昉、曹彬尔。"曹氏的弟弟是民间神话传说"八仙过海"中的八仙之一曹国舅。

景祐元年(1034),曹氏被诏聘入宫,封为皇后。《宋史》中称赞她:"性慈俭,重稼穑,常于禁苑种谷、亲蚕。善飞帛书。"

曹氏性情仁慈节俭,重视稼穑,常常在宫苑内种植谷物,养蚕采桑,善飞白书(书体之一)。虽然曹氏很优秀,但是与刘氏恰恰相反,曹氏并不受丈夫仁宗的喜爱,她相貌不算出众,终身没有生儿育女。即使当时张贵妃十分受宠,她也不计较。

在庆历八年(1048)正月,夜晚有侍卫作乱,作乱之人穿房越舍直趋仁宗的寝室。当时曹皇后正在侍奉仁宗,闻变乱之声,立即起床。仁宗想出去看看情况,曹皇后紧闭殿门阻止皇上,赶紧唤人率兵进宫平定叛乱。作乱的侍卫杀死了殿上的妃嫔、婢女,喊声回荡在皇上居所。太监却回报是奶妈打年纪小的宫女,曹皇后怒道:"乱兵就在附近杀人,你这不是乱说话吗!"她估摸着乱兵肯定会纵火,便暗中派人拿了装满水

## 第四章 永昌陵的结构

的水桶尾随其后,果不其然,乱兵点燃了帘幕,尾随的人便立即用水将火泼灭。这天晚上,凡被派来的小太监随从,曹皇后亲自剪了他们的头发,并说:"明日论功行赏要用头发来证明。"因此,人们都争先出力,乱兵不久即全军覆灭。

但是宋仁宗认为此次谋反是曹皇后有意安排,想在他面前施展才华、邀功请赏,非但没有感谢她,还想废了她,改封宠妃张美人为皇后。

大臣们苦口婆心劝仁宗,反对者甚众,仁宗也无法取证以证皇后的罪责,只得作罢。但宋仁宗把功劳都归到宠妃张美人的头上,趁机于同年十月晋封她为贵妃。

有仁宗的庇护,即使有群臣谏言,张贵妃依然恃宠骄纵,时常有不守宫廷法度之举,曹皇后并不计较。有一次张贵妃为了显威,竟要打着皇后的仪仗出游。仁宗要张贵妃去向曹皇后借,没想到曹皇后对张贵妃的无礼僭越之举,一点儿也没表现出不悦,反而爽快地答应借给她。张贵妃大喜,之后告诉仁宗。皇后宽容忍让的行为,令仁宗反觉得张贵妃太过分,便对张贵妃说:"国之文物礼仪章法上下有序,你以皇后仪仗游幸,朝廷必会非议。"张贵妃不得不作罢。

没多久,皇祐六年(1054),张贵妃31岁时,突然病逝。宋仁宗想起了张贵妃的温柔与慈悲,伤心欲绝,并没有在意曹皇后在世的事实,决定以皇后之礼为张贵妃发丧,因为张贵妃一直以来的愿望就是当皇后。虽然遭到许多大臣的反对,但是仁宗坚持,最后张贵妃身着皇后的殓服,接受宗室、大臣们的参拜告奠。仁宗因为害怕谏官们反对,一直等到治丧第四天才宣布追封张贵妃为皇后,谥号温成皇后。

而谨慎宽容的曹皇后保住了皇后地位,达28年之久。直到嘉祐八年(1063)三月,仁宗驾崩,养子赵曙进宫即位,成为宋英宗,尊曹皇后为皇太后。

但是曹氏与宋英宗的关系并不如刘皇后与仁宗的关系那般好,因为赵曙即位之初就生病了，由曹太后垂帘听政。一些宦官不断向曹太后说赵曙的坏话，致使两宫产生嫌隙，关系颇为紧张。

为了调和两宫矛盾，宰臣们先对曹太后说："您侍奉先帝这么多年，天下人都知道您是一个贤德宽厚、仁慈通达的人，又何必与儿子过不去呢？他现在生病了，您不要与他一般见识。难道您希望别人像议论天下其他继母那样去议论您吗？"

他们又对赵曙说："从古至今，世上有无数英雄豪杰，为何世人只赞舜是大孝之人？别人就没有一个孝顺的？父母慈爱而子女孝顺是很平常的事情。父母做错了事情，而子女依然孝敬有加，那才值得称道啊。您应该很清楚过去太后是个什么样的人，您只管尽您做人子的孝心，相信太后一定不会亏待了您。"在众人的劝解下，两宫之间的矛盾得以缓和。

曹皇后是在东门小殿听政，很少干政，如果大臣所奏的有未能处决的事，曹皇后就说"你们再商讨吧"。她并不说自己的意见，就算有也是用曾经读过的经史来处决事情。朝廷内外每日奏报有几十份，她也能一一记住纲要。第二年夏天，英宗的病快好了，曹皇后下令撤帘归政。曹氏垂帘听政13个月，是北宋第二位垂帘听政的太后。

宋英宗执政四年后因病去世，宋神宗即位，尊曹太后为太皇太后，将太皇太后所居之宫取名为庆寿宫。神宗对曹皇后很孝顺，出去登山游玩，神宗每次总是步行到前面搀扶奶奶。

曹皇后一直反对外家男子入宫拜谒。这时曹皇后年事已高，她的弟弟曹佾也老了。神宗数度表示可以请曹佾进宫相见，曹皇后还是不同意。有一天，曹佾正侍奉皇帝，神宗再次向祖母请求，曹皇后这才同意。但由于曹佾的堂弟曹偕也来了，曹皇后将殿门紧闭，不同意见面。

后来神宗欲发兵燕蓟，已与群臣议定，遂至庆寿宫将此事告知祖母。曹皇后沉思了下，询问："储蓄赐予是否准备就绪，铠仗士卒是否精锐？"神宗说："都已经办好了。"曹皇后又说："这件事关系重大，幸运、凶险、

## 第四章 永昌陵的结构

后悔、吝惜在一瞬之间,如果得到燕蓟不过是南面受到朝贺而已,万一不行,那就是生灵涂炭。如是燕蓟能这么轻易得到,那么太祖、太宗早已收复,哪里会等到今日。"神宗明白了,说:"岂敢不遵从教诲。"

苏轼曾因作诗而触犯律例,身陷囹圄,大家都以为他必死无疑。曹皇后得知这件事情,便对神宗皇帝说:"我记得当年仁宗皇帝在殿试中取中苏轼两兄弟时,高兴地说:'我为子孙们找到两位宰相。'如今我听说苏轼因作诗入狱,该不会是受了仇人的诬蔑吧?要从诗里寻找过失,哪怕有过失也只是小过失,我的病情本来就很严重,不能再冤枉好人,乱加罪名,伤了天地的中正和平之气。对苏轼一案,还要仔细审查才好。"神宗皇帝流下眼泪。苏轼因此而得以免罪。

宋神宗元丰二年(1079)十月二十日,太皇太后崩于庆寿宫,时年62岁。宋神宗哀悼之下,将其风光大葬,诏易太皇太后园陵曰"山陵"。太皇太后谥号慈圣光献皇后,谨按谥法:"爱民好与曰慈,能以仁教曰慈;通达先知曰圣;穷理尽性曰圣;和宁百姓曰光,格于上下曰光;聪明睿智曰献,博闻多能曰献。恭惟大行太皇太后包括众美,以集大成。神明之所顾歆,天地之所合契。宜以祖宗之命,奉上尊谥曰慈圣光献。"其与宋仁宗同葬永昭陵。

曹皇后辅佐三位君王,于仁宗倦勤之际,方皇储未建之时,决策禁中,辅翊英宗皇帝,传万世之洪业。心系大宋百姓,获得群臣拥护和百姓爱戴,堪称一代贤后。

由此看来,一般临朝摄政过的皇太后的园陵会改为山陵,但是就算是与皇帝一样被称为山陵,也不会有陵名,陵园规模虽然比其他皇后陵大一点,但是与皇帝陵相比,还是小很多。

后陵与帝陵按照严格的制度建造,形成一种井然有序的和谐美。

## 二、其他建筑

　　出了皇后陵就是下宫，下宫又被称为"寝宫"，下宫很容易被理解成地下宫殿，但是并不是这个含义。寝宫源于秦汉时"于陵设寝"的"寝"，又有"古学以为人君之居，前有'朝'后有'寝'"，那根据这个意思就可以揣测出下宫的一些功能，即为了侍奉墓主人的日常起居所设的居所。

　　然而墓主人已经去世，又怎么侍奉呢？古人相信人死去也会有魂魄，便以死者的衣冠为寄托。下宫中就放置墓主人的御容衣冠，御容指的是墓主人的画像，有专门的守陵宫人为墓主人早晚供奉食物、四时祭享，还有侍卫在那里守护。

　　下宫还有一个功能，就是在皇帝灵柩下葬之前，灵柩和其他人员需要暂时在下宫等待，就是灵柩在掩皇堂之前待的地方，等到吉日吉时才下葬。这么说来，下宫就应该很大了，这样才能够让这些人暂住。

　　最后，它的功用又与上宫相对应。据《宋史·礼志二六》载：

　　　　凡上宫用牲牢、祝册，有司奉事；下宫备膳羞，内臣执事，
　　百官陪位。

　　由此看上宫主要是皇帝举行祭祖时用的，除了皇帝，其他人是不能进来的，下宫则是辅助上宫，这么看来下宫属于附属地位，但是它的建筑构造以及所带有的含义，都比上宫丰富很多。上宫与下宫同在兆域内，但是各成区域。

　　因为永安陵和永昌陵的下宫已经没有了，所以我们想要知道下宫到

## 第四章　永昌陵的结构

底是怎么样的，只能通过其他陵的下宫窥探一二。在李攸（南宋人，生卒年不详）所写的《宋朝事实》中有一段关于永厚陵下宫的记录：

> 英宗葬永厚陵。英宗梓宫至永厚陵，馆于席屋。从韩公（山陵使韩琦）下视，宫有正殿，置龙輴，后置御座；影殿置御容，东幄卧神帛，后置御衣数事。斋殿旁皆守陵宫人所居。其东有浣濯院，有南厨。厨南陵使廨舍，殿西副使廨舍。

这段话的大概意思就是，宋英宗的灵柩到了永厚陵，暂时被放在下宫，山陵使韩琦视察下宫。之后就是简单说了下宫的组成，廨舍指的是办公的地方。

如此看来，下宫有正殿、影殿、斋殿这三个主要宫殿，还有守陵人的住所和日常生活所需的房间。

正殿："置龙輴，后置御座"，可以停放车辇，是下宫最主要的宫殿，处于下宫中心位置。前面所说的"下宫备膳羞，内臣执事，百官陪位"，就应该在这里了。

影殿："置御容，东幄卧神帛，后置御衣数事"，里面挂着墓主人的画像和衣服。这里就是前面所说为墓主人早晚供奉食物、四时祭享的房间，也是下宫重要的宫殿，它在正殿的后面，两个宫殿在一条中轴线上。《续资治通鉴·宋纪》中有一句：

> 旧下宫分前后殿。至是更筑前殿以奉徽宗，中殿以奉显肃、显恭、显仁三后神御，而御殿奉懿节如故。

由此可见，影殿在下宫中可能并不只有一个，影殿可能还分前、中、后，因为影殿中所供奉的御容还包括皇后，而那些一个陵中还有其他皇后陵、后妃陵的更是如此。为什么不把皇后御容放在皇后陵的下宫呢？因为一个陵里面如果没有特殊要求就只有一个下宫，这下宫是帝陵的专属。

斋殿：又称"斋院""斋宫"，关于斋殿的记录比较少，大概是祭祀前进行斋戒的地方，从作用上来看斋宫没有正殿与影殿重要，所以应该属于附属型的房间，不在中轴线上。因为要先斋戒后再进入正殿，可能会在正殿前面偏一点的位置。

斋殿的一旁是守陵人居住的房间。斋殿东面是浣濯院，这里不单单可以洗衣服，更主要的作用是沐浴，因为每日给先皇、先皇后供奉祭品，这些守陵人需要有洁身的地方，另有厨房制作祭品。

陵使廨舍和副使廨舍也在斋殿附近，如果这些人里有守陵的士兵，那么就不止一个院子了。

除去下宫，兆域内还有陪葬墓。根据史料的记载，永昌陵有陪葬墓15座，但是具体都是谁的墓就不得而知了，因为很多墓都已经湮灭了，想来这里面一定包括太祖的儿子赵德昭。只有在永昌陵封土大约1.8公里处保存下来两座陪葬墓，但是也不知道墓主人的身份。两座陪葬墓东西并列，西侧墓略偏北，两墓各有一对望柱保存了下来。据《宋史·礼二十六》载：

安陵百二十一坟……昌陵十五坟，量设十位，熙陵八坟……

在北宋皇陵中陪葬的绝大多数都是皇室宗亲，这些皇室宗亲下葬没有葬期的要求，都是先把灵柩安放在京城寺庙中，等到皇帝驾崩或者皇后薨后安葬的时候一起运到皇陵安葬。这些陪葬的成年皇室宗亲是夫妻合葬，这与皇帝、皇后同陵不同穴的制度不一样。而未成年的皇室子女

## 第四章　永昌陵的结构

则是先进行火化再安葬。

帝陵门阙仪仗、帝陵上宫、后陵门阙仪仗、后陵、下宫、陪葬墓这些都在皇陵兆域之内，但是这并不完全等同于整个皇陵，陵区内还有禅院、行宫以及奉陵柏子户等建筑。

禅院是给皇帝、皇后魂灵诵经的地方，通常是几个皇陵共用一个禅院。《宋朝事实》中有记载：

> 永安陵、永昌陵、永熙陵以上系永昌院，永定陵系永定院，永昭陵、永厚陵以上系昭孝禅院，永裕陵、永泰陵以上系宁神禅院。

后来在其他资料上也有相关记录，只是略有出入，但是可以得知，七帝八陵共用三到四个禅院，所以禅院可能不在某一个皇陵的兆域之内，有可能在兆域之外。同样极有可能在兆域之外的还有皇帝的行宫，就是专供皇帝祭祀时居住的地方，毕竟从都城到巩县也需要一定的时间，中途可以在行宫中休息。

奉陵柏子户这个词听起来比较陌生，不容易理解到底是干什么的，简单说来就是侍奉皇陵中柏树的住户，毕竟皇陵中这么多柏树，总是需要有人照顾的，"隙地布种，俟其滋茂即移植，以补其缺"。永昌陵有80户奉陵柏子，朝廷免去他们的税，让他们专门养护这些树木，只是不知道这80户，是在兆域内还是在兆域外。

以上，就是整个永昌陵的地面建筑，而北宋皇陵有非常严格的等级制度，所有皇陵的构造几乎是相同的，甚至从规格上也是大体一致，所以我们可以知道北宋皇陵大体是这样构成的：

帝陵（规模较大）：门阙仪仗（鹊台、乳台、石刻）、上宫（献殿、陵台、皇堂）。

# 宋太祖陵密码

后陵（规模较小）：门阙仪仗（鹊台、乳台、石刻）、上宫（献殿、陵台、皇堂）。

陪葬墓：

下宫：正殿、影殿、斋殿、厨房、廨舍、守陵宫人居所。

其他：禅院、行宫、柏子户。

可以想象如果这些建筑还存在的话，是多么雄伟壮阔。

北宋皇陵在陵园布置、石刻布陈、玄宫结构等多个方面都具有传承和创新意义，成为我国历代帝陵中具有代表性的重要建筑。下面就说一说宋陵的石刻艺术。

# 第五章

## 宋陵石刻艺术

## 宋太祖陵密码

赵匡胤也无法想到，在1000多年后，壮丽的皇陵已经不复存在了，要知道北宋皇陵包括附葬的皇后陵墓，还有周围陪葬的王室、大臣墓300多座，而这些陵墓又建有庞大的石刻像群。据统计现存石像有：皇帝陵407件，皇后陵336件，而陪葬陵仅存69件。这里面的雕像很多都是不完整的。它们看着日出日落，看着时代变迁，若是它们有生命，将是最好的历史见证者。

永安陵的保存状况是所有皇陵中最差的，永安陵前的石人仅留有胸部以上部位在地面上，其他的地方被泥沙掩埋、淤泥堆积，让人唏嘘不已。为了保护这些残存的石像，石像已经被迁走，现在永安陵只剩下了一座陵台。可以想象，这些帝王贵族代表着当时最高统治阶级，他们要建造墓室和石像，就会找最好的工匠与材料，那么所建造出来的石像也代表了当时雕像的最高水平。

这些散落在田野上的石像可以展现当时人们的审美观以及世俗生活，是研究宋代雕像艺术的珍贵实物资料，对于了解宋代雕塑艺术具有重要的意义。

在北宋开国这个特殊的时期，这些石像又有怎么样的雕刻风格？又藏着多少故事？

# 第五章　宋陵石刻艺术

## 一、神道石刻

北宋皇陵的神道石刻，具有承前启后的作用，其雕刻技艺精湛，造型精致，不但是北宋石刻的佼佼者，而且在中国历代帝王陵墓的石刻中也占据着举足轻重的位置。它的形态演变顺序是我们深入了解宋代帝王陵墓形态的一个重要指标。所以，对于北宋皇陵的神道石刻的组合、雕刻技法、纹饰选材、石刻形态等问题的研究，具有十分重大的现实价值。

之所以存在这些石刻，是因为当时人们相信死后也有一个世界，帝王贵族们更加希望死后也能够保持生前的权力，过着和生前一样的生活。因此他们会建造巨大的墓室，还有象征权力的石柱、石人、石兽等，墓室中也会有陪葬品和俑。因此中国古代陵墓雕刻其实是分为陵墓地面雕像和陵墓地下雕像两类。到了宋代，纸扎冥器比较流行，宋代又推崇"薄葬"，所以陵墓地下雕像的作用渐渐减弱了。

这些雕像有一个好听的名字，叫作"石像生"。石像生顾名思义就是用石头做的栩栩如生的石像，不单单指人，也指石兽，这些石像生守护在帝王陵墓前，又称"翁仲"。一开始翁仲是指宫殿的装饰物，后来慢慢演变成指陵墓前面及神道两侧的文武官员的石像，皇帝生前有文武百官，死后自然也应该有，这是皇权仪卫的缩影。而翁仲在历史上是真的有这个人，他是秦始皇时期的一个大力士，名阮翁仲。传说他身长1丈3尺，勇猛超出常人。1丈按现在的长度合3米多，在古代有两种规制：第一种是1丈合1.6米，人高约1丈，所以称为"丈夫"；第二种是合2米多。这位阮翁仲的身高应该是后者，身高要将近3米。他生得如此高大威猛，就被秦始皇安排在边关，以此来威震匈奴。后来翁仲死了，秦始皇就把他的形象铸成铜像，放在咸阳宫门外。匈奴人来到咸阳，远远地看见他的铜像，还以为是真的阮翁仲，不敢靠近。因此后人就把这些立于宫殿和陵墓前的铜人或石人称为"翁仲"。

而这些石像生主要集中在神道上，神道上还有华表，华表也是皇陵雕刻中的重要组成部分，是宫殿和陵墓前做装饰用的巨大石柱，柱身上刻着花纹。传说华表最一开始有道路标志的作用，后来的邮亭、传舍也以此为标志，行人还可以将自己的想法观点刻于木柱之上。华表在尧舜时代就出现了。传说尧时在交通要道上立木牌，人们可以在上面撰写谏言，针砭时弊。因此它又叫"谤木"或"诽谤木"，"诽谤"一词在古代是议论是非的意思。远古华表都是木制的，东汉时开始用石柱做华表，其"诽谤"功能已不复存在，变成直立于宫殿、桥梁和陵墓前面的大柱。

华表虽然出现的时间很早，但是神道在西汉才出现，在最初的时候只是在墓前面安置华表，并没有神道，后来到了东汉，华表改用石头筑成，墓前面安置石兽，渐渐地墓前面就形成了神道，华表就作为神道开始的标志。经过了时代的发展，等到唐代的时候，华表建筑越来越华丽，变成了只有皇帝陵和少数贵族才能使用的神道标志，也被称为"望柱"。

而神道石刻则出现得更晚，虽然有的墓前有石兽，但是并没有太多的石刻，西汉帝陵便是没有石刻，后来到了东汉就只有少量的石刻。而且是在大臣的墓葬中先出现的石刻，最先有石刻的就是霍去病墓和张骞墓，后来才慢慢地越来越多。再后来虽然皇帝陵和大臣墓前有石刻，但是并没有因为墓主人身份地位不同有所限制，并且只要是有庙宇和陵墓，神道两边就可以有这些石刻。到了南北朝，就只有历代皇帝和贵族陵墓前才有神道石刻。发展到唐代，神道石刻已经出现各种题材，比方石柱、马、象、虎、羊、驼、狮、牛、鹿、辟邪、麒麟、抱剑石人等，雕刻技艺精湛，并且已经形成了完整的制度。而在宋代，神道石刻有了进一步的发展，成为皇陵制度里非常重要的存在。

## 第五章　宋陵石刻艺术

石像生、华表都属于神道石刻。神道石刻的排列顺序、数量都是有一定制度的，永昌陵南神门外神道两侧的石刻由南向北依次是望柱、象和驯象人、瑞禽石屏、角端各一对，后面是马两对，控马官四对，虎两对，羊两对，藩使三对，武官两对，文官两对，四个神门的狮子各一对，镇墓将军、上马石各一对，进入神门内宫人、内侍各一对。如此算来共有60件雕刻，乳台与鹊台在望柱之南，所以没有算在内。

而皇后陵神道两侧的石刻则比皇帝陵少了象和驯象人、瑞禽石屏、角端以及藩使，因此皇后陵神道两侧依次排列为望柱、马、控马官、虎、羊、武官、文官、宫人、四座神门门狮，门狮则与皇帝陵的不一样，四个神门的狮子都是蹲狮。陪葬陵的神道石刻则更少了，普通大臣一般只有望柱、羊、虎各一对，如果是三品以上，再加一对石人。

北宋神道石刻的排列与数量都继承和发展了唐代神道石刻。乾陵的神道石刻由南至北的排列是华表、翼马、鸵鸟、石马、牵马人、柱剑石人、无字碑、述圣记碑、王宾像，也就是蕃酋像，而且石刻数量很多，比方说柱剑石人就有20件，王宾像有61件，这些加起来就有100多件。中唐之后，皇陵中就没有石碑了，王宾像也减少了；各个皇陵神道石刻的数量不是统一的。

这样看来，北宋皇陵中的石刻在种类上是比唐皇陵多的，同类的石刻在数量上有所减少，但是石刻类型基本上与唐皇陵在同一范畴。

在种类上北宋皇陵中多了象和驯象人、虎、羊、武士，北宋皇陵神道上没有石碑。

在汉和宋的礼仪中是"以象居先"，《宋史·仪卫志》中记载："宋卤簿，以象居先，设木莲花坐，金蕉盘，紫罗绣襜络脑，当胸、后鞦并设铜铃杏叶，红氂牛尾拂，跋尘。每象，南越军一人跨其上，四人引，并花脚幞头、绯绣窄衣、银带。太宗太平兴国六年，两庄养象所奏：诏以象十于南郊引驾，开宝九年南郊时，其象止在六引前排列。诏卤簿使领其事。"

而虎和羊在当时有驱邪的含义,唐皇陵中帝陵神道是没有虎和羊的,大臣墓前却以虎和羊为主。武士则是镇守神道和南神门的。

这是北宋皇陵比唐代皇陵多出来的石刻种类。而在已有的石刻中,还有两个是不一样的,唐代皇陵中是翼马和鸵鸟,翼马就是肩生双翼的马,而北宋皇陵中是瑞禽石屏和角端。

瑞禽石屏其实就是看起来像孔雀开屏的大型圆雕,这个是从唐代鸵鸟石刻演变过来的。角端自然代替的就是翼马,角端是古代神话中代表祥瑞的神兽,亦作"端端""甪端",有人称其为"獬豸""独角兽"。它麒麟头,狮身,独角,长尾,四爪,上唇特长,有的前伸,有的向上卷,看起来像鹿而鼻生一角。

对于它代表的含义,《宋书·符瑞志下》是这样说的:"角端者,日行万八千里,又晓四夷之语,明君圣主在位,明达方外幽远之事,则奉书而至。"

意思就是角端速度快、信息灵、能够保境安民。在这之前角端并没有被神化。北宋皇陵将角端的祥瑞之意利用得非常彻底,但是过了宋代,到明清时人们还是向往汉唐之时的恢宏大气,觉得宋代的江山不完整,所以在一些石刻上就不再使用宋代特有的形象,比方角端。因此后期基本上用麒麟。因此角端在北宋昙花一现后就功成身退。

这样看来唐代皇陵的石刻基本上分两类,一类是前面的翼马、鸵鸟等神兽,还有一类是石马引领的仪仗队,即文臣、武臣和藩使。北宋皇陵中除了这两类,还多了一类就是驱邪用的虎和羊,而且神兽类中多了神象和驯象人,石马也多了控马官。这样看来北宋皇陵石刻的内涵更加完整与丰富。由于宋代神道比唐代要短,所以排列也更加紧凑。

而且唐代皇陵每一个陵墓的石刻没有固定的规格,数量差别很大。但是北宋的石刻就完全不一样,从数量到排列顺序都有规格。这也是北

## 第五章 宋陵石刻艺术

宋神道石刻比较完善的一个体现,更加符合皇陵主题的需要,也可以看出宋代更看重"规矩和礼仪",体现墓主人的威严和统治地位。

唐代是我国雕刻艺术的鼎盛时期,但是在石刻题材上是有些限制的,尤其是神道石刻发展得并不快,但还是超越了前代,达到了神道石刻艺术发展的顶峰。初期,唐高祖李渊的献陵石兽,继承了汉代、南北朝的雕刻手法,轮廓简练而有力,神态生动,直到唐太宗李世民昭陵的"六骏"也表现得特别明显。武则天时,陵墓石雕更加雄伟,达到了唐陵石刻艺术水平的最高峰,不管是动物还是人物,造型不但高大而且讲究结构,又能有"神韵"体现出来。但是到了后期,经历了安史之乱以后,陵墓石刻造型渐渐变小,线条不如之前细腻,更注重外形的表现,失去了它的雄伟。

无论是顶峰还是后期,宋代石刻都吸取了这些风格。唐陵所达到的高度与深度,都为宋陵打下了基础。宋陵继承了唐陵并且发展得更完善。

北宋皇陵中有多个皇陵和陪葬墓,因此北宋皇陵的石刻数量比较多,好在现在保存完好的数量也较多,据河南省文物考古研究院编《北宋皇陵》记录:"皇帝陵现存石雕像407件,其中残缺不全者33件;皇后陵现存石雕像336件,其中残缺不全者51件;陪葬墓现存石雕像69件,其中残缺不全者19件。"这些石刻千姿百态,运用了各种雕刻手法如线刻、浮雕与圆雕,这些人物与动物都体现了当时的社会风貌,要想了解北宋石刻艺术,除了了解唐代的一些石刻,还要先了解一下历史上的雕塑发展。

西汉霍去病墓前的石雕是根据石材的形状雕出来的形象,刀法质朴,轮廓单纯,形态夸张,神态传神,更注重精神上的神似。这是后来雕刻家们所追求的一个状态。

比起其他艺术的发展,如书法、音乐、绘画等,雕塑的历史发展似乎难以寻摸,虽然很多地方都有雕塑,如庙宇、桥梁上的石雕,以及花园中的精致雕刻,但是人们更关注的还是"温文尔雅"的其他艺术,知道的更多的是与琴棋书画有关。

雕塑家在古代的地位很低,因为大多数人认为雕刻是"雕虫小技",雕塑家更多地被认为是"工匠"。所以我们现在虽然能看到很多古代的石刻,但是不知道这些石刻的作者。

相对来说,大家比较熟悉的雕塑家有东晋时期的戴逵父子和北魏的蒋少游以及唐代的杨惠之。

先说戴逵父子,戴逵(?—396),今安徽省濉溪县临涣镇人,是东晋时期的隐士、美术家、雕塑家,出身官宦世家,但是他一生不曾出仕,博学多才,善于鼓琴,绘画专攻人物和山水。关于绘画戴逵有许多小故事,关于雕塑的只有二三个,但依然能体现戴逵在雕塑史上的贡献。

对于戴逵雕塑方面的启发,或许是他十来岁的时候发生的一件事情。有一天他不小心打破了一个鸡蛋,顺手用手绢抹掉。第二天的时候他发现那块手绢竟硬成一团。从中他受到启发,用破损白瓦研磨成粉,又打了不少的鸡蛋,滤去蛋黄,将白瓦灰与蛋清混合,之后反复揉搓,最后做成一碑,命名为"郑玄碑",他还刻上自己写的碑文。见到这个碑的人都赞叹不已。

这让他对雕刻越发地感兴趣,当时佛教文化正是发展时期,戴逵对佛经有所研究,因此雕刻的佛像十分传神,后来会稽山阴灵宝寺慕名求戴逵为之刻一尊1.6丈高的无量寿佛木像。佛像完成后,所见之人都十分称赞,可是戴逵自己不满意,觉得佛像神态有些死板,可是他向众人请教,却没有得到修改建议。戴逵认为是众人顾及他的面子不敢说真话,便躲在屏风后面将参观者的议论记下来,之后再根据议论反复琢磨修改,如此过了三年,才制作出一尊深受百姓赞叹的佛像。这尊佛像就是现在大家在寺庙中看到的宽额、浓眉、长眼、垂耳、笑脸、大肚的公认形象,这可以说是戴逵对佛教在中国传播所作的一大贡献。

戴逵因此名声越来越响，来自各地的人来请他造佛像，但是当时造佛像基本上都是用铜、石之类的材料，运输成本太大，戴逵便一直想寻找其他材料代替。他四处寻找，有一次在一个烧砖瓦的作坊里，看见那些匠人正用木模造瓦。他便想到一个方法，找来一种叫作"缇"的布。先用木胎泥模造出底胎，再用"缇"粘在泥胎外面，在布上填色，等干了之后就将泥胎去掉，这样就得到一个外实里空的雕像，这样佛像就比较轻便，也不会裂缝，方便运输。这种方法史称"脱胎"。这一技术很快就传开了，隋唐以后还传到了日本。

戴逵死后，他的两个儿子子承父业，都擅长作画弹琴，其中成就比较高的是二儿子戴颙（377—441）。据《宋书·隐逸传》记载：

> 颙年十六，遭父忧，几于毁灭，因此长抱羸患，以父不仕，复修其业，父善琴书，颙并传之。

戴逵制作佛像的时候，戴颙也会参与制作。历史上记载，宋世子用铜铸造了一尊1.6丈高的佛像，但是他嫌铜像面太瘦，可是这个时候工人已经不能修改了，就请戴颙来看看。戴颙看后说："并不是脸瘦小，而是肩部太宽。"工匠按照他的说法将肩部磨瘦后，脸看起来就不瘦小了，众人心悦诚服。

而北魏的蒋少游（？—501）是当时有名的建筑家、书法家、画家和雕塑家。蒋少游原籍是乐安博昌（今山东滨州博兴），北魏孝文帝推行汉化政策，要改衣冠服饰时，蒋少游曾"主其事"。根据有关历史文献记载，蒋少游曾经参加设计营造太庙太极殿、华林池沼、改造金墉门楼等重大活动。关于他在雕塑方面的内容在历史上记载得并不多，但是他擅长雕塑是公认的，想来他应该是参与了那些建造工作中相关雕塑的部分。

这也可以证明，雕塑这门技术当时在众人心中的地位并不高。

## 宋太祖陵密码

我们听说过"书圣"王羲之、"诗圣"李白、"画圣"吴道子,甚至还知道"工圣"鲁班,除了专业人士,恐怕很少有人知道还有一位"塑圣"吧。就如上面几位,大家知道他们是雕塑家是因为他们的画技也很精湛,是因为画作或者是官职而留下名字,之后才知道他们也会雕塑。

这位"塑圣"是唐朝开元年间(713—741)的雕塑家杨惠之。杨惠之(生卒年不详),苏州人,他早年学习作画,他的老师叫作张僧繇。张僧繇也是有名的画家,他的学生中就有"画圣"吴道子,也就是说杨惠之与"画圣"吴道子是同门师兄弟。宋《五代名画补遗》记载:

> 杨惠之不知何处人,与吴道子同师张僧繇笔迹,号为画友,巧艺并著。

后来吴道子声誉日隆,杨惠之就焚笔砚而去,不再作画,专心雕塑。杨惠之的画技精湛,有人评价杨惠之"艰夺僧繇画相,乃与道子争衡"。他高超的画技为他雕塑打下了基础,他将这些融入雕塑中,很快就闻名天下,时有"道子画,惠之塑,夺得僧繇神笔路"的说法。

张僧繇擅长画佛像,因此杨惠之更擅长塑佛教与道教众神像,他在南北各地寺院雕塑过许多塑像,并且质量十分高,种类也很多,其作品就有长安长乐乡北太华观玉皇尊像、临潼骊山福严寺山水壁塑、凤翔天柱寺维摩像、汴州安业寺(后改大相国寺)净土院大殿佛像及枝条千佛像等。在唐末黄巢起义的时候,黄巢(?—884)曾到洛阳广爱寺,看到广爱寺三门上五百罗汉像及山亭院楞伽山的雕像后,都忍不住感叹"惜惠之所塑精妙",于是黄巢就特加保护,不让广爱寺受到损害。后来有许多文人墨客都来到洛阳广爱寺楞伽山题诗词,所题诗词有100多首。

杨惠之的塑像能够抓住人物外形与神情特征,生动传神,他被人们尊称为"塑圣"。在《五代名画补遗》中还有一个关于他的小故事:

## 第五章　宋陵石刻艺术

　　惠之曾于京兆府塑倡优人留杯亭像，像成之，惠之亲手装染，遂于市会中面墙而置，京兆人视其背，皆曰此留杯亭也。

　　杨惠之曾经为一个叫作留杯亭的艺人塑了像，之后杨惠之亲手将塑像装扮起来放在市井之中，塑像面对着墙，有人路过看到塑像的后背，都说这是留杯亭。

　　人们通过塑像的后背就能认出所塑之人来，可见杨惠之所雕的塑像是多么传神，雕塑技艺是多么精湛。杨惠之的塑像震撼古今，堪称一绝。据说现在寺庙中的千手观音像，就是杨惠之创造的。

　　杨惠之尤擅罗汉像塑造，他继承"浮塑"技法，开创了以山石为背景，将人物安排在其中的风格，就是在岩壁上雕刻出云水、岩岛、树石，以佛像等元素散置其间，称为"壁塑"，又叫作"海山"。杨惠之的"壁塑"艺术对后世影响极大，成为我国传统雕塑艺术的一部分。

　　另外，杨惠之将自己多年来所累积的雕刻技巧和心得，写成《塑诀》一书，这是我国独一无二的雕塑理论著作，可惜在宋朝之后便失传了。

　　这些雕塑家的出现为北宋石刻的形成奠定了基础，北宋皇陵的石刻除继承了唐代雕刻豪迈、饱满的特点外，也吸收了佛教雕塑中的优点。中国佛像雕像中最出名的便是四大石窟，按照石窟建造年代依次为甘肃敦煌莫高窟、甘肃天水麦积山石窟、山西大同云冈石窟、河南洛阳龙门石窟。

　　这些雕像影响着北宋石刻，形成了北宋独特的艺术风格，在注重大的体量感的同时又注意局部细节的效果。

　　北宋皇陵的石刻因为时间的发展，当时社会情况的不同，每座皇陵的石刻即使是同样的题材也有区别。

　　建造永昌陵的时候，是北宋统一中原的第二年，作为开国之君的陵墓，永昌陵有宏伟的一面，因为改卜过永安陵，所以石刻制度相对来说也比较全面。前面所说摆放瑞禽就是从永昌陵开始的。建造永安陵的时候北宋才建立，精力放在统一中原身上，加上永安陵并不是真正皇帝的陵墓，所以永安陵的规模比较小，石刻也没有固定的规格。

永昌陵的石刻为整个宋代打了个样，其他皇陵都继承和发展了永昌陵的石刻。宋陵的石刻有许多不同的雕刻手法，在宋代建筑大师李诫（1035—1110）撰写的《营造法式》"雕镌制定"一章中介绍了四种方法："一曰剔地起突，二曰压地隐起，三曰减地平钑，四曰素平。"

在介绍这四种方法之前，要先说一下《营造法式》。《营造法式》是中国古代建筑史上最完备的一部著作，它是中国古代建筑学发展的一个重要里程碑。在北宋立国之后的100多年里，各地兴建了大量的建筑，如宫殿、衙门、庙宇、园囿等，建筑物层出不穷，造型奢华精美，负责工程的大小官吏贪污成风，以致国库无力承担庞大的开销。因此，各种建筑设计标准、规范、材料、指标亟待制定，以便对建筑的等级制度、建筑艺术的形态和规定进行规范以杜防贪污盗窃。哲宗元祐六年（1091），首次编成《营造法式》，由皇帝下诏颁行，此书史曰《元祐法式》。

由于此书缺少选材系统，材料过于宽松，无法避免工程中出现的种种问题，所以北宋绍圣四年（1097）又诏李诫重新编修。李诫根据自己十多年的施工实践，查阅了许多的资料和旧有的规章制度，搜集了许多工人所说的施工规程、技术要领及各类建筑物构件的形制、加工方法，最终编成了今天的《营造法式》，于崇宁二年（1103）出版。

剔地起突即高浮雕、半圆雕，纹饰的最高点从石刻表面凸起，最高点参差错落，不在同一平面上。有时候，根据装饰的要求，还可以镂空透雕。起伏大，层次多。

压地隐起即浅浮雕，纹饰略有凸起，它的顶端与装饰品的边缘大致平行，装饰面或是平面，或是形状不同、起伏很小的弧面。

## 第五章　宋陵石刻艺术

减地平钑即平雕或平浮雕，它的凸起和凹陷的雕刻面都是平的，各自处在两个不同高度的平面上，雕刻面的各部位的外轮廓，像剪影一样，棱角清晰，故有"剪影式"凸雕之称。

素平又称作线雕，其面光滑，没有大的起伏。其上雕刻着粗细相等、深浅不一、粗细不一的阴线。阴纹的纹路与画中的铁线雕相似，而图案则是通过这种线雕而形成的。

永昌陵中除了这些雕刻手法还用了圆雕等雕刻方法，或者综合运用，一个石刻上用多个雕刻手法。"剔地起突"这个方法在宋陵中运用得较多，比方说瑞禽石碑、望柱顶部的莲花等。"压地隐起"的雕刻方法通常用来雕刻那些立体花纹，花纹有一定的深度感。"减地平钑"通常运用在雕刻各种长方形、正方形等石刻上面。而人像、动物多采用圆雕，圆雕作品又称立体雕，是一种不受挤压、能从多个方向、多角度欣赏的立体雕刻。也就是说雕刻者从前、后、左、右、上、中、下全方位进行雕刻，使观者能够从多个角度观察作品。而在形体上，以线刻的方法雕刻成具有装饰性的图案。比如石狮的鬃毛、脸上的胡子、身上的花纹，都是用阳线雕刻的，而柱子上的云纹和龙，大多是用阴线雕刻的。阴线是低于雕刻平面的线条，那个凹下去的线条就是雕刻的线。阳线是和雕刻平面一样高的线条，阳线的两边被雕刻除去了多余的材料，只留下线条就是阳线。这就是"素平"的雕刻手法。

先让我们了解一下永昌陵神道上的石刻到底是什么样的吧。

望柱：宋代的柱身多是八角形，每个棱面都用平浮雕的雕刻技术。永昌陵的望柱上，一共有三组图案。一组是两个棱面上雕刻一对云龙纹，一条为向上的攀龙，一条是回首观望的龙，一共有两对龙。第二组另有两面雕刻着云凤纹，最后一组雕着缠枝牡丹。望柱下面是方形的座，雕宝相海石榴花，柱顶是宝相莲花，花瓣丰满。宝相花是一种传统的吉祥花纹，宝相花不是特指某一种花，而是指各种花纹，它将某种花卉（一般多为牡丹和莲花），从花蕊开始用圆珠规则进行排列，最后形成丰满华丽的花纹。

每座皇陵的望柱雕刻内容并不完全一样，龙纹也各不相同，宝相花也有缠枝菊花等。

石象：在东汉的时候，陵前也会放置石象，后来就没有了，直到宋代，石象又出现在陵墓前。石象的造型十分高大逼真，长长的鼻子垂到底座，鼻前部微微向内卷，象牙比较细小，耳朵不大，尾巴直直地垂着，憨态可爱。头上戴着工字形络头，背部刻着莲座，莲座下面有个双层鞍鞯，尾巴上套着小莲花尾套，装饰精致华美。每座陵的石象在细节上也有不同，石象上披的锦绣花纹各不同。石象底座上通常雕刻着牡丹花，宋人喜欢牡丹，所以各种牡丹花纹有很多，如缠枝牡丹、折枝牡丹、宝相牡丹等。

驯象人：有了象自然就要有服侍象的人，其又称象奴，驯象人站在石象身旁，穿着紧身短袍束腰，是很明显的外国服饰。《宋史·志》中记载：

> 卤簿仪服。自汉卤簿，象最在前。晋平吴后，南越献驯象，作大车驾之，以载黄门鼓吹数十人，使越人骑之以试桥梁。

这样说来这些驯象人极有可能是越南人，永昌陵的驯象人身材也较为矮小，头发短而且卷，戴着包头，目深且圆。穿着圆领齐膝短袍，脚上穿着靴子，右胳膊在胸前曲着握拳，左手执杖。整体严肃整齐。其他几个陵的驯象人的头发也都是卷曲的，头上还戴着宝珠，耳朵上戴着大耳环。

瑞禽石屏：神道石刻中唯一的碑形浮雕。运用的是"减地平钑"的雕刻手法。永昌陵的石屏顶部是圭形，下有底座，背面侧面和底座没有雕花，正面刻着山岩。"瑞禽"是马面凤身，又叫作马面鸟，它的身子比较小，翅膀半展开，尾巴合起来，双爪立在山石上，与一旁小兽对视。其他皇陵的石屏有圆额、平头、圭形等几种，马面鸟"瑞禽"的碑状浮雕实始于此。

角端：造型凶猛，一对角端并不相同。东列的角端胸前刻着长绒，造型凶猛，为雄性。西列的角端，卷鼻更长些，胸前没有绒毛，造型相对温顺一些，为雌性。它们腮的两侧刻着纹饰，后面腿的上部刻着云纹。

仪仗马：这里的石马并非坐骑，而是皇帝参加祭祀等庆典时的仪仗马。雕刻手法与唐陵相似，都是比较写实，力求雕刻出仪仗马的雄姿。整体造型偏粗壮，马并没有其他动作，平视前方，马身上的饰品齐全，马头上戴着络头，口中衔嚼子，脖子上套马鞅、马鞍、马鞘、马缰绳、铃铛。马尾垂直到底座。永昌陵的马偏矮，稍微有些瘦，但是马身比例长，看起来雄姿骏健。仪仗马是宋陵石雕中的杰作。

控马官：仪仗马两边站着的是控马官，头戴着布巾，身着长袍，手中拿着马鞭。有的控马官还会将袍子的衣角折入腰带内，十分写实。

石虎与石羊：在汉晋的时候，墓前会放置虎和羊，虎是百兽之王，可以作为陵墓的警卫，羊自古以来就代表了吉祥。虎和羊正式出现在皇陵中，是在宋代。北宋皇陵中，虎为蹲坐，肌肉劲健，羊则是昂首卧姿，颈部修长，神态温顺，体态俊美。

藩使：又称作客使，每座皇陵前有三对六人外国使者，唐陵前面的藩使更加多，之所以要放置藩使雕像主要是为了证明本国国力强大，也是为了表明本国愿意与外国和平相处，进行文化交流。藩使的面目和服饰都是异国情调，都是拱手或者手捧着宝瓶、珊瑚等物，呈贡献的动作，表示其臣服于北宋皇朝。永昌陵的藩使头上戴着高高的帽子，长方脸并且很丰满，胡须浓密，身上穿着紧身短袍，系着宽宽的腰带，脚上穿着尖头毛毡靴，双手在胸前捧着圆盘，盘中放着一块玉印。整体造型、比例和雕刻技法都比较好。

文臣：石像皆穿着文官的官服，宽袍大袖，双手执笏，恭谨正立，头戴冠。整体造型高大浑实，几个文臣石像在冠的结构、纹饰、衣领等细节上有区别。永昌陵的文臣石像体态较为消瘦，头戴进贤冠，进贤冠是专门觐见皇上时戴的。额头上有配饰，没有冠带。面容圆润，胡须浓密。宽袖交领，袖子及膝。永昌陵的文臣石像手持一把笏板，没有佩剑，也没有佩玉佩。其他皇陵的文臣左边的长衫里藏着一把长剑，只露出剑柄。身高323厘米，身高是身宽的3.67倍。

武官：除了双手杵着长刀之外，其他的一切都和文官一样。

镇陵将军：又称"武士"。同样，几座皇陵的镇陵将军外形都是相似的。将军们都身材魁梧、肌肉健硕，拿着宝剑放在胸前，穿着宽袍大袖，头戴冠，也有穿着盔甲的。胡子浓密，腰间挂着玉佩。每个武士在盔甲上会有细微的不同。永昌陵东边的武士盔甲上没有装饰，冠上没有穗子，脖子很短。没有腰带，没有胸护，腰下膝裙两片。头部与身体的比例更大，脸形更圆润，留着络腮胡子。武士的铠甲像是束带。武士的双手握着一把长柄板斧。永昌陵西边的武士和东边的区别不大，最大的不同在于，其中一边的石像护耳很大，身体微微向左倾斜，眼睛是竖瞳，胡子很厚。武士的手放在了腰前拄钺。两个武士身高都比文臣高一些。而东侧的武士又比西侧的高一些。细看，西侧镇陵将军右脸庞比左颊要薄一些，这样雕刻看上去有些别扭，但因为透视，当人们从南方往北方走过去的时候，看到的是武士脸上眉眼生威，侧目看着你，完全感觉不到不妥当。武士们目光炯炯地望着前方，守卫着这座陵墓。

门狮：分为蹲狮和走狮，又有雌雄之别。每个神门外都有一对石狮子。其中南神门的石狮子都是走狮，形态优雅，比例匀称，威武雄壮。左边是公狮子，右边是母狮子，它们脖子上套着项圈，背上有锁链。其他三个神门的狮子都是蹲狮，没有项圈和锁链，左边是母狮子，右边是公狮子，体形要比南神门的石狮小一些，雕工也不如南神门的石狮。

上马石：在各陵墓中都有设立。它的正面四边都是一个回形纹，中央雕刻一条盘龙，其余部分则是云纹和龙纹，做工精细，给人一种栩栩如生的感觉。

宫人、内侍：都是拱手侍奉或者持拂尘等物。南神门左、右两边是宫人，陵台前是内侍，宫人要比内侍身材纤细，眉清目秀。

神道石刻大体便是这样的，有一些石刻保存得并不完整，但是我们可以通过这些现存的石刻，感受到宋陵石刻的神韵。

从中我们不难发现，不管是大臣、使者，还是控马官等，都是恭敬地站着，神态庄重，不能出现其他的动作，难免给人一种僵硬的感觉。历代的石刻都有过类似的情况，因为主题的局限性，雕像往往呈现出庄严肃然的姿态。但是北宋皇陵尽量改变这种感觉，比如永昌陵的镇陵将军，身体魁梧，上半身弯曲，双肩弯曲，摆脱了以往那种僵硬状态，增强了动作和力量。这些动物石刻，不仅注重动态和细节的描绘，而且注重表现其神态。不管是动物的整体形状，还是细微之处，雕刻师都能把它们所具备的一切特征显示出来，肌肉的力量给人活灵活现、栩栩如生的感觉。宋陵石雕中的兽形雕刻，往往要比人形雕刻更加活泼，更能体现其狂放不羁的特点。

北宋皇陵神道雕刻和前代在一些细节上有所不同。首先它们在北宋皇陵的道路两边，数量众多，而且井然有序，给人一种独特的韵律感。

其次在雕塑的形式上，采用了整体的夸张和局部的写实，形态上的虚与实的结合，使之更加完整、统一，既有动态，又有形、有神、逼真，既有粗犷的风格，又有精致的细节。雕刻时也采用了一种夸张的方法，有时候为了达到视觉和透视的目的，会把一块地方突显出来，削弱另外一块，给人一种强烈的反差感。把雕塑的头颅扩大，或是把身体的形状扩大，从而达到一种神态饱满的效果。

## 宋太祖陵密码

　　最后根据每个雕刻人物不同的身份，脸部的刻画与表情也稍有差异。例如：武官面目凶悍，双目炯炯有神，而文官温润温和，眼神平静。武士则身材魁梧，身上的铠甲复杂华丽，眼睛睁得大大的，几乎要凸出来，用纹路和凹痕来表示武士的眼睛，其愤怒地盯着前方，咄咄逼人。通过这些小细节让石刻看起来更加逼真。这使得宋代皇陵神道石刻的精细度，远超以往任何一个王朝的墓葬。整体上，北宋皇陵石刻在现实主义和某些细节方面都达到了极高的水平。在秦汉以及隋唐时期皇陵雕刻的创作中，往往过于强调强烈的体块感觉，表现出厚重的气势和精神。北宋皇陵在这个基础上又进行了深入的刻画。这些因素使得宋代墓葬的塑像具有明显的区别，对后世的皇陵建筑也有很大的作用。明朝孝陵、十三陵，清代东、西陵，都是在这种传统的基础上，结合当时审美建造的，但过于追求华而不实，反而显得烦琐。

　　然而比起气势磅礴的唐陵雕刻，北宋皇陵还是稍有欠缺，但这也符合当时北宋历史背景下的美学氛围。

　　北宋皇陵石刻不但传承了唐代的优秀工艺，还与当时的美学和生产水平相适应，并在一定程度上创造出了自己的特色。这些石刻与皇陵同生共荣，它们因为皇陵的存在而存在，绝对服从皇陵制度、丧葬礼仪，所以这些石刻庄肃沉重。因此石刻必须与皇陵的整体规划相符合，它的题材、大小、排列顺序、数目，甚至姿态都要在一定的框架里。还需要注意一个问题，神道石刻是在空旷的田野中排列的，这又有"大地艺术"的风格。大地艺术是画家以自然为载体，将自然和艺术相融合的可视化艺术形态，是在19世纪60年代欧美思想浪潮中出现的。但是，没有人想到，早在北宋，就误打误撞地出现了这种感觉。这就要求石刻与周围自然环境相融合，无论远看还是近看甚至仰视都要很协调。如此大的阵容，还要在规定时间内雕刻完成，又有"七月葬期"时间上的限制，这就需要大量的雕刻工匠一同雕刻，可能在风格与工艺上出现不同，或许会造成石刻品质不同。但是总体来说，北宋皇陵的神道石刻，在特定的制度、规格里，自然环境中，时间限制内，充分运用了各种雕刻手法，塑造出历史上独一无二的雕刻群体。

这些都是宋陵石刻不同于普通雕刻群体的地方，这些因素使其成为了一种独特的雕刻体系。

在永昌陵神道上，有驯服的大象，有展翅欲飞的瑞禽，有胖乎乎的山羊，有威严的大臣，这些都是用一种简洁有力的雕刻手法，将其雕刻得栩栩如生。宋陵石刻在前人基础上，形成了自己的风格，形成了自己的特点，具有明显的艺术特征，即"写意"中带"夸张"，"静""动"与"形"结合。宋陵的刻画，是以往任何一座陵园都无法比拟的。老虎盯着你的眼睛，雄狮在咆哮，石象和石羊温和可爱。镇守将军们手握战斧，虎视眈眈，气势逼人。而文臣们，则是温文尔雅，心思缜密。这一切，都是以艺术的形式，让创作者与观众之间得到了情感沟通。数百年过去了，还能给人一种生机勃勃的感觉，这才是宋陵的主要特点。

这些都可以看出北宋在文化、美学上的发展，宋陵石刻使中国石雕艺术达到了更高的水平。

## 二、风格演变

在"传统文化"中，皇陵起着举足轻重的作用。北宋皇陵是历代帝王陵墓的典范，陵寝选址、陵园选址布置，葬礼，石刻布陈，玄宫结构等的传承与革新，是民族宝贵的文化财富。

其中，七陵八帝的雕像最是特殊，因为北宋的皇陵修建的时间太久了，而且每一位帝王的生存条件都不一样，所以七陵八帝中的石像生也

## 宋太祖陵密码

是各有特点,这就让我们来谈谈其他的一些特殊之处。因当时的社会、经济情况和建设环境的制约,这些塑像的形式和内涵也各有差异。

七帝八陵的石雕从总体的造型来看,风格大致分为三个阶段。

赵弘殷的永安陵。因为当时北宋还没有建立起来,所以陵寝的石刻也都受到了影响,石像人和动物都很矮,与唐代后期的墓葬十分相似,更倾向于唐代后期和五代时期的石雕风格。

赵匡胤的永昌陵在修建的时候,国家已是一统,并且对雕像的尺寸进行了调整。这也是与永安陵墓不一样的地方。

在永熙陵修建期间,赵光义继承大统后多次北伐扩大版图,稳定边疆,虽然不能达到预定的目标,却为中原发展提供了稳定的背景。太宗以后,皇帝都是由他的后人来继任,使得永熙陵的建造规模和塑像无论是气势还是艺术性,都要超过永昌陵。

宋永熙陵前面的两只石羊,手法简洁生动、线条分明、形象秀美,是宋陵雕刻之绝佳作品。当地人有一句俗语:"东陵(永裕)狮子西陵(永泰)象,滹沱(永熙)陵上好石羊。"这是他们对宋陵塑像的艺术性评估。

以上三座陵墓均为砖砌建筑,可以分为一个阶段。永安陵的雕塑样式与唐代后期类似,看起来更矮,雕塑的造型更简单,装修更朴素,不讲究细部雕刻。永昌陵石刻采用简洁的雕刻手法来点缀花纹,并在细节上勾勒。石刻虽然缺少了几分韵味,却多了几分厚重。永熙陵与永昌陵的石像比起来,要雄伟得多。

整体来说,此时的雕刻保持了唐、五代的粗糙、厚重的建筑风格,借鉴了唐朝的塑形手法。一般的人物根据透视的需要,比例并不协调,将石刻形象加以夸张和变形,比如脑袋宽大,脖子短,脸形丰满,身材圆润,身材魁梧,给人一种很威严的感觉。而动物雕像的体形却很大,威猛强劲,充满了唐朝到宋初的豪气。还加入了写实的手法,用的刀工更加细腻，线条更加流畅，在强调对雕塑的细致描写的时候，还特别注意表现雕塑的精神气质。

真宗是一位大手笔的皇帝，他的陵寝自然也是恢弘大气。前面也说过他对泰山封禅感兴趣，对待自己的陵墓更是在意，永定陵视野开阔，更是雄伟壮观。石上雕刻的花纹更多，狮子不仅威武有力，身上的毛发也有细致刻画，身上穿着锁子甲，张口发出愤怒的咆哮，是宋陵石狮子中的佼佼者。角端的身形雄壮有力。石象也比其他陵墓中的要大得多。而那些官员们，眼睛低低地看着地面，脸上的哀伤中透着肃穆，雕工给人一种厚重的感觉。永定陵的风格一般也是分在永安陵、永昌陵、永熙陵这个阶段里，是早期阶段。可见早期的宋陵石雕传承了唐朝的雄伟壮丽，刀法简洁，横向上也借鉴了佛教雕塑、绘画等艺术的影子，简约中讲究细节，写实中富于夸张，可以说，这是宋人的艺术的根基。

永定陵建造的时候，皇堂改为由石头筑成，永昭陵"圹中又为铁罩"。顶部有木覆石，"以木为骨"，皇堂变浅，墓道较长。

永昭陵和永厚陵是第二个阶段，属于中期风格，因为英宗不过在位四年，所以两个陵墓建造的时间相差不过四年，两个墓葬的建筑风格都差不多。这一阶段的石刻总体来说还算中规中矩，人物整体造型呈长方形，脖颈略显修长，身材也比以前更加均匀。在这个阶段石像的服装也有很多的装饰品。而动物的石像，则更加简单、祥和，雕刻严谨但缺乏张力。这与这个阶段宋代社会安定的大背景有关。

仁宗、英宗年间，奉行"守成"之制，边境相对稳定，经济和艺术都有了发展，是宋陵石刻艺术的发展阶段，宋代石刻艺术风格渐渐成形。

因为永昭陵是保存最完整的北宋陵墓，所以我们可以详细说说它的石刻。

瑞禽碑刻，上面雕刻着锯齿般的峭壁，有马的脑袋、龙身，有鹰爪，有翅膀和尾巴，像是一只凤凰。角端的头上长着一对愤怒的眼睛，露出獠牙，体态粗壮，四肢前端刻有鱼的鳞片，栩栩如生，从外形上可以分辨雌雄。而人像的整体风格已经脱离了早期的唐、五代的风格，从一开始的魁梧强壮到现在的不胖不瘦、修长俊朗，刻画上也得到了强化，文臣石像突显了其优雅和从容，有的微微鞠躬，显示了其彬彬有礼和谦逊，性格上的刻画更明显了。对镇陵将军和武臣，更侧重雕刻其内在力量与悲凉，没有一丝怒容。将军和武臣穿着宽袍大袖，一副"儒将"的模样。平刀法将人的衣服纹样运用到了形体的变化中，显得长袍宽厚，形体优美，双手拄剑，指节起伏，肌肉的柔软和弹性，雕刻之细腻是之前皇陵中没有的。

永厚陵的文臣石像，更显得温文有礼。

永裕陵和永泰陵则是第三个阶段，是北宋后期的风格。它的设计更为华丽。无论是人物还是野兽，身形都变得更加纤细，五官更加立体，肩膀狭小，衣着华丽，刻画自然娴熟。而那些兽类石雕，看起来更加老实，更加听话，完全没有了宋朝鼎盛时期的凶残和强悍。

永裕陵的石刻更加逼真，身材也比较苗条俊美，成为北宋晚期石刻的代表。永泰陵雕刻得最好的是大象和驯象的人，栩栩如生，石象像个孩子，还没长大。大象的鼻子弯曲，鼻子上有一颗香瓜。

永裕陵镇陵将军身子往后一靠，头微微向前，俯视着下方的人群，颇有威严。在一个圆筒的约束下，可以做出左右前后的形体，没有高超的手技和巧思，是很难做到的。永裕陵的上马石四壁都雕刻了姿势不同的龙纹，除了顶部有一条龙作为主体图案之外，三面都有一条蛟龙环绕，周围有云雾缭绕。雕塑家凭借精湛的雕刻技术和丰富的技艺，将龙身体的旋转等细节，非常好地突显了出来。一眼望去便见一条栩栩如生的巨龙，在云端翱翔。

哲宗的永泰陵的雕像就比较小了，因为当时处在北宋末期，经济力量不比之前，很多石像大小规则不一，略显仓促。但在艺术形式上，却显示出了它的成熟。此期的兽形雕塑，除注重以往对动态与细节的刻画之外，还注重表现出神韵。如走狮的形象，既比例准确，又不失活泼，连系在脖子上的锁链，都与雄狮的动作协调一致，达到了宋陵的石狮之巅。石象弯曲的鼻梁，眼睛的褶皱，都经过很精细的刻画，甚至可以看到它皮肤上的褶皱，这就使得大象的温顺淳朴更加显露出来。

人像方面，文臣身材高挑，衣着复杂，相貌英俊，对神情刻画没有止步于哀戚，重点刻画了宰相们的深思熟虑，重点是对内心状态的刻画。在刻画脸部的时候，准确地抓住了额丘、眉弓、颧骨、脸颊等部位的状态。围腰玉腰带上雕刻着精美的图案。

这些石像已经达到形神兼备的境地了。若说有什么不足，那就是宋陵后期的艺术形态虽然已经达到了极致，但前期那种宏伟雄豪的气势，已经变得黯然失色，这也反映了北宋末期的时代精神。

总的说来，早期的昌、熙、定、昭陵的石刻较简练严谨，到厚陵时为转折，渐趋紧腻，较晚的裕陵与泰陵生动细腻。

永定陵石刻与永熙陵相似，只是体积比较小，人物造型也是偏瘦，角色的面部线条僵硬。永厚陵与永昭陵的塑像造型看起来更相似。永厚陵皇堂用石头堆砌，墓道加长。

永泰陵、永裕陵均为石头建造的地下宫殿，其甬路较窄。这两座陵的石像造型细致，工艺精湛，已达到形体与精神的高度统一。不过永泰陵的塑像与永裕陵的塑像相比，更加重视现实主义的表现。在对细节的描绘和动态的表达上，永泰陵比永裕陵要好得多。这两座陵墓的塑像与永熙陵的塑像比起来，缺少了几分威严和豪气。

从这些石刻中不但可以看出雕刻艺术风格的变化，也可以看出当时社会的精神情况。

还可以从那些藩使雕像中看到北宋的"丧葬外交"。

虽然北宋皇帝陵寝制度有诸多弊端，却可以以葬礼为借口，推行

## 宋太祖陵密码

"丧葬外交"。北宋皇帝和朝廷都很看重与大辽的关系,以维护两国之间的友好。

"丧葬外交",是在先帝驾崩,嗣君继立,外交政策保持原状这个特殊时期,北宋与大辽之间交换消息、维护关系的一种特别的方式,不仅是通知大辽,本国皇帝之死,更重要的是表示继续友好下去的愿望。这对巩固君主之位,对为或许爆发的大战做好准备,都有着重要的作用。

在北宋的"外交"礼仪中,在皇帝驾崩后,朝廷按惯例派出使者去他国告知对方这件事,除去宣祖赵弘殷外,从太祖到哲宗葬礼,一共派出6名使者,前往大辽和西夏等国告丧。

北宋君臣深知丧事的重要性,当仁宗驾崩后,朝廷并没有尽快派出使者,司马光心急如焚,立即上书催促侍者尽快出发。丧葬外交有助于各政权、各民族之间的相互了解,促进和平相处,有助于经济与文化的交流。丧葬外交起到了交流信息、维护和平的效果。

丧葬外交如此重要,在皇陵中也是有体现的,藩使雕刻就是因此而来。藩使又叫作客使,这些藩使大多是他国的使节,也有一小部分是我国西北边疆地区少数民族割据政权的代表。藩使分别位于宋陵的神路两边,排在大宋文臣、武臣之后。每个皇陵包括两个驯象奴在内,一共有8件人像代表别国人和少数民族。这些藩使毕恭毕敬,神情肃穆,手中拿着祭品,对皇帝的葬礼表示敬意。这些人的石刻都有不同的地区和民族特征,为研究我国历史上的"外交史"提供了实物资料。

那么,这些石刻都是来自哪里的藩使呢?根据之前的记载,宋太祖乾德四年(966)九月,"占城国献象",太祖开宝九年(976)九月,"吴越王献驯象",太宗太平兴国七年(982)十二月,"占城国献驯象",仁宗庆历二年(1042)十一月,"占城国献驯象三",仁宗嘉祐三年(1058)六月,"交阯国贡异兽"等。占城、交阯、吴越三国,也就是现在的越南边境。所以这些驯象奴来自越南。

## 第五章 宋陵石刻艺术

永熙陵驯象奴，穿着一件华贵的长袍，头发用一根带子束起，带子上镶满了宝石，耳朵上戴着耳环，穿着圆领的短袖外套，双手抱在胸前，手里拿着一把羊角锤。永定、永裕、永泰陵的驯象奴，头发卷曲，戴着宝珠，佩玉腰带，穿着外国服饰。除了永定陵墓以外，其他陵墓的驯象奴都是幼年，饰大耳环。

而那些藩使，根据其穿着则可以有些猜测。

在永熙陵西侧，最前面的一位藩使头上戴着一顶虎头冠，手中托着莲花盘，盘子里放着一枚玉印。第二个人头上裹巾，手中拿着一根犀牛的犄角，身上穿着一件大斗篷。最后一人，头上戴着一顶平顶冠，手中同第一个人一样，托着莲花盘，上面有玉印。

在东侧，最前面的人，以布包头，戴大耳环，手里捧着珊瑚。第二个人则是用布包头，耳朵上戴着一对大耳环，手里拿着一个宝瓶。最后一位戴着尖顶帽子，脸上挂着微笑，手里拿着一个宝瓶。

在永定陵西侧，第一个人戴着一块绣花包头，腰间系着皮带，挂着小袋子、匕首等饰品，手捧宝瓶。第二个人赤着双足，面带微笑，戴着鸡冠帽，披着一件披风，手里拿着犀牛角。最后一人，身材魁梧，留着络腮胡子，戴大耳环，穿一件宽大的长衫，手里拿着一个方形的盘子，里面装着一块珊瑚。

在东侧，第一位圆脸平肩，戴着毡帽，手里拿着一个瓶子。第二位戴着平顶冠，一条腰带垂到脚下，手里拿着一只长长的宝瓶。最后一位是一张国字脸，留着络腮胡，穿着一件宽大的袍子，光着双足，手里拿着一块珊瑚。

永昭、永厚和永裕陵的藩使像的服饰与前面大同小异，只有永泰陵的使者穿着不同，头上戴着一顶尖顶的毡帽。

根据《宋史》记载，当时波斯和阿拉伯国家的贡品有香料、南珠、沉香、象牙、龙涎、珊瑚、琉璃、红玉髓、犀牛角、金莲。其中一些与

# 宋太祖陵密码

宋陵使者所持的礼物相吻合，表明这些藩使极有可能都是波斯、阿拉伯人。土耳其客使的主要特征是戴毛毡王冠，穿一件宽大的袍子，腰上系着腰带，帽子上雕刻着华丽的花纹。这些斗篷都是用来装饰的，跟缅甸和印度尼西亚人穿的一样，都是从南亚来的。在唐、宋时期，朝鲜与中国交往频繁，其风俗、文化、服饰都受到了汉宋的影响，因此，朝鲜人与宋人在宋陵文化上的差异并不大。根据藩使像的服饰与发型，可以分辨出或许还有蒙古人、和田人等。

由此可见，当时北宋与各国之间的友好往来是非常频繁的，这对当时的文化交流、科学、贸易往来都有很大的影响。

每年来宋进贡的国家就有三佛齐、占城、高丽、交阯、日本、高昌、于阗等国。《宋史》载乾德三年（965）十二月，"甘回鹘可汗、于阗国王遣使来朝，进马千匹，橐驼五百头，玉五百团，琥珀五百斤"。景德四年（1007）十二月，"河南六谷、夏州、沙州、大食、占城、蒲端国、西南蕃、溪峒蛮来贡"。

而与北宋有主要联系的是辽与西夏。简单地说，辽是宋朝时期东北的一个少数民族政权，西夏是西北地区的政权。

辽和北宋是兄弟，北宋和西夏是君臣关系。澶渊之盟之后，宋、辽达成了和谈，宋国每年都会给辽国一笔钱，两国以兄弟相称，谁的国君年长，谁就是兄；宋、西夏议和后，宋给西夏岁币，西夏向宋称臣。

所以在皇陵前设置藩使是有必要的，这是从唐朝开始的传统。但是唐皇陵前设置藩使与宋代设置藩使的意义是不一样的。唐皇陵在陵墓前面设置藩使石刻，有一种镇压和压迫之意。在李世民陵墓的玄武门外，有唐贞观时的14个民族首领的雕像。这是李世民在一场战争中抓到的俘虏，被他带到了长安，之后李世民用石头雕刻了他们的雕像，然后在雕像后面雕刻了每个人的姓名，立在自己的皇陵外。在武则天和高宗的乾陵朱雀门外，也有人物塑像。人像穿着窄袖长袍，脚蹬长筒鞋，宽腰带

## 第五章　宋陵石刻艺术

上系着一个小小的皮袋，扎着几条小辫，这是西北少数民族和西亚人的衣服。在这些人像的背后，都有其国名、官职、姓名等。

而北宋皇陵的藩使则是以参加皇帝葬礼的国宾规格设置的，没有被征服、卑微的意思。

宋陵的石刻形象，精妙的雕工，不仅体现了宋代石刻的高超技艺，更体现了宋代与诸国的友谊和国家的太平。

北宋皇陵留给我们的除了藩使这些人物类的石像，还有一些藏在地下的兽雕，它们不同于神道石刻那么明显，在地下默默地守护着灵柩，祈求平安。

金元之际，宋兵屡败，因金兵、元兵入侵中原，北宋皇陵遭到破坏，许多石刻都遭到了破坏。其中有一组生肖石刻也受到了损坏，令人唏嘘。

生肖源于远古时期人类对各种动物的膜拜。当时由于生产力低下，人们对自然的认识具有局限性，对马、羊、牛、鸡、犬等与自己生命密切相关的动物产生了一种依赖，对虎、蛇等会伤害自己的动物产生敬畏。十二种属相就是因人们对原始动物的崇拜而诞生，用来记录时间和月份。十二生肖虽比十二地支早，却与十二地支息息相关。

北宋皇陵这组生肖石刻按照"明器神煞"的风水布局，葬于宋陵墓东、西、南、北四面，祈求平安，驱除瘟疫，沟通十二地支，以达镇墓的效果。然而现在只剩下十块生肖石刻，可惜的是这十块中有两块残缺严重。

石鼠：头朝上，小耳朵，大眼，尾巴弯曲贴在臀上，前腿抓住一个球状物，后腿朝前弯曲，匍匐在地上。有宝山状的浮雕，底部为纯抛光的方形底座，刻画细致，栩栩如生。其是在宋神宗永裕陵区钦圣宪肃皇后北神墙外出土的，当时被埋在陵墓北方正中的地下。

石牛：身体肥胖，头微微仰着，它的眼睛很大，嘴巴张着，犄角很长，靠在脑袋上，尾部是弯曲的，紧贴臀部，能看见毛发整齐，外形优美，形象生动。卧于上部有浮雕宝山花纹、下部素面磨光的长方形基座上。其是在宋神宗永裕陵区钦圣宪肃皇后北神墙外出土的，当时被埋在陵墓正北方的右边。

石兔：四脚弯曲，平躺仰卧于一个矩形的底座上，头朝前，眼睛张开，耳朵几乎完全贴合在它的后背上。底座的上部有宝山的花纹。其是在宋哲宗永泰陵区昭怀刘皇后陵园出土的，当时被埋在宋陵陵墓东方正中的地下。

石羊：蹲坐在光滑的长方形底座上，圆耳朵，大眼睛，嘴巴微微张开。胡子明显地垂落在胸口，卷曲在脸颊上。线条分明，刀工圆润，造型逼真。其在永昭陵陵区出土，当时被埋在宋陵陵墓正南方。

石猴：矩形底座的左边有一座假山，右边是一只猴子，它紧紧地靠在假山上，像是在攀缘，尾巴卷曲着贴在底座上，头部缺失。其在宋陵八陵陵区出土，当时被埋在宋陵陵墓西方南边的地下。

石鸡：在矩形底座上安静地卧着，底座雕刻有花纹，鸡翅、尾巴、羽毛雕刻清晰逼真，头颅缺失。其在宋陵八陵陵区商国公主墓出土，当时埋在宋陵陵墓西方正中的地下。

石狗：狗头低低地耷拉着，耳朵垂在脑后，尾巴在后，前肢交叠，安静地卧在底座上。其是在宋真宗永定陵西神墙外偏北部出土的，当时埋在宋陵陵墓周围正西方的北边。

石猪：猪高脊，嘴拱地，腹部垂落，鬃毛明显，尾巴略带卷曲地贴在臀部。下部打磨成素面矩形基座。其是在宋神宗永裕陵区钦成朱皇后陵园出土的，当时埋在宋陵陵墓周围正北方的左边。

这些生肖石刻，大小相当，高都是在20到40厘米之间，宽与长都是20厘米左右，只有石狗最高，有80厘米。材质多是青灰色石头或者红砂石。

从宋陵的雕刻艺术来说，宋陵的石像可以说是一件非常了不起的东西，是宋人遗留下来的宝贵的实物。

## 三、纹饰书法

北宋皇陵的神道石刻也体现了当时的民间世俗，石刻数量和题材都是以现实生活作为参考的，石刻的宫人和内侍分别位于陵寝和南神门的中间，这是帝王皇宫的真实写照。这些人物石刻的服饰，雕刻的设计灵感、花纹，大多来自民间风俗。

在宋陵的望柱、瑞禽、石兽、人物等石刻上，布满了风格华丽、刻工精细的纹饰。仔细观察下，这些丰富多彩的纹饰，大体上可以划分为以下几类：

1. 望柱上的龙、凤和其他石刻上面的孔雀、瑞禽、角端等珍禽瑞兽纹；

2. 祥云纹、波涛纹和包括牡丹、石榴花在内的各色宝相花纹；

3. 人物纹；

4. 几何纹，宋陵中几何纹并不多；

5. 配饰绢结、璎珞等，这一类配饰在北宋皇陵中比比皆是，比如石象身上的莲花座、石狮的项圈和链子、仪仗马身上的各种配饰，尤其是仪仗马上的马鞍、马镫等，一应俱全；

6. 其他纹饰，比如宝山纹、鱼纹等。

这些丰富多彩的纹饰题材，在石雕上往往被安排在不同的装饰部位。至于那些文臣、武将、客使、镇陵将军、控马官、驯象人等各式各样的人物石刻，因其地位和风俗习惯的差异，所佩戴的饰品也是五花八门，如永熙、永定陵客使的耳环、项圈、悬挂在腰间的小玩意儿都为客使的异域风情增添了色彩。再比如，镇陵将军的头盔、铁甲、护心镜、腰带、战裙等，都是刻画镇陵将军英武的重要因素。由此也可以看到，这些纹饰具有一个相同的特征：为雕刻的艺术形象服务。

这些花纹中，一部分彰显了封建制度中的等级森严，比如龙纹、文武百官的服饰等，都有严格的制度规定；还有一部分表现了墓主人对死后继续保持富贵的渴望，还有活着的人对福禄寿长久的追求，比方说象征富贵的牡丹花和代表多子的宝相海棠花等。

同样，这些纹饰也都表现了当时的民间风俗。

宋陵石刻上的纹饰可以作为人物的装饰和陪衬，这与宋朝石刻艺术家高超的雕工技艺有关。宋陵石刻是与陵园建筑风格相匹配的，到了宋代，陵寝的建筑格式已有自己的规则尺度，其中的石刻当然也根据这些尺度来雕刻。所以，在装饰图案上，设计师们的设计余地非常小，要在一块块大小不一、形状各异的饰面上，比如石壁、镇陵王的铠甲、墓碑等，雕刻出精致的纹饰，又要与宋陵总的建筑、建造的需要相吻合，还要能够形成合乎逻辑的布局，实在是不容易。

宋陵的石刻是皇帝陵墓的一部分，必须庄严肃穆，要有一种君临天下的气势，而不能让人毛骨悚然，这些纹饰为达到这样的效果起到了不少作用。宋陵的精美图案使得宋陵的石刻作品极富艺术性。

这种装饰主题为当代艺术创作注入了大量的、具有传统意义的内容；其雕塑技法的应用可为当代艺术的发展提供参考；这些石刻图案对于现代的石刻装饰艺术的影响也是不容小视的。

宋陵的石雕群，是现存于世的宋代规模最大的石雕群，为我们了解宋朝的美术作品提供了实物。其上雕刻的纹饰使得各类石刻闪闪发光，散发着一种令人陶醉的艺术魅力。从不同的角度反映了宋代文人的审美情趣、艺术水平和艺术发展。

一件艺术品的创作，是不能脱离现实、种族、时代等方面因素的。

它们不仅体现了时代的社会面貌，还具有一定的现实意义。这在研究宋代陵墓和当时人们的习俗、分析考古学数据等方面也是有用的。北宋神道石刻是中国古代雕刻的珍品，是非常珍贵的文物。

除了石刻上的花纹，还有一类是北宋皇陵中存在但是现在并没有提到的雕刻——墓志铭。墓志铭除了它本身的作用，更重要的一点它还是宋朝书法发展的重要部分。

墓志铭本质上是一种纪念性的文体，是中国古代殡仪不断发展的结果，它具有一定的形式和特定的风格，一般由志和铭两部分组成。志多用散文撰写，记载死者姓名、卒年、生平；铭则用韵文概括全篇，主要是对逝者一生的评价。但有的只有志或只有铭。墓志铭可以是自己生前写的，也可以是别人写的。

墓志始于秦汉之际，发展于魏晋，完善于北魏，兴盛于唐，延续至明清，经历了从碑形墓志到方形墓志的发展历程。

北宋皇陵墓志铭的发现始于19世纪30年代的《民国巩县志》，其中共辑录了22个北宋皇家墓志，包括墓志9个、墓记7个、志盖6个。

根据河南省文物考古研究院《北宋皇陵》的数据，在北宋皇陵内，共发现了116个碑刻，其中，墓志石75个，墓志与志盖均存者23个，仅存墓志者15个，仅存志盖者22个，志石散佚10个，志盖散佚5个，墓记碑41个，散佚6个。《北宋皇陵》共收集了116个宗室墓志和墓志记录文，其中包括墓志拓本14个、墓记拓本32个、志盖拓本24个，合计70个。

这些墓志铭的主人都是宗室子弟，他们的墓志体现了北宋皇家的书法品位。从这一点可以看出，宋代墓志和书法在宋代碑刻书法中的地位是独一无二的。

从字体发展上来分析，在北宋，楷书、篆书、草书等五种文字均发展得比较完善，再加上受到碑学兴起和百姓喜好的影响，北宋的碑刻书法以行书与楷书为主，而且有些楷书碑刻书法中带有行意，其中北宋初期，楷书碑刻占大多数，这是对唐朝碑刻风格的延续。

皇帝的墓中一般是没有墓志铭的，放着的是金匮玉册，我们不知道金匮玉册到底是什么样，但是可以从宗室墓志铭中窥探一二。

宗室墓志也有不同的样子，有两种是像盒子一样的。第一种，是大型的盝顶盖方形盒子，盝顶是指顶部有四个正脊围成的平顶，四周有花纹。如元祐九年（1094）的赵頵墓志，边长98厘米，连盖高都有38厘米，雕刻精致，字迹优美。第二种，为中型盝顶盖方形石志盒，如元符三年（1100）的杨国公主墓志，它通常用于等级高或与皇帝有亲属关系的皇族后裔和他们的妻子，一般雕饰较简单。

这两种都是盒子形状的，只是有大小的区别。

还有一种就是小型圆首石碑形状的，内容比较简略。

这些碑文通常都是由朝廷重臣署名撰文，由翰林院书艺局供奉官员书写，由内府玉册官刻制。这种鲜明的等级地位区分和严谨的制作工艺规范，体现了北宋宫廷所推行的殡葬仪式，对了解宋代宫廷的礼俗和宫廷管理具有重要意义。

翰林院书艺局的前身是翰林御书院，简称"翰林院"，是北宋御用书法机构，主要职责是以书伎供应服侍皇帝。因此产生了一批御用书法家，他们只接受宫廷的命令，主要职责是"掌御制、御书及供奉笔札、图籍之事"，还负责管理琴棋之艺。由此形成了御书院严格的管理、铨选等制度，并产生了一批以"院体"为主要创作特征的御用书法家，是北宋书法文化的重要组成部分之一，对中国书坛文化的发展有很大的影响。

翰林御书院有书待诏、书艺、艺学、祇候等人员，御书院书家在各体书法风格上都明显区别于北宋时期其他书家，直接反映出皇帝与宫廷对于书法的审美方向。

至于他们在朝廷中的职位，总体上来说，太宗、真宗时这些官员在朝廷中的职位都很高，但仁宗之后，特别是神宗元丰时期，书仗官的地位明显下降，并且关于迁转和出职的制度规定呈现越来越严的趋势。

从碑文的内容来看，墓志中的文字数量很多，在碑文之前记载了作者的身份和书写者的身份，而刻手是地位最低的，是墓志铭制作的最后一步，落款也在最后。

墓志铭文的行文格式比较稳定，男性墓志铭文中，通常先叙述其官职、姓名、出生年月、官员履历、去世时间、何时下葬，最后是简短的四字铭文，表达对逝者的敬意和缅怀。女性墓志则主要写她的家世，写她丈夫的身份，写她何年何月嫁给谁，生了几个孩子，孩子的情况，重点描述她的贤良淑德。这些内容和格式变化很少。

在回郭镇的清西、清中、清东、柏峪四个村，共发掘93座墓，其中有墓志、墓碑共74个。这些大多是太祖之子德昭和德芳的直系后代，即皇族的太子、公主和宗室亲王以及小儿墓的墓志和碑刻。

比方在1988年9月出土的兖王墓志，现藏于河南省巩义市宋陵文物保护管理所。该墓志于北宋元丰二年（1079）五月刻，四面装饰波纹，盝顶盖，四边刻有青龙、白虎、朱雀、玄武和云纹。盖面篆书"宋故兖哀献王墓志铭"九个字。铭文32行，一满行38字，全为楷书。兖王墓志的出土，为研究北宋皇族宗室起源、宋代墓葬仪制及碑刻的演变提供了新的实物材料。

兖王墓志铭全文如下：

［志盖］宋故兖哀献王墓志铭。

［志文］皇第三子，故体仁保运同德功臣，彰信军节度，曹州管内观察处置等使，开府仪同三司检校太尉，使持节曹州诸军事行曹州刺史，兼御史大夫，上柱国，永国公，食邑三千七百户，食实封壹阡户，赠太师尚书令，兼中书令，追封

兖王，墓志铭并序。

朝奉郎守左谏议大夫，充史馆修撰，直学士院，知审刑院事，兼判将作监，详定编修诸司敕式，上骑都尉，赐紫金鱼袋，臣安焘撰。

今上皇帝之第三子曰兖哀献王俊，以熙宁六年四月一日生于今充媛宋氏。神姿骨相，美不容择。宫掖相庆，以谓朱芾之佩，行见煌煌于室家也。越明年二月，大臣以故事请行封爵。制可。授王体仁保运功臣，彰信军节度，曹州管内观察处置等使，特进检校太尉，使持节曹州诸军事行曹州刺史，兼御史大夫，上柱国，永国公，食邑三千户，食实封壹阡户。十一月上祀圆丘。礼毕，进授开府仪同三司，加赐同德功臣，食邑七百户。

王生而端秀，资性敏悟，覃訏歧嶷，有若诗雅所称。初未能言，保姆常指屏间字，一再过辄识之。暨渐长，其方瞳丰角，日益美茂。而态度庄重，绰有成人之风。不甚嬉戏，故亦罕忿怒。宫中常呼其所封公爵，而王亦以太尉自名，若固有也。

十年十月忽以疾告，上朝夕临视，而势不加损，至己亥以不起闻。上天性笃爱，震悼伤悒，而不视政事者凡三日。中宫率傅御护送于普安禅院。制赠太师、尚书令、兼中书令，追封兖王，谥曰哀献。

十一月己酉，具一品卤簿，自所寄佛舍迎道于蕝塗之所。又饬太常以玉币牢醴设为赠祭。后二年，以元丰之己未命右谏议大夫、充天章阁待制李肃之摄鸿胪卿，领护葬事。景福殿使、利州观察使、入内都知张茂则持节副之。四月甲子复以仗卫鼓吹发引而西。卜五月戊寅往祔于永厚陵下官之壬地。乘卫王之凶，五月而葬也。王自薨及窆，上为辍视朝者四，丞相率百寮

## 第五章　宋陵石刻艺术

班于崇政殿及西上閤门以慰上者三。

其始终哀荣如此。呜呼！以王之疏爽生知，秀茂天赋，宜享遐寿，为国宗英。不幸夭閼，五岁而逝。此中外之情所以嗟惜愤痛而不能已也。若夫王之凤成异相。早慧敏德，宫中所不能状者，臣亦不得而书也。臣闻死生去来，适若梦幻，此虽浮屠氏之说，而君子亦有取焉。然臣所知者，惟消长有数，报复有理。故积庆之效有不得于今日，必有待于异时。此臣之奉诏铭王之墓者，敢以此言。谨再拜稽首，而为之铭曰：

惟王之生，质粹而精。美玉之璞，良金之英。初离褓负，意已有成。胙之公爵，而能自名。云胡不淑，遽而颠灵。有古皆然，今何足惊。不苗之嗟，士论常情。天子万年，岂若彼轻。德厚流光，要之克昌。本支百世，室家君王。既往必复，始晦终旸。一子之失，百男之祥。循环代谢，亦理之常。猗欤哀献，庸又何伤。神也安止，厚陵之旁。面嵩背洛，永閟幽藏。

入内内侍省内东头供奉官专管勾修坟臣王思聪。

翰林书艺御书院祗候臣王珦奉圣旨书并篆。

中书省玉册官御书院祗候臣王仲宣镌。

志文最开始说了兖王的职位，然后说了撰写人的身份，之后是兖王的父母情况与出生年月日："今上皇帝之第三子曰兖哀献王俊，以熙宁六年四月一日生于今允嫒宋氏。"熙宁系北宋神宗赵顼的年号，由此可知兖王赵俊就是神宗赵顼的第三个皇子，他的生母是"允嫒宋氏"。之后便是兖王出生时的样子，说兖王"神资骨相，美不容择"，"宫掖相庆，以谓朱芾之佩，行见煌煌于室家也"。

又开始说兖王历官迁次，志文记载他是熙宁七年（1074）二月时封爵，那个时候他不满1岁，想来是十分受宠的。

## 宋太祖陵密码

比较有趣的是志文里还说了兖王年幼时的事情，"王生而端秀，资性敏悟……初未能言，保姆常指屏间字，一再过辄识之"，"暨渐长，其方瞳丰角，日益美茂"，"而态度庄重，绰有成人之风"。还说兖王"不甚嬉戏，故亦罕恚怒"，"宫中常呼其所封公爵，而王亦以太尉自名，若固有也"。用词生动有趣。

再后面就是说兖王死于何时，因何而死，当时的人是多么悲痛。"以王之疏爽生知，秀茂天赋，宜享遐寿，为国宗英。不幸夭阏，五岁而逝，此中外之情所以嗟惜愤痛而不能已也。"与前面小时候的事形成对比，更觉得兖王早逝是多么遗憾。

里面兖王下葬的一些细节，也为大家了解北宋丧葬礼仪提供了实例："十年十月忽以疾告，上朝夕临视，而势不加损，至己亥以不起闻。上天性笃爱，震悼伤怛，而不视政事者凡三日。中宫率傅御护送于普安禅院。制赠太师、尚书令、兼中书令，追封兖王，谥曰哀献。""后二年……卜五月戊寅往祔于永厚陵下宫之壬地。"

也就是说兖王于熙宁十年（1077）十月病故，十一月暂安置在普安禅院。两年后五月祔葬于宋英宗永厚陵。

兖王墓志是由左谏议大夫安焘创作的，由翰林书艺御书院祗候王珦书写，由中书省玉册官御书院祗候王仲宣雕刻。

志石撰文者安焘（1034—1108），字厚卿，开封（今河南开封）人。他从小就天性颖悟，年少老成。在11岁时，他觉得一起上学的小孩太幼稚，不愿意和他们一起玩，听说有一位老先生在家中收学生，想拜他为师。老先生见他年幼，就说："你现在不过就是会朗诵几首诗，不够资格当我的学生，如果你能当众做一首诗，超过其他人，我才收你。"安焘面无难色将诗做了出来，并且水平在其他人之上，安焘声名大噪。

安焘登第后，先是在蔡州做监察使，升为太常丞，掌管大名府的文书。后来在欧阳修的举荐下，任秘阁校理、判吏部南曹、荆湖北路转运

## 第五章　宋陵石刻艺术

判官、提点刑狱兼常平、农田水利、差役事。当时刚兴新法，相关的通告没完没了地发布，安焘平静地推行了新的律令，神宗见其仪表堂堂，性情稳重，便将他调到身边修起居注。

元丰初年（1078年左右），高丽国与大宋再次建立了外交关系。于是，朝廷佯称任命安焘为左谏议大夫，派他前往高丽国。高丽国盛情款待他，对他的礼遇甚至超过了契丹的使节，而且还讨好安焘说："我们的国王，对使节非常尊敬，这是真心的，不像接待契丹使者是为了免除边患。"安焘笑答说："尊重中华，事奉大国，礼节都应该是一样的，不能因为他们很少来，就举办得特别盛大。朝廷和辽交好这么多年，还用得着计较礼节的厚薄不成？"出使回来后，神宗认为安焘彬彬有礼。便将原来假授的官职授给他，兼直学士院。

兖王墓志是在神宗元丰二年（1079）四月创作的，这个时候安焘正是风华正茂、才华横溢。志文文笔优美，辞藻华丽，一气呵成，堪称一部好作品。

志文书者王玿，生卒年不详。他的生平在《宋史》中没有具体的记载，但是从相关的史料中还是可以找到一些内容。元末明初的陶宗仪所作的《书史会要》中记载："王玿，明州鄞县人，工书。熙宁间上篆书《证宗要略》三卷，命为御书院祗候。"

《书史会要》是明代整理历代书家传记与技法的一部专著，共有九册，成书于明太祖洪武九年（1376）。该书有100多种典籍，著录自古代到元代的400多位书家的传记，其中大部分都是鲜为人知的书家，著述详细，注释简明。

因此可以知道王玿是明州鄞县人，擅长书法，进献篆书《证宗要略》三卷，由朝廷命为翰林书艺御书院祗候。朝廷特命他为兖王陵碑文镌刻。兖王墓志志文为正楷，有1000余字，整体上有一种行云流水、条理分明、古朴典雅的感觉。文字之间，结构严密，神韵肃穆；以方笔为主，间用圆笔，笔法平静而稳定。法书中字字独立，大气沉稳，充满了庄严安详的气息，是北宋皇陵出土墓志书法的精品佳作之一。

墓志铭还有一个作用，就是补充文献的缺漏之处，也可以印证一些事例的真实性，比方说安泰的官职"朝奉郎守左谏议大夫，充史馆修撰，直学士院，知审刑院事，兼判将作监，详定编修诸司敕式，上骑都尉"，在墓志中记载得就非常详细，可以和史籍相互补正。

2014年7月，在磁县磁州镇西来村西北部溢泉北路工地上发现了太祖的好友韩令坤的陵墓，发掘出一方墓志铭，与墓志铭一同被发掘的还有一幅精美的壁画，专家以"切割砖体"方式进行修补。

目前，学者已经对韩令坤的墓志进行了详尽的解析，墓志全文有2700多字，清楚记录了韩令坤死亡的确切时间、地点、家庭成员、官职、历史活动等信息。

韩令坤的墓志是一块四四方方的青石墓志，长93.5厘米，宽92厘米，厚28厘米，志盖盝顶，边沿线刻有四神图，中间有六个楷书字："南阳大王墓志。"志石上楷书，志文共54行，志文字迹规整、文笔隽秀、篆刻娴熟、线条流畅，具有文物本体、史料研究和艺术价值。韩令坤的墓志铭的内容相对来说是比较有价值的，一是记载其经历之多，墓主官阶与身份之高，二是墓志文的体量、文字和内容之广泛，在我国所发现的所有碑刻中都是罕见的。其不仅丰富了《宋史·韩令坤传》中对他及家庭的记载，同时也对五代后周时期、宋朝初期的地名、官职、历史事件等的考证，有一定的参考价值。

通过解读，韩令坤的具体死亡时间为乾德六年（968）四月三日，下葬于磁州滏阳县仁风乡崇孝村，这对于磁州地区的地域划分及地名的考察，具有一定的参考价值。

韩令坤（923—968），磁州武安（今河北邯郸磁县）人，是北宋的开国功臣。他曾经追随周太祖、周世祖、宋太祖，建隆二年（961），宋太祖杯酒释兵权，韩令坤被外放为节度使。

虽然在文献中并没有对韩令坤的家世进行详细的记载，但是他的墓志比较详细地介绍了他的家世，正好填补了文献的缺漏。"其先后稷之后，自姬姓分宗，桓万以灭翼之功，命氏以韩原之地，韩骞因避莽之患遂家徙于南阳之垆。""皇任磁州军事判官，赐绯鱼袋。""父伦，见任亳州防御使。世德不衰，奇才间出，偶非常之运，馨扶俗之才，好爵爰加，丰功克著，授光禄大夫、检校司徒、磁州刺史。褰帏视事，昼锦行春。郡政肃清，与民受赐。藏孙将期于后世，于公必庆于高门。寻迁授亳州防御使。南阳郡王即司徒长子也。"

其中介绍了韩令坤的父亲叫韩伦，是一个职位比较低的武将。但是韩令坤的父亲韩伦与宋太祖的父亲赵弘殷都是赵王王镕的部下，韩、赵两家早有通家之好，虽然韩令坤的年纪要大赵匡胤4岁，但是两人总在一起玩。有一次两人在一个土坯盖的房子里玩耍，有数只麻雀从门口飞了进来，二人出去"掩雀"，一走出去，屋子就塌了。由此可见，两人也算是生死之交了。《宋史》载："令坤有才略，识治道，与太祖同事周室，情好亲密。"这也为二人的关系奠定了基础。

不过韩令坤的父亲并不像赵匡胤的父亲那么勇猛，韩伦在许州为司马，后罢职回到陈州。这时的韩伦做起了干预地方政事、贪赃枉法之事。《宋史》上记载：

令坤兼镇陈州，伦罢职于许而居于陈，军州政事多所干预，及自于衙署开垆以鬻酒掊歛之暴，公私患之，为项城民武郁等所讼，帝命殿中侍御史率汀按之，伦诈报汀云准诏赴阙，汀即奏之，帝愈怒，遽令追劾，尽得事实。

此时，韩令坤站了出来，替父求情。由于他是当时的重要将领，周世宗觉得他很孝顺，就赦免了韩伦的死刑，只是流放韩伦，没过多久韩伦就返回洛阳。韩伦虽然出身军人，但并没有什么实绩，因为他儿子的爵位很高，所以得到了不少嘉奖。"庸人因子贵而倚势挠法"，这句话用来形容韩伦，再合适不过了。

墓志上也记录了韩令坤的妻子，这在任何典籍中都是没有记载的。"公先娶陇西李氏，封陈国夫人，早亡。次娶故青□□□□□令汾阳公女，封郑国夫人。"陇西李氏，乃是世家，李渊就是陇西李氏。与陇西李氏之女结婚，可见韩令坤在那时的身份地位很高了。

韩令坤跟随周世宗出击北汉，又协助周世宗平定南唐，在平定南唐的时候，韩令坤最一开始驻守扬州，就是赵匡胤前来协助的，后又跟随周世宗北伐辽国。

太祖刚刚建国时，韩令坤和慕容延钊都是镇守北疆的将军，"上既受禅，遣使谕延钊与令坤各以便宜从事，两人皆听命"。根据他的碑文记载，韩令坤在开国之时，曾升为王爵，"进公侯之秩，兼台辅之尊，改授大藩，仍加食赋，授特进检校太尉、同中书门下平章事、持节郓州诸军事、充天平军节度使、郓济等州观察处置使兼侍卫亲军马步军都指挥使"。韩令坤被提拔为禁卫统领，之前的都统领由李重进担任，太祖此举既是安抚韩令坤，又是挑拨两人之间的关系，减少他们联手对付新朝的危险。

后来李筠、李重进二位后周权臣公然反叛，太祖率领众将奋起反抗，其中就有韩令坤。之后，宋太祖开始收禁军的兵权，被收兵权后的韩令坤镇守常山，在此镇守七年。

有关他在常山的事迹，在其他文献和资料中大都是一笔带过，但是墓志中有这样的记载："常山重地，非贤不居，绰彼元戎，显有嘉绩。辍斯环卫，假之镇临，十乘启行，未改董戎之要；双旌届道，以观问俗之规。地控幽燕，境临汾、晋，下车政肃，猾民去而逋户还；料敌军高，邻境慑而边尘息。临下以简，驭众以宽，六条著求瘼之规，千里乐可封之俗。论道经邦之外，致君位政之余，郤縠早恃于诗书，王常素敦于金石。乾德三岁（965）初春，以久辞丹辟，累贡飞章，倾恋主之忠诚。述爱主之贞节。寻奉宠诏，许朝上京。临歧之时，舆民遮截，攀辕卧辙，叠踵架肩，不放即途，遂致霄遁。汲黯必期于再至，何武徒系于去思。"

虽然碑文一般来说多是夸奖，但这段墓志中也反映了常山地理位置的重要性和内外环境的复杂，韩令坤当时既能震慑契丹，又能稳定边境居民，可见也是很得民心。乾德三年（965）他回京的时候，那些百姓不愿意他离开，就是最好的例子。此外，韩令坤墓志文描述"以乾德六年夏四月三日寝疾，薨于之公廨"，"皆用官物，铭旌前烈卤簿……呜咽，素车白马"，这些记载了韩令坤是在工作岗位上去世的，而且节省钱财，葬礼一切从简。韩令坤清正廉洁在当时是一个很好的榜样。

他去世后，"太祖素服发哀于讲武殿，录其子庆朝为闲厩使，庆雄为闲厩副使"，并追封南阳郡王。韩令坤的人生历经五代的更替，从周世宗南征北战。入宋后他稳定了政治，平息了叛乱，又经历"杯酒释兵权"解军职，再到出征，他的人生可以说是相当丰富。

## 第六章

## 七帝八陵（上）

## 宋太祖陵密码

以永昌陵为首的北宋皇陵分布在河南省巩义市的西村、芝田、市区、回郭镇一带，陵园总面积曾达到156平方公里，形成了一个规模庞大、气势雄伟的皇家陵墓群，也称为"七帝八陵"。北宋皇陵从乾德元年（963）开始建造，一直营建了160多年，可以说是一个露天博物馆。因为地理条件的限制和当时历史情况的影响，八座皇陵分布比较散乱。可以将整个陵墓群分布分为西村、蔡庄、孝义、八陵四区。

那么北宋皇陵中八座皇陵按照建造顺序有：西村（东南部）太祖父亲赵弘殷的宣祖永安陵、宋太祖的永昌陵、太宗的永熙陵，蔡庄区（中部）真宗的永定陵，孝义区（北部）仁宗的永昭陵、英宗的永厚陵，八陵区（西南部）神宗的永裕陵、哲宗的永泰陵。每座皇陵附近还有皇后陵、宗室陵墓和大臣陪葬墓。

"吾中华文化，历数千载之演进，造极于赵宋之世。"

了解七帝八陵中的皇陵，可以让我们更清晰地明白赵匡胤创造了一个怎么样的大宋。那么他的永昌陵与其他皇陵有什么不同呢？

## 一、宋永安陵（宣祖陵）

皇陵位置：西村区，位于西村镇常封村（宋代称邓封村）西500米。

下葬时间：乾德二年（964）四月。

皇陵概况：太祖母昭宪太后杜氏与宣祖合葬，另有太祖孝明王皇后、孝惠贺皇后陪葬于安陵西北。太宗淑德尹皇后、懿德符皇后也陪葬在这里。这与前面所说在皇帝活着的时候，皇后死后的陵园陪葬在长辈皇陵旁相符。

陵主生平：赵弘殷（899—956），赵匡胤之父，谥号昭武，庙号宣祖，葬永安陵。其他具体情况在前文已概述。

亲属成员：有一妻一妾，赵匡胤称帝后，尊母杜氏为皇太后，谥号昭宪太后。

生五子二女，长子赵匡济（赵光济）早薨，追赠太师、尚书令、曹王。

次子：赵匡胤，即宋太祖。

三子：赵炅（赵匡义、赵光义），即宋太宗。

四子：赵廷美，又名赵光美（947—984），京兆尹、永兴军节度使、秦王，追赠太师、尚书令、魏王。赵廷美素来跋扈，被宋太宗屡次训斥，后来听说"金匮之盟"，对太宗十分不满，便开始密谋夺皇帝之位。宋太祖进攻南唐时派廷美于开宝九年（976）出兵，廷美遂于农历正月初二抵达汴口，会见李煜，二人谈诗论道，相谈甚欢。据说太平兴国三年（978）的时候，他被太宗骗去毒死了李煜。

宋太宗太平兴国七年（982），赵廷美谋划篡夺皇位的阴谋泄露，宋太宗遂罢免了他开封府尹的职务。太宗念及兄弟情谊，他又屡立战功，于是仍令其为西京（今河南洛阳）留守。于是，魏王赵廷美一系的人，都搬到了西京。

赵廷美虽被贬任西京，却一直在私下里与卢多逊勾结。二人合谋的事情曝光后，赵廷美被革除西京的所有职务，只留下魏王的虚名，闲居在家，后宋太宗降魏王封爵为涪陵县公。

赵廷美在宋太宗雍熙元年（984），全家搬到了房州。迁居后不久，他就忧愤成疾，吐血而终，年仅38岁。

宋太祖陵密码

五子：赵光赞，早薨，追赠太师、尚书令、岐王。

主要功绩：援救后唐庄宗，大破王景崇，以及生了一个好儿子。不知道赵弘殷是否知道赵匡胤的小算盘，若是知道，又会是怎么样的态度呢？在他死后的第四年，赵匡胤谋取了后周的江山……

## 二、宋永昌陵（太祖陵）

皇陵位置：西村区，位于坞罗河南侧、西村北，其父赵弘殷宣祖永安陵偏北450米，西靠其弟赵光义太宗永熙陵。

下葬时间：太平兴国二年（977）四月。

皇陵概况：永昌陵的西北陪葬是孝章皇后园陵，另外陪葬真宗章怀潘皇后（曾命名保泰，后又取消），文献上还记载葬有魏王的夫人王氏、楚王的夫人冯氏、将军惟正的亡妻裴氏等。魏王与楚王应该是太祖的儿子赵德昭和赵德芳。

陵主生平：宋太祖赵匡胤（927—976），字元朗，宋朝开国皇帝，享年50岁，在位16年，谥曰英武圣文神德皇帝，庙号太祖，葬永昌陵。

其他具体情况在前文已概述。

家属成员：赵匡胤有三任妻子，分别是孝惠皇后贺氏（生魏国大长公主、鲁国大长公主、燕懿王赵德昭、舒王赵德林、滕王赵德秀）、孝明皇后王氏、孝章皇后宋氏。

生四个儿子，长子滕王赵德秀与三子舒王赵德林早亡。

次子燕懿王，赵德昭（951—979），《宋史》评价他："德昭喜愠不形于色。"赵德昭在太平兴国四年（979）跟随宋太宗攻打幽州。一次，军队中发生了一场骚动，众人不知宋太宗的行踪，于是想谋议立赵德昭为帝，宋太宗听闻后大为不满。

太宗返回京城之后，由于北伐失利，太原之战中的功臣很久都没有得到嘉奖。赵德昭将这件事情告诉了宋太宗，宋太宗勃然大怒，说："等你当上了皇上，你就可以好好奖赏他们了。"赵德昭遂自刎而死，宋太宗听到这个消息后，很是后悔，他把赵德昭的尸体抱在怀里，号啕大哭："傻孩子，你为什么要这么做？"太宗追赠赵德昭为中书令，追封为魏王，赐谥号为懿。宋理宗赵昀是赵德昭的九世孙。

四子秦康惠王，赵德芳（959—981），去世时年仅22岁，在《宋史·宗室传》中用"寝疾薨"说赵德芳的死，追赠中书令、岐王，谥号康惠，后加赠太师，改封楚王、秦王。赵德芳六世孙为宋孝宗赵昚。

从赵德昭和赵德芳的死亡时间来看，有学者怀疑是赵光义毒害了两个侄子。

太祖还有六个女儿，其中前三个女儿夭折，后来长女昭庆公主嫁太祖义社十兄弟中王审琦长子，次女延庆公主嫁太祖义社十兄弟中石守信次子，三女永庆公主嫁右卫将军。

主要功绩：建立宋朝，结束五代十国战乱局面，基本完成统一；巧妙地用杯酒释兵权、削弱相权等措施加强中央集权。《宋史》评价："昔者尧、舜以禅代，汤、武以征伐，皆南面而有天下。"

就如同赵弘殷不知道自己的儿子有一天会登上皇位，那么赵匡胤又是否知道他的好弟弟的心思呢？或许冥冥之中也自有公平，在南宋的100多年间，都是赵匡胤的后代在管理，只是可惜，留给他后代的是一个千疮百孔的大宋。赵匡胤的后代并没有像他一样创造一个奇迹。

## 三、宋永熙陵（太宗陵）

**皇陵位置**：西村区，位于西村镇滹沱村东，距离永昌陵西北 700 多米，坞罗河从其旁边绕过。

**下葬时间**：至道三年（997）十月。

**皇陵概况**：永熙陵北偏西有元德李皇后，不过她下葬的时候还是贤妃，再往西是明德李皇后，两个人都是太宗的皇后。真宗章穆郭皇后也陪葬在这里，在两位李皇后陵正北方。三后陵园遗址尚存，石刻保存得也比较完整。太宗长子赵元佐的陵墓也在这里。

**陵主生平**：宋太宗赵光义（939—997），宋朝的第二位皇帝。原名赵匡义，后因避其兄太祖讳改名赵光义，即位后改名炅。

赵光义未登基之前的事，前文已经讲过，现在从他即位后讲起。

开宝九年（976），宋太祖驾崩后，赵光义即位。即位后他首先改年号为"太平兴国"，表示要成就一番新的事业。紧接着就是官员的调动，革除了一批元老的官职，其中就有宰臣赵普，太宗将他们调到京师附近做官，以方便操纵。栽培自己的心腹，比如程羽、贾琰、陈从信、张平等幕僚纷纷入朝，渐渐取代了宋太祖朝的大臣。

赵光义加大了科考的力度，使他在位时的首次科考数量达到了宋太祖朝科考数量的两倍以上，给许多有才能的人提供了进入官场的机遇。这样，新晋的官员也是他自己的人了，皇帝的宝座坐得更加稳了。赵光义就开始了太祖未完的统一事业。

太平兴国三年（978），在宋朝的政治压力下，福建漳泉的陈洪进、吴越钱氏两大割据势力向宋廷纳地投降。

## 第六章 七帝八陵（上）

太平兴国四年（979）正月，赵光义派遣将军潘美等人向北进攻太原。二月赵光义亲自出马，宋军击溃辽人的增援，一举歼灭了北汉，结束了唐末黄巢之乱后90多年的藩镇纷争，重新统一了国家。

这给了赵光义信心，他不顾众臣反对，于同年五月，从太原出发展开北伐。在北伐前期，曾夺回河北易州、涿州等地。赵光义命令军队进攻燕京，宋军和辽军在高梁河对峙。赵光义亲自上阵，却被一支箭矢射中，慌忙撤退，北征失利。

到了太平兴国五年（980），知邕州太常博士侯仁宝向赵光义上奏，说可以趁着交州内乱的时候南下讨伐，恢复汉唐故疆。赵光义一听觉得有道理，就任命侯仁宝为交州陆路水路转运使，又进行一系列的军官调动，以伺机进攻。但是赵光义打仗的运气好像用光了。太平兴国六年（981），宋军在白藤江之战中先胜后败，统一交州的计划最终成为泡影，交州得以保持独立地位。

雍熙三年（986），赵光义对北伐念念不忘，希望能在他的统治下收回燕云十六州。因此派出了潘美、杨业、田重进、曹彬、崔彦进这五名将领分成了东、中、西三路，再行北伐。以东路为主，西路和中路两路大军一路畅通无阻，主力东路的主要兵力却被辽人击破，粮道受阻，最终无法和中、西二路会师，在岐沟被打得落花流水。中、西二路只得南撤。西路主将杨业就是在这场战役中被俘虏绝食而死，就是前面所讲的那一段故事。其后，在三川口、好水川、定川寨等与西夏党项人的战役中，北宋多次失利，但由于西夏党项对战争的厌恶，最终与宋廷达成和解。之所以赵光义后来在战役中多次失败，首先是因为他任命的禁军统帅多是自己的亲信，然而这些人多是贪生怕死之辈。其次赵光义实行"将从中御"的指挥方法，就是亲自告诉出征将帅打仗时的战略、攻守计划，或者用阵图指挥前线将帅作战，但是这样做的不可控性太多了，由于各种原因，"将从中御"的效果并不理想。最后就是军粮供给受限、征

## 宋太祖陵密码

调地域较广、转输难度大，军粮供应的困境限制了宋军的军事行动。

淳化四年（993）二月，四川掀起了一场农民起义，起义军所过之地，除了日常用品之外，所有的资财都被分发给了百姓，引起了当地农民的响应。次年正月，起义军占据成都，建立大蜀政权，赵光义得知后派遣两路大军讨之，起义军终于至道二年（996）彻底失败。

在这些战役中，对辽的高粱河之战和雍熙北伐是两次比较大规模的战役，军粮需求量大，百姓不堪重负，却得到了失败的结果，让人难以接受。因此赵光义及文武百官根据实际情况，逐渐地转变了对辽的作战方针，由原来的"主动出击"变为"战略性防守"，同时还实施了一些比较有效的防守手段。与此同时，他也在为争取和平而努力。赵光义在处理民族外交问题上，从"备边通好"到"图制契丹"，从"图制契丹"到"联夷攻辽"，最后从"联夷攻辽"到"修德以怀远"。

但是几次边防的失利、后方起义的爆发遏制了北宋进一步开辟疆土的政策，太宗的施政也不得不转为重内虚外。

赵光义对内鼓励垦荒，发展农业生产，编纂大型类书。太平兴国时期，赵光义颁布旨意，安排人手进行了《太平御览》和《太平广记》的编撰。他自己也十分喜好诗赋，开创升平诗歌。他还酷爱书法，擅长草、隶、行、篆、八分、飞白几种字体，宋代钱币淳化元宝，亦由赵光义亲手所书。朝廷对文化事业也格外关注，于是宋代的教育风气盛行。

宋太宗是个爱看书的人，"开卷有益"的典故即来自于他。《太平总类》书中收录了1000余种典籍中的主要资料，并将其分为55部，共计1000卷。他每日必读二三卷，一年之内将此书读完，故改名《太平御览》。有些人认为，一个帝王，既要忙于政务，又要阅读这样一部伟大的著作，实在是一件很吃力的事情，便建议他不要经常阅读，不要天天阅读，这样才能避免过分疲劳。

可是，宋太宗回答说："我爱书，常从书中取其乐，多读几本书，必有所裨益,何况我也不感觉累。"他也时常因为政务繁忙而不得不抽出时间来弥补,并且经常对身边的人说:"只要打开书本,总会有好处的。"

后来,"开卷有益"就成为一句谚语,说的是,只要把书摊开,就能得到好处。这句谚语经常被用来鼓励人努力学习,因为学习越多,就越有好处。

除了这些,赵光义也一直推动佛教的发展,他即位的第一年,就有10万余名和尚出家。赵光义执政时,修建了大量的寺庙,包括五台山、峨眉山和天台山。太平兴国五年(980),赵光义诏命内务大臣张廷训,在五台山重建真容、华严、寿宁、兴国、竹林、金阁、法华、隐居、灵境、大贤等十座寺庙,并重铸金铜文殊菩萨。赵光义还下旨,命峨眉山白水寺高僧重建了集云、卧云、归云、黑水、白水等地的寺庙,并铸了一尊普贤大佛,重62吨,供于白水寺内。

赵光义还大力资助佛教经典的翻译工作。太平兴国五年(980),他在东京建立了一所译经堂,使在唐朝元和六年(811)以后一直处于停顿状态的佛教经典翻译工作重新开始。因赵光义信奉佛教,西域和天竺的和尚纷纷带着佛教经典来到洛阳。

赵光义加强了对官员的考察与选拔,进一步限制节度使的权力,这些措施顺应了历史潮流,为宋朝的稳定做出了重要贡献。

然而在传位问题上,赵光义也遇到了难题,赵元佐是赵光义的大儿子,长得像赵光义,聪明机警,善骑射,更是跟随赵光义在太原和幽蓟一带打过仗。他是最适合做太子的人。谁知赵元佐竟因为叔叔赵廷美被废为庶人而精神状态有些不对。赵元佐与赵廷美关系应该不错,赵元佐还因为赵廷美被诬陷而出面向宋太宗申辩。

雍熙二年(985)重阳节,这个时候赵廷美已经病逝,赵光义把自己的几个兄弟聚集在宫苑里设宴饮酒作乐,因为赵元佐的身体还没有完全恢复,所以没有邀请他。宴会结束后,陈王赵元佑去看望赵元佐。赵元

## 宋太祖陵密码

佐听说赵光义设宴却没有请自己，勃然大怒，觉得自己被抛弃了，一个劲喝酒。到了晚上他喝醉后纵火烧宫。殿阁亭台，顿时烟尘弥漫，火焰升腾。赵光义知道后，怀疑是赵元佐干的，于是派人去调查，赵元佐也就认了。赵光义十分生气，将赵元佐贬为平民。之后陈王元佑被推举为太子。

赵元佑在雍熙三年（986）七月，改名为赵元僖，被封为开封府尹，成为太子。同年，北方战争失败了。赵普上《谏雍熙北伐》的奏折，受到赵光义的嘉赏。再之后，赵元僖又上了一份论及伐辽之事的奏折，后来被赵光义采纳。如此看来赵元僖也是不错的，但是在淳化三年（992）十一月，赵元僖下早朝回府，觉得身体不适，没多久就去世了。赵光义悲痛万分，罢朝五日，并写下《思亡子诗》。

赵元佐被废，赵元僖暴死，储位空缺，冯拯等人纷纷上奏，要求尽快册封皇子，结果冯拯等人被赵光义发配到岭南。从此往后，再也没有人提这件事。

但是后来赵光义因受弓箭之苦，知道自己时日无多。他私下询问寇准，最后在寇准的支持下，赵光义的三子寿王赵元侃在至道元年（995）被册封为太子，改名赵恒。

赵光义在位共21年，至道三年（997），赵光义去世，庙号太宗，谥号至仁应道神功圣德文武睿烈大明广孝皇帝，葬永熙陵。

家属成员：赵光义的三任妻子都是在未即位前娶的，淑德尹皇后、懿德符皇后、明德李皇后，共有九子七女。

主要功绩：灭北汉，基本完成全国统一；加强中央集权。

很明显，太宗的功绩都是在延续太祖所创的基业，而太宗也想收回燕云十六州，来表明自己比哥哥更厉害，《宋史》评价宋太宗："帝沈谋英断，慨然有削平天下之志。"只是可惜太宗只有野心，打仗能力上稍微弱了一些。毛泽东也曾经评价过他："此人不知兵，非契丹敌手。尔后屡败，契丹均以诱敌深入、聚而歼之的办法，宋人终不省。"又说他："不择手段，急于登台。"

不过从大的方向来看，太宗在位时的所作所为也是很不错的，他唯一的缺点可能就是即位不够光彩，留给了大家一个谜团，让后世众人去猜测，或许这也是"功绩"之一吧。

## 四、宋永定陵（真宗陵）

皇陵位置：蔡庄区，位于芝田镇蔡庄村北的卧龙岗上，是诸陵中最高的一座。

下葬时间：乾兴元年（1022）十月十三日。

皇陵概况：永定陵的西北处是章懿李皇后的陵园，李氏当时下葬时为宸妃，是仁宗的亲生母亲，最一开始葬在开放洪福禅院，后来追册皇后改葬在这里。李皇后西南侧是章献明肃皇后刘娥的山陵。在章献明肃皇后山陵西北的方向是章惠杨皇后的陵园，杨皇后是仁宗的养母，被追封为皇后。

刘、杨两位皇后陵的西侧，有土冢和一些石刻，据当地人传是"太子冢"。看地面上建筑和石刻的情况，应该是亲王冢，但不知是哪位亲王的。

陵主生平：宋真宗赵恒（968—1022），宋朝第三位皇帝，宋太宗第三子，母为元德皇后李氏。最初的名字是赵德昌，后改赵元休、赵元侃。《宋史》记载："乾德六年，后梦以裾承日，有娠。十二月二日生于开封府第，赤光照房，左足指有文成'天'文字。幼英睿，姿表特异，与诸王嬉戏，好作战阵之状，自称元帅。"他曾任开封府尹。至道元年

## 宋太祖陵密码

（995），他被立为太子，改名恒。

太宗过世之后，王继恩与太后联手发动了一次宫廷叛乱，幸亏左相吕端出手，这位皇帝才能坐上皇位。

与身经百战的赵匡胤、赵光义等人相比，赵恒自幼生长于宫中，性情软弱，缺少开拓和革新的魄力。他认为，太宗后期所崇尚的"黄老无为"观念，应以"固守"为最佳之策。赵恒登基之时，任命李沆等为宰相，治理有方，政局稳定，广得民心。他还分全国为十五路，各路转运使轮流进京述职，减免五代十国以来的税赋；真宗在位时注意节俭，社会较为安定，给国家创造了一个相对长期的和平发展的有利时机。

自雍熙北伐惨败后，北宋对辽朝就一直心存畏惧，逐渐由主动进攻转为被动防御。但是辽朝对宋朝步步紧逼，不断南下劫掠财物，侵扰宋朝，给边境地区的居民带来了巨大灾难。虽然宋军在杨延朗（又名杨延昭，也就是人们熟知的杨六郎）、杨嗣等将领率领下，奋起反抗，但辽朝骑兵进退速度极快，战术多变，对宋国边境造成了极大的威胁。

名相寇准（961—1023），对宋辽关系的发展起到了至关重要的作用。寇准是华州下邽（今陕西渭南）人，在很多文学作品中他常被戏称为"寇老西儿"。寇准19岁就考中进士，在官场上也算是一帆风顺，为人坦荡，性情洒脱，是个很有个性的人。太宗年间，在朝堂上奏章，寇准的一番话让太宗很是不满，太宗气冲冲地走了，寇准却不顾皇帝的礼仪，拉着太宗的衣角，让太宗很是难堪。不过大概就是因为他的坦诚，才让太宗对他更加地信任。

景德元年（1004）春，辽国承天太后萧绰、圣宗耶律隆绪亲自率领20万大军南下攻打澶州（今河南濮阳），威胁大宋的都城汴梁。一晚五次警钟在东京响起，赵恒问了大臣们的计划。宰相王钦若、陈尧叟主张逃跑，任职才一个月的宰相寇准则厉声反对说："谁出了这样的馊主意，就该砍头！"他又解释："若弃汴京南下，必定会引起民心动荡，敌军便可乘虚而入,国家难保;如果皇上若能亲临战场,必然会鼓舞军心,击溃敌军。"赵恒同意御驾亲征,由寇准随同指挥。到了河南省滑县西南的韦城,赵恒听说辽兵势大,就准备撤军。寇准正色道:"现在敌人步步紧逼,形势严峻,我们一步也走不了。军队夜以继日地期待着皇帝的到来,这样我们的军队就会更加强大。若撤退,必令士气崩溃,民众大失所望。敌军乘胜追击,只怕金陵都要沦陷了。"赵恒这才不情不愿地答应了,过了江,到了澶州(今河南濮阳),宋军们看到皇帝举着黄龙大旗,都欢呼雀跃,大叫"万岁"。真宗在寇准的要求下上城墙鼓舞士气,使得宋军士气大振。寇准率领宋军发起进攻,人人英勇作战,歼灭辽兵千余人,辽将军萧挞凛也被一箭射死。萧太后眼睁睁看着辽国军队处于下风,提出了和平的请求。在寇准与使者曹利用反复交涉之后,双方签订了以下的协定:

辽、宋为兄弟之国,宋为兄,宋尊萧太后为叔母,后世仍以世侄论,使者定期互访。

以白沟河为国界,双方撤兵。辽放弃瀛、莫二州。此后凡有越界盗贼逃犯,彼此不得停匿。两朝沿边城池,一切如常,不得创筑城墙。

宋方每年向辽提供岁币银10万两、绢20万匹。至雄州交割。

双方于边境开展互市贸易。

宰相寇准力排众议说服赵恒亲自出兵,在距离东京300多公里的临渊郡会战,北宋占据了上风,但赵恒忌惮辽的势力,又考虑到两国交战已久、互有胜负,所以无视寇准的意见,以每年给辽一定金银为"岁币"于澶渊定盟与辽议和,史称"澶渊之盟"。对人民来说,这是一种更大的压力,但是也为民族关系做出了贡献,要一分为二地看待这个问题。澶渊之盟结束了宋、辽40余年的战争,同时也是以岁币求和平的开始。同时宋、辽两朝形成长期共存局面,两朝无大的战争,北宋在雄州(今河北雄县)、霸州(今河北霸州)设立了贸易场所,使中原与北方的边陲地区进行贸易往来。其实在互市贸易中，北宋所赚的钱远远多于岁币，每年宋朝收益为所供岁币的2.5倍左右，而且还廉价收购了大量的战马作为军队装备，这样就在经济上拖垮了辽国，以致其之后的几十年未能发兵北宋。

宋辽自从签署了"澶渊之盟"之后，就一直保持着比较低调的态度。

大宋对辽的政策从积极的攻势转为防守。这与历史上其他的朝代不一样，但总的来说，北宋北方没有万里长城，也无法收回燕云十六州，中原北方一马平川，没有任何可以防守的地方，辽国骑兵随时可以南下饮马黄河。

为了抵御辽国骑兵，宋真宗采取宋太宗时期的方法，开辟更多的水渠，种植更多的水田。咸平四年（1001），在今徐水周边，引鲍河水以"隔限敌骑"。景德元年（1004），又以定州为中心，开辟了连接唐河、沙河和界河的渠道，对敌军的铁骑形成了很好的压制效果。在开辟河道的同时，还积极推行"方田"，即在农田中掘出一条方形的沟渠网。有的水渠达5尺宽、7尺深。还大搞屯田，以储备粮食，并起用老将曹彬威慑武将。而且，他还亲自选拔精兵强将，对火兵器也给予了重视。宋兵人数由66万（战斗单位35万）增至真宗末年的91万（战斗单位43万）。

随着政权的巩固，政府体制日趋健全，社会经济蓬勃发展，国势日渐强大，自此，北宋开始了一个繁荣的时期，被称为"咸平之治"。

宋朝的国家财政收入，在达成和约之后急速增加，在宋真宗病逝前一年，即天禧五年（1021），其总额已达15085万贯。可以说，如果没有"澶渊之盟"，就没有后来的繁花似锦。在宋朝，经济发达，百姓尤善商贾，尽管宋朝的疆域面积、初期时的人口、资源都比前朝差得多，但是，在风调雨顺的好年景时，宋朝的岁入能达到唐朝的7倍，即便在灾害频仍之年，岁入也是大唐的3倍左右。

从乾德四年（996）开始，北宋户籍居民有451万户，财政收入2224

万贯，天禧五年（1021），有867万户。人口是一种有效的社会统计手段，每个王朝都必须面对这个问题。天禧五年（1021），宋朝的户籍居民接近900万户，每户有多少人呢？如果只有5个人，那么全国的总人口就是4500万，甚至还不如现在浙江省的人口多，这说明，在没有计划生育的情况下，北宋的人口发展已经达到了极限。这个数目，在封建的农业时代是无法想象的。更值得注意的是，端拱二年（989），全国户数只有650万贯，大观四年（1110）户数为2088万贯，财政收入15085万贯。政府财政收入较乾德四年（996）增长了12861万贯。

真宗时，铁制工具制作进步，据统计，真宗朝土地耕作面积增至5.2亿亩［太宗至道二年（996）耕地有3亿多亩］，又引入暹罗良种水稻。景德年间，昌南镇（白崖场）被命名为景德镇，当时的商业规模达到了前所未有的程度，贸易盛况空前，史称"咸平之治"。咸平四年（1001）九月，宋真宗外出"观稼"。沿途百姓看到他的仪仗后，竟自发地欢呼"万岁"。宋真宗在统治前期就这样树立了自己的"仁义天子"形象。总之，宋真宗在登基初期，推行了新的政策，实行了一系列的政策，使其政局更加明朗，同时也使国家的经济更加兴旺。

宋真宗执政25年，管理得当。他刺激国内需求，打击腐败，促进了经济的发展，使得其政权更加稳固，治理更加健全，社会更加繁荣，同时也更加强大，将北宋王朝推向中国封建社会的巅峰。而它的缔造，得益于宋真宗卓有成效的反腐倡廉举措。

赵恒对待官员严明赏罚，尤其在乎一个官员是否清廉。在宋代，官员有试用期，试用官员转正要由几个正式的官吏推荐。按规定，官员不能为曾经有过腐败行为的人提供担保。宋朝允许在职官员参加科举考试，考中者可提前转正或越级提拔，但曾犯贪污罪者不许参加科举考试。又规定，只要是重要职务和接触钱财的职务，一律不允许曾犯贪污罪者担任。

## 宋太祖陵密码

在宋代，官员也有考核，内外官任满一年，为一考，三考为一任。特别对法司之官，既有明确的转官年限，也有严格的考课与回避制度。

宋朝官员一般都会有一定的晋升，但是那些曾经有过腐败行为的人却很难晋升。一个官员如果一旦有腐败行为，那么他的上级和曾经推荐他的人就会被惩罚。这使得上司很注意防范下属犯贪污罪，荐举者很关心被荐举者的德行。这样，只有才德兼备者才能被选拔进入官员队伍，官员的贪污行为也就相应减少许多。

宋真宗有一个传诸后世的廉政理念。他颁布了告诫百官的《文武七条》，一共十四个字：清心、奉公、修德、务实、明察、勤课、革弊。用大白话解释这七条的话：清心就是以平常心待物，克制内心的欲望，不因自己的欲望放弃官员的底线；奉公就是重视百姓需要，处事公平，做人正直，自身廉洁；修德是要以德服人，以德化人，不能以势压人；务实是要讲究实际，踏实肯干，不追求奢华，不怕辛苦，不要贪图虚名；明察是要体察民情，不能刑罚不公正；勤课是要勤于政事和农桑之务，不可懒政、无所作为；革弊就是要坚持改革，努力革除一切落后的陈规陋习。

这《文武七条》均是廉政之举，是统治者苦心孤诣的安排，也是老百姓的热切期望。

在宋真宗看来，"清心""修德"就是廉政的源头，达到"清心""修德"就能够实现"德治"。

宋朝的吏部设立了官吏档案，凡是有贪污行为的人都记录在案。宋朝还明文规定，凡是违法乱纪的人，在晋升或者调任的时候，都要主动上报自己的罪行，并且禁止擅自改变自己的名字。这种制度调动了社会各界的力量，防止贪官污吏向上爬，把他们纳入一个严格的管理系统，防止他们再度发生腐败。

经济繁荣，边贸红火，贡赋通达，税收富足，官员接触钱财的机会也由此多了起来。然而北宋时期官员犯赃罪（贪污）的现象减少了，与唐朝、明朝相比，贪污现象更是稀少。

赵恒也并不苛待官员。在年终之际，皇上赏官设宴，以求拉近与大臣之间的联系，同时传播皇恩。历代帝王皆如此，到了赵恒这里也不例外。他登基后，"赐近臣岁节宴于宰相吕端第，自是遂以为例"。此外，与宋代早期相比，有权出席宴会的官员的数量大幅增加，其范围由原先的朝廷高级官员扩展到了普通官员。在节庆的时候，他还会给大臣们一些礼物：过年的时候赐予羊、酒、米、面；立春的时候赐春盘；端午节赐粽子；伏天赐蜜沙冰、重阳饼、美酒；三伏天，五天赐一次冰块。被赏赐节礼的官员，范围广泛，几乎包括文武百官。

宋真宗颁布"诏自今伏日并休务"，加大了伏日休假的力度，对官员假日以外的休假也比以往宽松，把祭祀死者的私人请假范围扩展到了所有的官员，在私人忌日放一天的假期，还专门开辟了一个饯行假。有些节日，不但对官吏有效，对为政府服务的匠人也有效，比如给在福建险恶山路上运送官物的军士以旬假和节假。据现存文献，宋真宗年间的文臣大约有一万人。除此之外，还有在政府机关中当差的数万名士卒，也包括了各个级别的军人和他们的家人。在这些节日里，文职人员和军官可以享受到传统节日假期和新设立的假期。宋代是中国古代工业最发达的时代，宋代百姓的生活水平最高，官吏的薪金最高，公民阶层最强大、最富有。

赵恒也确实是位仁皇帝，他对待废太子十分温和。他念及赵元佐是自己的亲哥哥，封赵元佐为左金吾卫上将军，并恢复赵元佐被宋太宗剥夺的楚王爵位。赵恒听任他养病不上朝，并加检校太师、右卫上将军。赵元佐过生日时，宋真宗赐了他一条宝腰带。宋真宗封禅泰山后，封赵元佐为太傅；祭祀汾阴，升其为太尉兼中书令。当年皇宫大火，赵元佐曾上奏，要求朝廷停发薪金，以改善皇宫。宋真宗不同意，加任赵元佐

## 宋太祖陵密码

兼任雍州牧。宋真宗立皇子赵祯为太子时，赵元佐兼任兴元牧。

不过赵恒在位后期，曾任命王钦若和丁谓为宰相，两人经常用符瑞之言来迷惑朝廷，赵恒也沉溺于封禅之事，修建庙宇，耗费人力、物力，造成了社会的紧张，导致了"内忧外患"。

在中国的政坛上，真宗进行过一次可以称得上是最隆重也是最有争议的封禅泰山的活动。民国时期的怀疑论者，都说这是齐儒为了巩固政权、夸耀政绩而编造出来的。但根据考古学的记载，封禅的由来可以上溯至新石器时期，远在史前。

"泰山"的由来，主要与当时的生产力及人类对自然的认知密切相关，人类无法精确掌握大自然中的种种自然现象，因而产生了一种原始的信仰。尤其是当人们处于惊恐之中时，对太阳、月亮、山川、风雨、雷电更加崇敬，所以"祭天告地"便出现了，由最初的乡间祭奠，演变成了山川河流的祭奠，其中以"泰山"最为典型。

宋真宗大兴祥瑞，东封泰山，西祀汾阳，粉饰太平。在东封泰山的历史中，宋真宗是根本没有资格和能力的。然而宋真宗为了能够封禅泰山而蒙蔽世人，制造出一种天下太平、国泰民安的假象。首先，宋真宗和王钦若两人，在全国各地都创造了许多的吉兆，以此来表现太平盛世，希望能达到让自己封禅泰山的资格。然后，王钦若与一些大臣就伺机行事，请求宋真宗东封泰山。所有的事情都已经安排妥当，真宗于十月上旬启程前往泰山。"天书"被载以玉辂，真宗一马当先。一般文武百官随从，后面还有一大批供役人员，一行人组成了浩浩荡荡的队伍，经过17天，终于抵达泰山。在山下斋戒三天后开始上山。在山上举行了祭祀仪式，然后在次日前往社首山进行祭祀。宋真宗将乾封县改名为奉符县；封泰山神为"天齐仁圣帝"；封泰山女神为"天仙玉女碧霞元君"；将"登泰山谢天书述二圣功德之铭"镌刻于泰山山顶唐摩崖的东面。接下来，便是一系列的庆祝活动。这次"东封"，包括到曲阜祭孔在内，一

## 第六章 七帝八陵（上）

共用了47天，演绎了一场彻彻底底的闹剧，而宋真宗也成为中国历史上封禅泰山的最后一位皇帝。为此，朝廷耗费了不少银子，导致了国家的财政亏空，为以后的国家经济发展埋下了隐患。自此，中国古代就没有了帝王东封泰山的说法，封禅泰山的历史从此结束。但是真宗并未放弃"以神道设教"的事业，而奉承他的人依然在为他"歌功颂德"，几至达到"全国上下如病狂热"的地步。三年之后，真宗受人鼓动，再次前往山西汾阳，"祭祀后土"（亦称为"西封"）。可以说，他在临终时，将这种自我欺骗的行为看作是维持其统治地位的一种手段。

赵恒崩于乾兴元年（1022），享年55岁，在位25年，谥号为文明武定章圣元孝皇帝，庙号真宗，葬永定陵，后累加谥至膺符稽古神功让德文明武定章圣元孝皇帝。赵恒好诗书，擅长书画。谚语"书中自有黄金屋，书中自有颜如玉"就是出自于他，其目的在于鼓励人们读书科举，参与政治，这样才能更好地管理国家。宋真宗不仅为北宋的经济发展做出了重大的贡献，而且为宋辽之间的稳定发展奠定了基础。

家属成员：有五位皇后。章怀皇后潘氏，宋初名将潘美第八女，于赵恒即位前去世，后追封为皇后。章穆皇后郭氏。章献明肃皇后刘娥，于赵恒去世后垂帘听政，把持朝政达十余年之久，对北宋政局产生过重要影响。后来被追封为皇后的章懿皇后李氏（李宸妃）、章惠皇后杨氏。除去早期过世的两位皇后，后面的刘娥、李宸妃、杨氏都是"狸猫换太子"的参与人员。杨氏与刘娥关系非常好，是仁宗的养母之一。

赵恒活下来的儿子没有几个，六个儿子只活下了一个，即宋仁宗赵祯，其生母是宫人李氏；两个女儿中只有一个女儿活了下来，从小便入了道，号清虚灵照大师。

主要功绩：咸平之治、澶渊之盟。

《宋史》评论："真宗英悟之主。其初践位，相臣李沆虑其聪明，必多作为，数奏灾异以杜其侈心，盖有所见也。及澶洲既盟，封禅事作，

159

祥瑞沓臻，天书屡降，导迎奠安，一国君臣如病狂然，吁，可怪也。"

这段话先是肯定了真宗，但是在与辽澶渊结盟之后，封禅之事兴起，祥瑞之物纷至沓来，天书屡次降临，拜迎祭奠，这些曾使全国的君臣像发了狂一样，就很奇怪了。

澶渊之盟是真宗的功绩之一，但也是让他处于争论旋涡的原因之一。这个结盟种种的好处前面已经说过，但它的坏处也显而易见，似乎以后的君主都想着通过签和约来避免战争。

不过真宗或许认为澶渊之盟的好处更大吧，所以之后就觉得自己可以泰山封禅了，觉得自己创造的太平盛世可以永久地保留下去……

每一个人身上都有优缺点，更何况一个皇帝，真宗除去对国家治理有方，还有一个优点，就是很会挑选妻子。他一直宠爱的刘娥后来成了北宋的第一位摄政皇太后，她任用名臣和平过渡政权并培育明君，在选妻上面，或者也是真宗的一个功绩吧。

## 五、宋永昭陵（仁宗陵）

皇陵位置：孝义区，位于县城内，距离永定陵5000米左右，相对来说比较远。

下葬时间：嘉祐八年（1063）十月十七日。

皇陵概况：陪葬墓是慈圣光宪曹皇后墓，在永昭陵的东北角。永昭陵是北宋皇陵中保存最完整的皇陵。

仁宗的陵墓里有一件特别的陪葬物品，便是他的一匹纯白的骏马。仁宗并未忘记战事，他训练了几十万大军，不怒自威，以至"边将无功吏不能"，所以没有大的战役。金兵攻陷中原后，曾经对宋陵进行过大规模的挖掘，但碍于宋仁宗的声望，始终没有毁坏永昭陵，在七帝八陵中只留下了昭陵。当昭陵地下宫殿被挖掘的时候，仁宗的战马遗骸可能还会被发现。

嘉祐八年（1063）十月，葬仁宗赵祯于永昭陵（今巩义市中心），召集4.67万名人将士修陵，历时7个月，耗资50万两，钱150万贯，丝绸250万匹，耗费占北宋国库年收入的一半。永昭陵尽管经历了数千年的风吹雨打和战争洗劫，但至今仍然保持着皇室园林的宏伟壮丽。

**永昭陵挽词三首**

欧阳修

行殿沉沉画翣重，凄凉挽铎出深宫。

攀号不悟龙胡远，侍从犹穿豹尾中。

赵祯去世之后，停丧于宫中福宁殿，宣庆使石全彬等前往巩义，选定了两处地点为陵址。一永安县，现在的芝田镇。二孝义堡。当时群臣商讨，要在永安县建立陵墓，必须迁移数千人，工作量和时间都很紧张，担心无法按时完工，所以建陵在孝义堡。昭陵建好后，曾被认为不是吉祥之所，因为"地名和儿原，非佳兆"，"和儿"简单来说就是与儿有冲突，不利于嗣皇帝，三年后，他的继位者宋英宗赵曙就驾崩了，应了"和儿"的谶语。

永昭陵是唯一一座按照史实和考古发现修复地表结构的陵墓，现在永昭陵庭台楼观林立，青松相间，青树葱茏，鸟鸣阵阵，重现了永昭陵雄伟肃穆的历史风貌。

陵主生平：宋仁宗赵祯（1010—1063），宋朝第四位皇帝。初名赵受益，宋真宗的第六子，母亲是李宸妃，大中祥符七年（1014）封庆国公，大中祥符八年（1015）封寿春郡王。

## 宋太祖陵密码

宋仁宗生性慈爱，待人宽宏大量，喜怒不表现于外表。天禧二年（1018）九月八日，他被册封为皇太子，乾兴元年（1022）二月十九日，宋真宗逝世，遗诏令太子即皇帝位，赵祯当时年仅13岁，尊皇后为皇太后，代行处理军国事务。

他执政数十年，对臣民仁慈，让人民得以安居乐业，使得宋朝发展到了鼎盛时期。宋仁宗知人善用，在位时期名臣辈出，社会稳定，经济昌盛，科技、文化等方面有了很大的进步。仁宗年间，政府正式发行了世界上最早的纸币"官交子"（与"私交子"相比）。

包拯在担任监察御史和谏官期间，屡屡犯颜直谏，唾沫星子都飞溅到仁宗脸上，但仁宗一面用衣袖擦脸，一面还接受他的建议，并没有责备他。有一次，包公以三司使张尧佐是庸才为由要罢免他的职务，张尧佐是仁宗宠妃的伯父，这让仁宗很是头疼，于是就把张尧佐调到了节度使的位置上，但包拯依然不肯，态度越来越强硬，率领七位文臣与仁宗辩论。仁宗生气地说："谁敢说张尧佐？节度使不过是个粗鲁的官员，有什么好争的？"七人中排名最末的唐介毫不犹豫地说："太祖、太宗都是节度使，恐怕不是一个简单的官。"张尧佐最终没能当成节度使，仁宗回到后宫后，告诉张贵妃："汝只知要宣徽使，宣徽使，汝岂知包拯为御史乎？"

"忍把浮名，换了浅斟低唱"的柳永，好不容易才通过了考试。但在仁宗看来，他不适合做官，还是填词的好，就给划掉了。宋仁宗说："你自饮自酌，又何必虚名？"柳永于是反唇相讥，说自己是"奉旨填词"。对仁宗冷嘲热讽的柳永不但没被杀头，填词也没受影响，而且还写得比以前还要大胆，也因此，柳永非但不生仁宗的气，还"愿岁岁，天仗里，常瞻凤辇"。意思是：老百姓希望年年都能看到宋仁宗的仪仗，瞻仰到宋仁宗的风采，天下百姓都拥戴宋仁宗。

上述几个例子表明，这是一代君王的胸襟。这样的事情，放在古代，可不多见。所以，历代的史家都把他称为"守成贤主"。

仁宗的善于纳谏还成全了千古流芳的包拯。包青天的出现实在是政治清明的产物，因为皇帝的清明，有了包青天产生的政治环境。不管是遭到反唇相讥，还是被喷上一脸唾沫星子，仁宗都很清醒、很民主。他并不觉得自己会失去龙威，能接受的，他就接受；暂时无法接受的，他也懒得理会。但他从不会对提出异议的人进行反击，反而会宽慰他们。

仁宗时期，不但有包拯，而且还有"求之千百年间，盖示一二见""先天下之忧而忧，后天下之乐而乐"的范仲淹，以及提倡文章"明道、致用"，引领了北宋古文运动的欧阳修。仁宗皇帝在庆历初还推行了"庆历新政"。

北宋中叶，尤其是仁宗时冗兵甚多，总兵力125.9万人，占赋税十分之七。真宗、仁宗两朝土地兼并更严重，公卿大臣大都占地千顷以上。仁宗后期，"势官富姓占田无限，兼并冒伪，习以为俗，重禁莫能止焉"，最后"富者有弥望之田，贫者无立锥之地"。

由于土地的吞并和冗官、冗兵、冗费等问题日趋突出，仁宗任命范仲淹等人进行了一系列的变革。

庆历新政由范仲淹十大政策揭开序幕——明黜陟、抑侥幸、精贡举、择官长、均公田、厚农桑、修武备、减徭役、覃恩信、重命令。但由于反对党的力量太过强大，新政很难推行，于是在一年四个月之后，就被叫停了。"庆历新政"是王安石变法的"试金石"。

仁宗时期，没有大规模的对外征战，国内也没有什么大的改革。当时最主要的军事冲突在于西夏，夏景宗李元昊登基之后，改变其父夏太宗李德明时的国策，展开宋夏战争。宋军在延州、好水川和定川三次大战中都吃了败仗，韩琦和范仲淹也被打得落花流水。然而原本打算直接进攻关中的西夏军，在原州知州景泰的顽强抵抗下，被打得溃不成军，西夏攻占关中的战略目标也随之落空。由于西夏常年战乱，实力难以支

## 宋太祖陵密码

撑，最终两国达成了协议：夏向宋称臣，宋人每年给西夏绢15万匹、银7万两、茶3万两，号称"庆历和议"，庆历和议取得了近半世纪的和平。

辽兴宗时以萧惠陈兵宋境。其后，宋与辽达成协定，以增加岁币为条件，维持澶渊之盟的和平协议，史称"庆历增币"。

不过，要知道，岁钱对于宋国来说，并不是什么大问题，与军事开销相比，岁钱的开销根本不值一提。宝元年间，陕西的支出为1551万贯；宝元二年（1039）爆发宋夏之战，陕西的财政支出达3363万贯，几乎亏空。辽国失去南下劫掠的经济诱因，也是辽、宋能维持百年和平的重要因素之一。

皇祐四年（1052），侬智高作乱，大军横扫广西和广东。仁宗任命狄青、余靖率领大军南征。次年，狄青在昆仑关外打败了侬智高。至和二年（1055），侬智高死于大理国，乱平。

宋仁宗生性恭俭仁恕，百司上书请扩大苑囿，宋仁宗说："吾奉先帝苑囿，犹以为广，又为何扩大？"

宋仁宗曾多次关心图书文化事业。景祐中，由于三馆藏书多有失真、谬乱不全，仁宗命翰林学士王尧臣、史馆检讨王洙、馆阁校勘欧阳修等人编纂、整理，在庆历元年（1041）成《崇文总目》66卷。《崇文总目》是宋朝的重要著作。嘉祐五年（1060），仁宗又下旨搜集藏书："建隆初，三馆聚书，仅止万卷。然而今秘府所藏，比唐开元旧录，遗逸尚多，宜开购赏科，以广献书之路。"意思是，建隆初年，三个馆的藏书才1万卷左右，但今秘府中的典籍，比唐时的书要多很多，故现在购买藏书，以求更好的典籍。规定每献1卷馆阁所缺之书，赏丈绢1匹，及献500卷，特与文资。翌年，闰月，朝廷颁布了一道旨意："凡吏民有以书籍来献者，令史馆视其篇目，馆中所无则收之。献书人送学士院试问吏理，堪仕职官者以闻。"当年，就有三礼涉弼、三传彭干、学究朱载等人，响应号召献书，仁宗命其分置于各书府，授以涉弼等人科名，以作嘉奖。仁宗还命人修《嘉祐搜访阙书录》一卷，作为搜访依据。

嘉祐八年（1063）三月二十九日，54岁的宋仁宗去世了，整个大宋都为之悲恸。《宋史》记载："京师罢市巷哭，数日不绝，虽乞丐与小儿，皆焚纸钱哭于大内之前。"当他的死讯传到洛阳时，市民们自动停市哀悼，洛阳城的天空里到处都是燃烧的纸钱，以致"天日无光"。他的去世还波及边远的山间，一名大臣去四川办事，途经剑阁，看见山沟里的妇女们也头戴纸糊的孝帽，为皇上的逝世而悲伤。

宋仁宗赵祯驾崩的消息传到辽国后，"燕境之人无远近皆哭"，辽朝皇帝耶律洪基也是大吃一惊，冲上来抓住宋国使者的手号啕痛哭，说："四十二年不识兵革矣。"又说："我要给他建一个衣冠冢，寄托哀思。"据记载，辽道宗曾谓左右曰："我若生中国，不过与之执鞭持，盖一都虞候耳！"

乾兴元年（1022）二月，宋真宗驾崩，仁宗即帝位，年仅13岁。初由太后刘娥垂帘听政。次年改元天圣，宋仁宗在位41年间曾多次更改年号，明道二年（1033）太后死，宋仁宗开始亲政，改年号为景祐，之后又先后改年号为宝元、康定、庆历、皇祐、至和、嘉祐。宋仁宗是两宋时期在位时间最长的皇帝。

其陵墓为永昭陵，谥号为体天法道极功全德神文圣武睿哲明孝皇帝。史家把仁宗在位及其亲政治理国家的时期称为"仁宗盛治"。

"仁政"历来是古代政治中的一种至高理念，在宋仁宗以前，历代皇帝都极少将"仁"作为庙号。虽然很少有人想成为战争的受害者，但人们总愿意记住那些会打仗的皇帝，而忘记了像仁宗那样以"仁"治理国家的"仁主"。

家属成员：仁宗一共有三位皇后。第一任是郭皇后，但是被废为净妃。

第二任是有名的慈圣光献皇后曹氏。

第三位是温成皇后张氏。实际上在《宋史》中，并不认为她是皇后，而认为她是贵妃。关于曹皇后与张贵妃的恩怨，在前面已经做了简单的讲述。

关于郭皇后被废，其实是很难想象的，仁宗以"仁"为主，为何还会出现废后一事呢？在北宋被废的皇后并不多。

从郭皇后入宫开始就似乎有所预示。

宋仁宗已经到了成亲的年纪，皇太后刘娥特意挑选了几个有身份的女子进宫。宋仁宗看中了上骁骑卫上将军张美的曾孙女张氏，要把张氏选为皇后。但刘娥觉得张氏比不上平卢军节度使郭崇的孙女郭氏，宋仁宗只得依刘娥之命，将郭氏封为皇后。刘娥死后，郭皇后没了依靠，但她不仅没有学会忍让，反而与其他妃子们发生了争执，引出了宋建国后的首次"废后"事件。

那时候，后宫两个美人尚氏和杨氏是最受宠爱的。尚美人的父亲因为自己的女儿受宠而封官加爵，这件事在京城引起了不小的轰动。这让郭皇后很是恼火。尚美人深知宋仁宗对郭皇后的厌恶，所以时常在宋仁宗面前说郭皇后的坏话。这一日，尚美人当着宋仁宗的面，对郭皇后冷嘲热讽，恰好被郭皇后听到了。郭皇后勃然大怒，就要给尚美人一巴掌。宋仁宗一看情况不对，赶紧上前劝阻。郭皇后抬起手掌，但这一掌用尽了全身力气，控制不住，正中宋仁宗的脖颈。

郭皇后手指甲锋利，在宋仁宗的脖间割开了两条口子。宋仁宗感觉到自己的脖颈处一阵灼热，当即勃然大怒，但他性格文弱，纵然愤怒，却没有发作，和尚美人一起离开。

宋仁宗被打后，尚美人不断煽风点火，让宋仁宗越发气愤。一旁的宦官阎文应趁机说："在寻常百姓家，妻子尚不能欺凌丈夫，陛下贵为天子，竟然受皇后的欺凌，这可如何是好？"宋仁宗没有说话。宦官又指着宋仁宗脖子上的伤说："陛下颈上血痕宛然，请指示执政，应该作何处置?"宋仁宗受到煽动,愤然让宦官去召宰相吕夷简前来。

吕夷简与郭皇后有恩怨。在此以前,宋仁宗想摆脱刘太后执政的阴影,除宰相吕夷简外,罢免了曾经依附太后刘娥的大臣。有一次,宋仁宗和郭皇后在后宫谈论此事,仁宗特别强调了吕夷简的忠心,因为吕夷简曾极力主张将宋仁宗的亲生母亲李氏安排入宫。郭皇后只道,吕夷简是个谄媚讨好刘太后的人。宋仁宗觉得郭皇后说得在理,便把吕夷简贬了下去。宦官阎文应与吕夷简的关系很好,他对吕夷简说,郭皇后一句轻描淡写的"夷简独不附太后邪?但多机巧,善应变耳",导致他被罢相。吕夷简知道后,愤恨异常。数个月之后,谏官刘涣上奏折,特别提及当年他力劝刘太后让宋仁宗亲政,却惹来刘太后的怒火,险些丧命,最后被吕夷简所救。宋仁宗又认为吕夷简是一位忠臣,便又将他召入朝堂。吕夷简虽恢复了官位,却对郭皇后颇有怨气,恰巧郭皇后失手打了宋仁宗,这才让吕夷简有了复仇的可能。

吕夷简一来,就说郭皇后有失风度,不足以母仪天下。宋仁宗虽然对皇后有怨气,但一听宰相提到废后,还是比较谨慎,说:"皇后虽然可恨,但废后一事,还是要慎重。"吕夷简说:"废除皇后之法,自古就有。光武帝是汉代的明主,其皇后仅因为怨怼而被废。何况今日皇后打伤了陛下!"阎文应亦在旁边赞同,说郭皇后在中宫坐了九年,始终无子,理应废除。宋仁宗激愤起来,下决心把郭后给废了。

宋仁宗要废皇后的事情一出,满朝皆惊。御史孔道辅、谏官范仲淹、同知谏院孙祖德、侍御史蒋堂等十余人,纷纷向朝廷请愿,坚决反对宋仁宗废黜郭皇后。但吕夷简已经做好了充分的准备,抢先一步下令有司不得接纳台谏章奏。宋仁宗在大臣们还没有来得及反对的时候,就下了一道废后诏书,宣布郭后无儿无女,自愿退位修道,封为净妃、玉京冲妙真人,赐名清悟,住在长宁宫中。

而范仲淹等人眼睁睁地看着自己的折子无法送到皇上的面前,没有别的办法，便一起跑到皇帝寝宫门口进谏。这可是史无前例的事情。众臣跪倒在宫门前，恳求皇上对答郭皇后被废一事。但不管范仲淹等人怎么说，门口的侍卫官都把门关得严严实实，不予通报。孔道辅焦急万分，走到门口，一把抓住铜环，用力敲打着，高声叫道："皇后被废，累及圣德，为什么不听我们谏官的意见？"很快，有内侍在门外禀告，让进谏的大臣们到中书政事堂与宰相对话。

孔道辅、范仲淹等人抵达中书时，吕夷简早已等候多时，可见他早有准备。孔道辅一见面就向吕夷简发难："大臣对皇后来说，就像儿子对待父母一样。父母不和，可以劝他们和解，怎么能只顺从父亲而不要母亲呢？"吕夷简反驳道："废除皇后之法，非今之始，汉、唐皆有之。"孔道辅愤怒地说道："朝中的君王，应当像尧、舜那样的圣人，为何要以汉唐失德为参照？"

大臣们登时一拥而上，声讨吕夷简。吕夷简无可奈何，只好拱手说："各位还是去见陛下力陈吧。"然后匆忙离开。

第二日，孔道辅等人进朝，正欲与吕夷简商议此事。但宋仁宗的诏书突然到来，说："伏阁请对，盛世无闻，孔道辅等冒昧径行，殊失大体。"仁宗将孔道辅、范仲淹逐出京，其余官员则被罚了6个月的俸禄。于是，废后一事就这样定下了。

景祐元年（1034）八月，仁宗震怒，又发了一道旨意，列举了郭净妃、尚美人和杨美人三个错误，将郭净妃从瑶华宫赶了出去，尚美人出居洞真宫，杨美人别宅安置。

不过后来宋仁宗对郭氏十分挂心，派人去询问，并赐以乐府，郭氏和答之，言词哀伤。宋仁宗曾暗中传旨要她进宫，郭氏说："如果再次召见，必须由百官立班上册才行。"也就是说要恢复皇后的地位。当时仁宗早已娶曹氏为皇后，无法答应她的要求。

景祐二年（1035）十一月，郭皇后微恙，仁宗命阎文应和太医前往，结果那天郭皇后突然暴毙，年仅24岁。朝廷内外怀疑阎文应下毒，但是没有什么证据。

景祐三年（1036）正月，宋仁宗深悼郭氏，追复皇后，但停办赐谥号、上封册及附祭庙庭之礼，葬奉先寺。

仁宗的三个儿子都早亡，于是在景祐二年（1035），仁宗将幼年的赵曙接入皇宫，赐名为赵宗实，交给曹皇后抚养。仁宗的众多公主中也只长大了四五个。

主要功绩：仁宗盛治、节俭爱民。

《宋史》评价："仁宗恭俭仁恕，出于天性……吏部选人，一坐失入死罪，皆终身不迁。每谕辅臣曰：'朕未尝詈人以死，况敢滥用辟乎！'至于夏人犯边，御之出境；契丹渝盟，增以岁币。在位四十二年之间，吏治若偷惰，而任事蔑残刻之人；刑法似纵弛，而决狱多平允之士。国未尝无弊倖，而不足以累治世之体；朝未尝无小人，而不足以胜善类之气。君臣上下恻怛之心，忠厚之政，有以培壅宋三百余年之基。子孙一矫其所为，驯致于乱。《传》曰：'为人君，止于仁。'帝诚无愧焉！"

对于仁宗的评价似乎也是有些小争议的，他的功绩是真宗的澶渊之盟奠定的基础，仁宗本人除了天性宽厚还有一个优点就是听话，也幸亏仁宗遇见的都是明臣。国家不是没有弊端，然而不足以牵累治世的国体；朝廷不是没有小人，然而远不足以压倒善良忠厚之人的正气。君臣上下怜悯老百姓的心情，忠诚厚道的为政原则，可以说对培养宋王朝300多年的根基起了作用。

乾隆说过，平生最佩服的三位帝王，除了爷爷康熙和唐太宗，就是宋仁宗了。或许乾隆当时也想成为仁宗这样的君主。

可见像仁宗这样好性子的君主也并不好碰见，这也是那些明臣们的幸运吧。也并不能怪仁宗行事过于温和，在和平年代，大家想要的就是这样一个宽和大度、仁厚的君主吧。把"仁"发挥得如此淋漓尽致，或许就是仁宗最大的功绩吧。

## 六、宋永厚陵（英宗陵）

**皇陵位置**：孝义区，位于县城内，与永昭陵相距 500 米，在永昭陵的西北方向。

**下葬时间**：治平四年（1067）八月二十七日。

**皇陵概况**：陪葬墓是英宗宣仁圣烈高后陵，在陵西北角。园陵建制与仁宗曹后陵相同。园陵遗址和石刻较完整。后陵的后边还陪葬有燕国公主，墓碑已出土，上书"宋故燕国公主追封记"。厚陵西北还有三座陪葬墓，墓主为英宗另外两个儿子赵灏、赵頵以及一个孙子赵俊。不少材料上说，狄青和杨六郎也陪葬在永厚陵，但是并不确定。

永厚陵在北宋的陵墓中并不起眼，但确是史料中记载最详尽的一座。北宋的一个官员李攸，曾经亲临英宗葬礼，对于这一次的墓葬，有着极为详细的记载。其中就提到过，永厚陵是上、下两层的石地宫，埋葬了各种明器，还有英宗最喜欢的古董。谁都知道，皇帝地宫的情况，是皇室的最高机密。虽然史书都会有记载，但是肯定不会有太多的细节，这就相当于让后人得到了第一手的信息，李攸却在《宋朝事实》一书中记载了很多关于永厚陵的事情，这也是后世盗掘古墓者觊觎永厚陵的原因之一。

**陵主生平**：宋英宗赵曙（1032—1067），原名赵宗实，后改名赵曙，是濮王赵允让之子，过继给宋仁宗为嗣，是北宋第五位皇帝，也是北宋第一位以宗子身份继承大统的皇帝。

宋英宗自幼被没有儿子的仁宗带到宫中，取名赵宗实。嘉祐七年（1062），被立为皇太子，改名赵曙，封巨鹿郡公。赵曙于嘉祐八年（1063）登基为帝，之后，任命老将韩琦等人，不愿进行变革。在位期间并未与辽、西夏发生战争。

起初，江宁节度使赵允让（仁宗后册封为"濮安懿王"），梦到两条巨龙随日而下，便用衣物接住。到了明道元年（1032），赵曙降生于宣平坊宅第，红光照遍居室，有人看见黄龙在红光中游动。

赵宗实生性孝敬，喜欢看书，从不做游手好闲的事情，穿衣风格也是简陋如儒士。他常穿着朝服见他的老师，说："你是我的老师，不敢不以礼相见。"当时吴王宫教授吴充进呈《宗室六箴》，仁宗把它交给宗实，赵宗实把内容写在屏风上来约束自己。

宝元二年（1039），仁宗的亲生儿子豫王赵昕出生后，赵宗实离开皇宫，回到生父赵允让身边。豫王赵昕于庆历三年（1043）正月去世，皇祐二年（1050），赵宗实的官职升为右卫大将军、岳州团练使。

嘉祐三年（1058），濮安懿王逝世后，其随身携带的玩物被分予诸位皇子，而赵宗实则将其所得全部赏赐给了王府中安葬父亲后就要离开这里的王府旧人。那些宗室子弟中有人借了金带却拿铜带还，主管的人把这事告诉他，赵宗实说："这真是我的带啊！"便接受下来。他还曾让殿前侍者帮他卖掉犀带，那犀带值钱30万贯，被弄丢了，赵宗实也不追问。由此可见赵宗实不那么计较钱财，但也过于宽和了。

嘉祐三年（1058）六月，宰相韩琦和龙图阁直学士包拯都在仁宗面前提立皇太子的事情，仁宗说后宫又有怀孕的，这件事以后再说。结果没多久，仁宗的后宫确实生孩子了，但是个女孩。当时赵宗实刚好为生父赵允让逝世服丧。

嘉祐六年（1061）十月十二日，朝廷打算起用赵宗实担任秦州防御史，赵宗实以守丧期未满而推辞。赵宗实四次上奏推辞，朝廷才允许他继续守丧。守丧完毕之后，赵宗实又被授予秦州防御使、知宗正寺，他

## 宋太祖陵密码

再次推辞。嘉祐七年（1062）八月初四，赵宗实被立为皇子；初九，改名赵曙。

赵曙得知圣旨后，以身体不适为由，拒绝成为太子，请潭王宫教授周孟阳撰写奏疏，周孟阳做了些劝诫，赵曙连忙拜谢。奏疏上了十多遍，仁宗没有同意，下旨安国公、从谷等人一起去劝谏，于是文武百官到赵曙卧室扶起他送入皇宫。赵曙这才同意当太子，并告诫舍人说："谨慎地守好我的屋舍，皇上有了后嗣，我就回来。"

此后，赵曙每天两次朝拜仁宗，偶尔也会到宫中服侍。

嘉祐八年（1063）三月，仁宗逝世。四月初一，曹皇后发布遗诏，让赵曙继承皇帝位。群臣纷纷入朝，悲恸不已。韩琦宣读了仁宗的旨意。赵曙到东殿接见文武百官，正式即位，是为宋英宗。四月初二，大赦天下，赐百官爵加一等，奖赏各军。

赵曙想为仁宗守丧三年，于是下令韩琦担任兵部总管，大臣等都不同意，赵曙才收回了他的旨意。四月初四，赵曙生病。韩赟等将英宗登基的事情告诉了契丹。四月初五，赵曙尊奉曹皇后为皇太后。四月初八，赵曙下诏请求皇太后共同处理军国要事。

一日，赵曙告诉赵顼："依照古代的体制，士大夫的儿子迎娶了皇上的闺女，公主们因为身份高贵而回避了岳父岳母的身份，这实在是不合常理。我老是在思考这个问题，连睡觉都觉得心神不宁，难道为了财富，就违背了长幼有序的伦理吗？我可以下令，让相关的人把这种规定给改了。"赵曙却因为生病，没有如愿。

自仁宗时期开始，赵曙开始对内阁中的官员进行废黜，并与群臣商议；同时，又颁布了旨意，将各级官吏的调任时间加以延长，从某种意义上减轻了"冗官"对国家经济的负担。为了招揽人才，赵曙命宰相举荐有才华的人才，担任国中的一员。

赵曙在位时，封桩库、左藏库等国库空虚。以治平二年（1065）为例，这一年宋朝岁入虽达 11613 万银两，但军费等开支达 12034 万银两，已是捉襟见肘。

赵曙还非常重视读书和书籍的编写整理。司马光在治平元年（1064）将《历年图》呈给赵曙，得到赵曙的高度赞扬。

治平三年（1066），赵曙命司马光设立一个专门编修《资治通鉴》的机构。赵曙答应司马光聘请助手建立书社，撰写历代皇帝和大臣的故事，批示将书局设在崇文院内，特允许其借调龙图阁、天章阁、昭文馆、史馆、集贤院、秘阁的书籍。不仅如此，赵曙还批准提供皇帝专用的笔墨、缯帛，划拨专款，供给书局人员水果、糕点，并调宦官进行服务。赵曙的批示，极大地改善了司马光编修史书的条件，使得《资治通鉴》的编纂工作从一开始就有了很好的基础。司马光在之后 19 年中，一直致力于《资治通鉴》的编纂工作，以回报赵曙对他的厚爱。

赵曙在登基之前，就对苏东坡有所耳闻，对其极为敬佩。赵曙登基后，本来打算按照唐朝的惯例将苏轼召入翰林院，但宰相韩琦说："苏轼是能成大器的，将来必定会被皇上所重用，只要朝廷好好栽培他，天下读书人都会为皇帝效力。那时，人心所向，也就不敢有人对此有异议了。倘若现在突然重用苏轼，天下士大夫恐怕会怀疑他的能力，这对苏轼是极为不利的。"

赵曙又问韩琦："让苏轼修起居注怎么样？"韩琦说："修起居注与知制诰官职性质相同，官品接近，恐怕也不太合适。"赵曙只好命苏轼在史馆试用。

赵曙于治平四年（1067）在福宁殿病逝，终年 36 岁，在位五年，谥宪文肃武宣孝皇帝，庙号英宗，葬于永厚陵。元丰六年（1083）十一月，加谥体乾应历隆功盛德宪文肃武睿圣宣孝皇帝。

家属成员：宋英宗的皇后文宣仁圣烈皇后高氏（1032—1093），小字滔滔，亳州蒙城（今安徽蒙城）人，宋神宗之母。

**宋太祖陵密码**

　　高氏在管理方面有着极强的天赋。执政期间，勤俭廉政，励精图治。这位皇后是北宋晚期政坛的铁娘子。

　　宋英宗的四个儿子和四个女儿俱为高滔滔所生，他继承皇位之后，除了高滔滔之外，再无其他嫔妃。曹太后曾经派人暗中传信给自己的儿媳妇和外甥女高皇后："皇上登基这么长时间了，病也治好了，身边怎么会没有一个侍御者呢？"高皇后听了婆婆兼姨妈的话，很是不满，回答说："奏知娘娘，新妇始得嫁'十三团练'耳，即不曾嫁他官家。"在治平三年（1066）年底，赵曙生病，大概是为了冲喜，高滔滔依曹太后之意，替自己的夫君挑选三名嫔妃。

　　宋英宗有四子：宋神宗赵顼、吴荣王赵颢、润王赵颜（早亡）、益王赵頵。四女其中一女早亡。

　　主要功绩：因为英宗在位时间太短，所以并没有什么特别的功绩。《宋史》评价："昔人有言，天之所命，人不能违。信哉！英宗以明哲之资，膺继统之命，执心固让，若将终身，而卒践帝位，岂非天命乎？"

　　《宋史》更多侧重在英宗的运气上，英宗看起来并不想成为皇帝，但是最后还是成为皇帝，可惜因病早逝。说不好这是有运气还是没运气了。只能说英宗这几年并没有给国家添乱，或许这就可以算是功绩之一了。

# 第七章

## 七帝八陵（下）

# 宋太祖陵密码

赵宋建国300余年，历经北宋和南宋，在中国漫长的历史中，是唯一一个未被内战所颠覆的朝代。鉴于这一点，中外学术界对宋朝及宋陵的研究从来没有停止过，而宋朝所开创的文明与文化也在不断地对全世界产生着巨大的冲击和影响。宋代这个影响深远的时代已经被埋葬在了时间的尘埃里，但是随着墓葬学的出现和发展，人们对赵宋的故事也有了更多的了解。

## 一、宋永裕陵（神宗陵）

皇陵位置：八陵村区，位于八陵村东南。

下葬时间：元丰八年（1085）十月二十一日。

皇陵概况：这个陵区的陪葬墓很多，有四座皇后陵，神宗向皇后陵（其陵在裕陵西北）、朱皇后陵（哲宗生母）、陈皇后陵（徽宗生母）和徽宗王皇后陵（钦宗生母，其陵在裕陵东北）。

此外，还有徽宗的明达、明节两个皇后陵，据《河南府志》载，明达皇后刘氏陪葬显恭皇后（徽宗王皇后）陵园。明节皇后刘氏与明达皇后并园立祠，群众称娘娘庙，俱陪葬神宗陵。但是这个后陵现在已无遗迹可考。

陵主生平：宋神宗赵顼（1048—1085），初名仲铖，宋英宗长子，北宋第六位皇帝。

## 第七章 七帝八陵（下）

治平元年（1064）封光国公，后晋封淮阳郡王、颍王。治平三年（1066），被立为皇太子。治平四年（1067），赵顼即位，次年改元熙宁。由于对疲弱的政治深感不满，加上一向推崇王安石的才华，赵顼登基后，便下令王安石进行改革，力图重振北宋，史称"王安石变法"，又称"熙宁变法"。

赵顼即位时，北宋的统治面临一系列危机，军费开支庞大，国库消耗巨大，官吏腐败，官僚机构臃肿而政费繁多，再加上每年向辽国和西夏进贡大量岁币，导致朝廷年年亏损。据《宋史·食货志》记载，治平二年（1065）北宋财政赤字达到1750多万两。在豪强兼并、高利贷剥削、税赋不断增加的情况下，农民经常发生叛乱。在内外忧患、财政拮据的情况下，赵顼开始质疑宋太祖和宋太宗的"祖宗之法"。赵顼有着远大的志向，敢于突破常规，坚信改革是解决当前困境的唯一途径。为使国家富裕，缓解社会矛盾，挽救封建统治的危机，他不治宫室，不事游幸，废去元老，起用王安石主持变法。他在王安石的协助下，进行了两宋史无前例的政治、经济、军事等方面的变革，对赵宋的统治产生了深远的影响。

熙宁元年（1068）四月，王安石奉旨进京，赵顼一听说王安石要到京城，大喜过望，立刻把他叫到了皇宫里。赵顼会见了王安石，听了王安石关于政治、财政、经济、军事等方面的政策，深感王安石就是能与自己成就大业的人才。王安石也被赵顼雄心勃勃、富国强军的雄心壮志所感动，君臣二人为了同样的理想和信仰走到了一起。不可否认，赵顼的"变法"理念能够在登基初期得以落实，与王安石的大力扶持息息相关。

熙宁二年（1069）二月，赵顼任命王安石为参知政事，主要负责变法事宜。同时调整了人事安排，组成新的执政班子。变法方向大致可以分成三个方面：富国之法、强兵之法和取士之法。新的法律也陆续颁布。

## 宋太祖陵密码

可是新的法律一经颁布，立即引来了满朝文武的谴责和痛斥。他们不但在思想上和利益上攻击新法，还在思想上和道德上大肆抨击王安石。说王安石"变祖宗法度""以富国强兵之术，启迪上心，欲求近功，忘其旧学""尚法令则称商鞅，言财利则背孟轲，鄙老成为因循，弃公论为流俗"。面对朝廷的议论声，王安石不为所动，喊出了"天变不足惧，人言不足恤，祖宗之法不足守"的口号。赵顼站出来，力挺王安石，说："人臣但能言道德，而不以功名之实，亦无补于事。"他提倡道德与名利并举，反对保守派空谈道德、不参与政治的实践。在这场争论之中，赵顼将一群反对改革的官员罢免了。

熙宁三年（1070），王安石被提拔为同中书门下平章事，位同宰相，拥有更多的权力，于是农田、水利、青苗、均输、保甲、免役、市易、保马、方田等新法相继颁布，变法进入了高潮阶段。为了更高效地实施和推行新法，赵顼特地设立"制置三司条例司"，这是制定户部、度支、盐铁三部规章的具体机构，由王安石和知枢密院事陈升之主持。在这个机构中，赵顼在王安石的推荐下，任命了一些新人。

虽然赵顼大力推行改革，但实施的难度很大，因为它侵犯了大官僚、大地主和大商人的特殊权益，所以变法一开始就受到了强烈的抵制。这个反抗势力有太皇太后、太后和神宗皇后的拥护。同时新法本身有很多缺陷，因此也受到了某些正直官员的强烈反对，比如苏辙、韩琦、司马光。神宗也开始犹豫。王安石早就料到了这些保守党的反对，可是变法内部的分裂，却让王安石受到了极大的打击。而这时的神宗也不像前几年那样对王安石言听计从，有时甚至不重视他的意见。王安石对神宗慨叹道："天下事像煮汤，下一把火，接着又泼一勺水，哪还有烧开的时候呢？"

熙宁变法让宋朝再次焕发出勃勃生机。新法律实施后，国库税收大大增加，社会生产力得到了极大的发展，开荒土地的规模扩大，达到了

7000 万公顷，产量也得到了极大的提升，各种矿的产量是汉代、唐中叶的数倍到几十倍，城市商品经济得到了前所未有的发展。宋代的军事力量也得到了很大的提升。

熙宁九年（1076），王安石因身体有病，多次提出辞呈。到了六月，王安石之子壮年而逝，王安石悲痛万分，精神更是被打击得不能专心处理政务。神宗只好让王安石辞去相位，出判江宁府。第二年，王安石甚至辞了江宁的职务，直至元祐元年（1086）逝世，王安石再未入朝。

王安石两次罢相，都是赵顼向守旧势力妥协的结果。赵顼此举虽然是想要保住自己的帝位，获得群臣、后族的拥护，可他想要以改革来发扬光大，这一点却没有改变。他一边安抚守旧派的大臣，起用曾被罢退降职的旧派人物，一边又要进行革新，平衡旧派的势力。

王安石第二次罢相后的第二年，赵顼改年号为元丰，从幕后走到前台，亲自主持变法，称为"元丰改制"。然而，变法依旧伴随着反对的声音，还是有很多人对改革提出了异议。赵顼本就因为王安石的退出而伤心，如今还要承受着沉重的负担，心中难免生出几分怒意。他决心采取更加严厉的措施，以惩罚那些反抗改革的人。赵顼并没有停下自己的改革，在他的不懈努力下，宋代已经形成了一个更加偏重于君主制的中央集权体制，其基本制度一直实行到宋朝末年未再有大的变动。

改革的内容究竟为什么让群臣反对呢？北宋中期冗官成灾，官吏数量巨大，人员大量增加，造成官职不符的情况，大量的官吏游手好闲，但又担任要职；工作没有效果，混日子的风气很普遍。这样的官场制度，对朝政是不利的。所以宋神宗在慎重考虑之后，决定进行一次官场变革。

首先，是整顿中央机构，使"台、省、守、监之官实典职事，领空名者一切罢去，而易之以阶，因以制禄"。合理整合机关，精减人员，以确保官吏的名实相符、有职有权。设立中书、门下、尚书三省，统管中央行政。中书省负责发布诏书，批准大臣奏折，任命重要人员，下设八个部门。门下省主管审议中书省所定事宜。尚书省为行政机构，设宰相，分六部，行使实际权力。兵部只负责保甲、民兵等事务，真正的兵权还是由皇帝和枢密院管。如此一来，就改变了宋代以后，朝廷官吏多而实职不足的局面，使"三省长官不预朝政，六曹不厘本务"的怪现象一去不复返。

其次，宋神宗统一了全国官员的俸禄。原来只领薪金的虚官，变成了对应的阶官，按照阶层，领取俸禄，以便于考核和使用官员，使"卿士大夫莅官居职，知使责任，而不失宠禄之实"，充分调动了官员的工作热情。

宋神宗的元丰改制，固然起了一些正面的作用，但是由于当时的情况，根本无法进行全面的制度变革，所以，他只是抱着美好的理想，并没有实现巩固的目标。

在一系列的变革中，教育方面的改革异议较少，州县设立了小学，朝廷直接领导太学，分外舍生、内舍生、上舍生三等，定期考试来选拔人才。外舍学生2000名，成绩优异的学生可升为内舍生；内舍300名学生，考得好的，升为上舍生；优秀的学生可以被挑选为官员。

宋代经济的发展为《资治通鉴》的编撰创造了客观的环境。赵宋王朝建立后，经济得到迅速发展，伴随着经济发展的是文化事业的勃兴，加之宋王朝实行右文政策，刻印技术的推广和造纸业的不断完善，推动了文化的发展。在北宋前期，《太平御览》《太平广记》《文苑英华》《册府元龟》等四大著作相继问世，这既是宋朝右文方针的成果，也是宋朝文化发展的一个重要特征。龙图阁、天章阁是收藏太宗、真宗著作的地方，收藏了大量的书籍。单是崇文院的藏书，根据仁宗年间所编的《崇文总目》，就有30669卷。这为编撰工作奠定了基础。在洛阳，神宗赠与司马光2400多卷的颍宅旧书，并为《资治通鉴》作序。

元丰八年（1085）正月初，因为宋神宗赵顼在与西夏的战争中一败涂地，他的精神状态变得更加糟糕，病情恶化。

神宗在治理国家的时候，对宋朝的边疆事务也很关心。他一改宋代自真宗时期起，对辽、西夏两国作出让步的做法，采取了对邻国的强势姿态，并立志要统一疆域。他在统治时期，曾参与过两次重大战役，一次是对交阯的反击，一次是征讨西夏。

交阯从仁宗朝之末开始，一直在骚扰宋王朝的边境。熙宁八年（1075）九月，在广西路（今广西壮族自治区扶绥），交阯军向古万寨发动了攻击。十一月，交阯出兵6万，由水、陆两路向广西路发起了大规模的攻势。熙宁九年（1076）二月，神宗派遣郭逵领兵与交阯军队作战。宋军大获全胜，夺回了大量的土地。十二月，宋军攻入了交阯，逼得交阯国王李乾德不得不臣服。自那以后，交阯再不能侵犯宋境内。

但是神宗出征西夏，结果并不好。神宗于元丰五年（1082）在银、夏边境修建永乐城屯军，目的是将兴州的西夏军围困起来。没想到，永乐城被30万人包围，永乐城失陷，宋军将领200余人，民夫、士兵在内20万余人伤亡。当消息传到汴京的时候，神宗在朝堂上痛哭流涕。他从此失去了斗志，继续维持着原来对西夏的纳贡和议。

因为神宗生病，大臣们乱成一团，王珪等人纷纷劝说赵顼尽快立太子。赵顼此时已经有了不祥的预感，无奈地点头同意了。神宗六子赵佣，改名为"煦"，被立为太子，朝政暂时交给太后代管。赵顼一生都在追寻自己的理想，他渴望建立一个强大的帝国，重现大唐的辉煌。随着这个梦的破碎，赵顼的生命也随之终结。同年三月，年仅38岁的神宗赵顼带着深深的遗憾离开了这个世界。他9岁的儿子赵煦继位，即宋哲宗。他倾注毕生精力的新政，在他去世之后，由其母高太后废止。但哲宗亲政以后，继续实行新政，许多改革举措直到南宋都还在实行。

元丰八年（1085），赵顼在福宁殿去世，享年38岁，在位18年，庙号神宗，谥号为英文烈武圣孝皇帝，葬于永裕陵。

**家属成员**：神宗一共有三位皇后，三位皇后都陪葬在永裕陵，14个儿子中长大成人的只有5个，其中六子赵煦是宋哲宗，十一子赵佶是宋徽宗。10个女儿中长大的也只有两三个。

**主要功绩**：王安石变法。

神宗主要的功绩就是王安石变法，然而可惜的是王安石变法最终还是失败了，这一功绩又成为神宗在位期间的一个缺点。变法失败主要在于神宗有变法之心，是变法的最大靠山，却没有完全实施变法的魄力。变法若是徐徐图之也未必不可，但神宗推行变法又很激进。最后变法失败，令人唏嘘。

## 二、宋永泰陵（哲宗陵）

**皇陵位置**：八陵村区，位于八陵村南，与永裕陵相距500米左右。

**下葬时间**：元符三年（1100）八月八日。

**皇陵概况**：陵园西北角外，有一皇后陵。据《东都事略》和《宋史·礼志》载，此陵应为哲宗昭怀皇后刘氏后陵。这个陵园的遗迹和石刻等，是北宋皇后陵中保存得最好的一处。

**陵主生平**：宋哲宗赵煦（1077—1100），原名赵佣，宋朝第七位皇帝（1085—1100年在位），宋神宗赵顼第六子，母亲为钦成皇后朱氏。

赵煦早年历封均国公、延安郡王。元丰八年（1085），他被立为太子，同年即位，年仅10岁，由祖母太皇太后高氏临朝听政。

赵煦成为太子并不是一帆风顺的，由于神宗的病越来越重，已经无力管理国事。宰相王珪率宰执进宫，提出了立太子的要求，由皇太后高氏一同听政。神宗已说不出话，只是点头首肯。

## 第七章 七帝八陵（下）

蔡确、邢恕两位重臣，都有意支持神宗年富力强的兄弟雍王赵颢、曹王赵頵，希望借皇太后高氏之侄高公绘与高公纪达成自己的目标，却被高公绘等人婉言谢绝。蔡确、邢恕眼见自己的计划行不通，于是决定支持赵佣也就是哲宗，以夺策立之功。蔡确到处宣扬自己的功劳，反过来指责高氏和王珪想要废掉赵佣。

不只是文武百官，就连赵颢、赵頵，也对太子之位十分关注。他们时常去皇宫探视神宗病情。看过神宗后，赵颢还径直去高氏处，想要打探消息，或者商议一些事情。神宗似乎也察觉到了弟弟的意图，只能怒目视之。神宗临死前，赵颢更是主动要求在神宗身边服侍。高氏知道大位更迭在即，一方面命侍卫禁止二王随意出入寝殿，一方面让人秘密赶制了一件10岁孩童穿的皇袍。

三月一日，高氏垂帘听政，王珪等人前来觐见，高氏当众夸赞赵佣沉稳聪明。自从神宗病倒后，他就开始抄录经文，为神宗祈祷，十分孝顺，高氏称赵佣已能背诵七卷《论语》，字也写得很漂亮。她还将赵佣所抄佛经传给大臣们看，让他出帘见王珪等大臣。王珪等人纷纷称贺。就在这一天，高氏宣布赵佣为太子，改为赵煦，皇储之争至此告终。

高氏起用司马光等人，重振旧制，这就是历史上的"元祐更化"。元祐八年（1093），高氏去世，赵煦开始亲政。赵煦亲政后，下令绍述并实施元丰新法，罢旧党宰相范纯仁、吕大防等，起用章惇、曾布等新党。在新党上台后，他又陆续恢复了免役、青苗、市易等新法。后来新党内部分裂，对新法产生了很大的冲击，党内斗争也越来越激烈。

神宗在世时，高太后并不赞同这场变革，在她执政后，司马光用太皇太后以母改子（神宗）作为废除新法的理论依据，意思就是她是母亲可以更改儿子的决定，这样新法逐渐被废除。元丰八年（1085）七月，首先废罢保甲团教，半年之内，方田均税法、市易法、保马法等相继被废。翌年初，司马光身患重病，委任吕公著废止此项法令，并提议废止免役法，不顾旧党中范纯仁、苏轼、苏辙等人"反对仓促废除新法，应进一步考察利弊"的意见，仍下诏五日内废除免役法，恢复差役法。当年八月，罢青苗法。九月，司马光去世，由吕公著继续"更化"。

然而，就在这时，由于政见、学术见解的分歧和大臣间互相攻讦，朝臣分化为以洛阳人程颐为首的洛党，以四川人苏轼为首的蜀党，以及以河北人刘挚、梁焘、王岩叟、刘安世等人为首的朔党。三党皆继承司马光废除新法的遗志，势力很大，洛、蜀两党势成水火。

元祐三年（1088），吕公著因年迈而辞官，吕大防、范纯仁分任左、右相。司马光执政之初，范纯仁就反对完全废除新法，认为废除免役法尤应慎重缓行。此时范纯仁任右相，借机攻击新党的章惇、邓绾，对旧党的苏轼、韩维多有维护。元祐四年（1089），范纯仁因不赞成过分贬逐新党蔡确，为朔党所攻击而被罢相。元祐六年（1091），朔党首领刘挚升任右相，同年也因结交变法派蔡确、章惇受到攻击而被罢相。

在高太后垂帘的八年中，旧党不但把持了朝堂，而且对新党的打压与排挤也没有丝毫懈怠。刘挚等竭力搜寻章惇、蔡确的逸闻，加以穿凿附会，对其进行诋毁，其中最典型的便是"车盖亭诗案"。此案是北宋立国以来，最严厉的一次文字狱，旧党利用高太后对蔡确等人的不满，搬弄是非，对新党进行了彻底的清洗。蔡确被贬出朝廷，并遭知汉阳军吴处厚报复而被贬到新州安置。旧党将司马光、范纯仁和韩维誉为"三贤"，而将蔡确、章惇和韩缜斥为"三奸"。他们把王安石、蔡确亲党的名册贴在墙上，作为警告。

"元祐更化"谈不上是政治改革，在经济政策方面，旧党也没有什么正面的贡献，仅仅是一次情绪的清盘。如果说，"熙丰变法"还是旨在解决国家社会问题，但"元祐更化"却让这个国家的问题根深蒂固。

赵煦自幼酷爱阅读，尤喜唐人律诗，他还精通书法。高太后听政时，军事上的事情都是她与其他几个大臣处理，赵煦还小，在朝政事务上也

## 第七章 七帝八陵（下）

没什么发言权。群臣也认为赵煦年纪尚轻，一切都要取决于高太后。赵煦坐在主位上，面对着高太后，文武百官都是背对着赵煦，没有回头向他汇报的。因此，赵煦亲政后在谈及垂帘时说，他只能看朝中官员的臀部和背部。

到了赵煦17岁时，本来高太后要还政，但她仍然积极地听政。这时，众大臣依然有事先奏太后，要听从太后的命令，也不劝太后撤帘。高太后和大臣们的这种态度让赵煦很是不爽，心中非常怨恨，所以在他上台之后，大力贬斥元祐大臣。虽然高太后和其他朝臣没有顾及赵煦的心情，但他们没有忽略对赵煦的教导。高太后任吕公著、范纯仁、苏轼和范祖禹等人为侍读，希望赵煦能做一名忠于先贤、通晓经文的帝王。

元祐四年（1089）十二月，有传言说皇宫里要找奶娘。范祖禹上书高太后批评此事，言辞激烈。高太后向众人说明，是神宗遗留下的几个小公主年幼，还需奶娘照料。但她私下将赵煦身边的宫女唤去审问。高太后这么做，固然是想要庇护赵煦，但也让赵煦有一种喘不过气来的感觉，让他心中生出一股叛逆之意。

更让赵煦无法忍受的是，高太后对自己的亲生母亲朱氏实在是太严厉了。朱氏是个贫苦人家的女子，自小便经历了许多磨难，进宫之后，先是做了神宗侍女，之后生了赵煦、蔡王赵似，还有徐国长公主，直到元丰七年（1084），她才被册立为德妃。朱氏温柔恭顺，对高太后和神宗向皇后都是十分尊敬。赵煦登基之后，向皇后被封为太后，而朱氏则是以太妃自居，并未得到足够的礼遇。在如何对待朱氏这个问题上，朝中有人想降低皇帝生母的等级，以彰显垂帘的太皇太后的地位；有人主张尊崇朱氏，以显示天子的孝道。但是高太后想打压朱氏，一直等到了元祐三年（1088）秋天，才允许朱氏的舆盖、仪卫、服冠都可以和皇后一样。赵煦亲政后，立即下令让母亲的待遇完全与皇太后向氏相同。从赵煦母亲的待遇问题，我们可以看到一个错综复杂的政局。

高太后和元祐大臣的所作所为，给赵煦带来了极大的负面冲击。少年老成的赵煦面对不将自己放在眼中的高太后和元祐大臣，也会用他自己的方式表示反抗。每次大臣向赵煦和高太后奏报时，赵煦都是一言不发。有一次，高太后询问赵煦，他怎么不发表意见。赵煦回道："娘娘已处分，我还有什么好说的。"

赵煦常使用一个旧桌子，高太后吩咐人把它替换下来，可是赵煦把它要了回去。高太后问他原因，赵煦答："是父皇（神宗）用过的。"高太后大为悲恸，心中清楚他将来必会对自己的措施不满。

刘挚曾经上奏折，请高太后教赵煦辨别君子和恶人。高太后说："我经常跟他说，他却不以为然。"高太后越想越着急，自然也就越不能放弃自己的权力。

当赵煦长大后，不仅旧党成员，连高太后也都感受到了一股新党崛起的政治氛围。元祐八年（1093）八月，高太后病重，她在哲宗面前对范纯仁、吕大防说："先帝追悔往事，至于泣下，这事官家应该好好记着。老身殁后，必然有很多人来教唆官家，希望官家不要听。"

九月，高太后病故，赵煦开始亲政。赵煦将神宗变法时的重要人物章惇召回，次年改元"绍圣"，以示绍述之意，追谥王安石为文，允许其配享神宗庙廷；大力打击元祐大臣，追贬司马光，并贬谪苏轼、苏辙等旧党于岭南（今广西、广东、海南一带），甚至直指高太后"老奸擅国"，要剥夺她的皇太后头衔和特权。

赵煦对司马光以母改子的做法很是不满意，对元祐老臣早年冷落他、高太后各种打压他的做法也很是不满，故而对旧党怨念丝毫不比当初在元祐时受到重创的新党差。绍圣初年举行郊祀大礼，按照惯例，朝廷会发布特赦令，甚至可以免除人的死刑。有大臣请示赵煦，能否宽恕被贬的旧党官员，赵煦一口回绝。绍圣四年（1097），有人建议让谪居岭南的刘挚等人"稍徙善地"，以"感召和气"，赵煦却笑称："刘挚等安可徙。"

## 第七章 七帝八陵（下）

赵煦的这些言行相当于宣判了旧党政治上的死刑。

赵煦在新政时期，重用章惇、曾布等革新分子，将王安石改革中的保甲法、免役法、青苗法等予以恢复，以减轻民众的压力，从而改善了国家的状况。

新党上台以后，各种新法相继得以实施，并针对当时实行的新法的弊端进行了一些修改，使之更加容易实施。但新党也采用了一些元祐时制定的法规，不像元祐时的旧党那样，对熙宁和元丰时期的政策都是持否定态度。当时的政治也比较清明，如赵煦亲政七年，章惇独相，"不肯以官爵私所亲"，即使四子接连中举，也只有季子章援曾被授为校书郎（从八品），其余都"随牒东铨仕州县，迄无显者"，就是很好的例证。

赵煦在执政期间，对守旧派的打击愈演愈烈，成为主要政事，而非以革新为主，其状况与元祐时代的保守主义者执政的情形相似，新旧党派斗争一直没有得到妥善的处理。与此同时，经济上绍述虽以恢复新法为号召，实质上只是恢复元丰年间实施的条例，熙宁新法注重发展生产的内容被阉割了，而在抑制兼并势力等方面，比起元丰来更大为倒退，社会改革的进步属性已经荡然无存。

在此之后，执政的新党对西夏采取了更严厉的军事措施，在边境修筑了一条长1000多公里的防线，同时也击溃了西夏的进攻。

元祐时期，为了加强边疆，宋廷采取了折中路线，将米脂、浮图、葭芦、安疆四寨归还，以表示对西夏的友好。但梁氏作为西夏后裔，一心想要以武力取胜来稳固政权，其求和之心并不十分强烈。所以，宋廷开始重新思考如何设定边防战略。

元祐六年（1091）二月，环庆路战区统领章楶，建议采取浅攻之计。他认为大抵战兵在外，守军乃敢坚壁，主张只要知道了西夏的行踪，立即下令各将兵马出城，"择利驻扎，高险远望，即不聚一处"，"贼马追逐，又令引避"。选一个有利的地方，地势较高，可以眺望远方，不能聚集。马群追赶，让他们退走。如此一来，敌人就会有更多的顾虑，无法继续进攻和洗劫。西夏若敢长驱深入，宋军就可以从后方偷袭。

元祐七年（1092）十月，西夏梁太后亲自率领号称数十万的兵力，以马岭为中心，对环州和乌兰、肃远、洪德、永和一带发起了猛烈的进攻。章楶先遣皇城使折可适等部，向马岭进发，于庆州兵分两路，并向环州附近百里的水源下毒。后又派兵5000人赴援环州，准备对西夏的反击。此役，宋军斩得首级千余，坠崖及被毒死者无法统计，缴获马600余匹、驼900余匹。

《宋史》编修者评说："夏自平夏之败，不复能军，屡请命乞和。哲宗亦为之寝兵。楶立边功，为西方最。"这足以标志着哲宗一朝在外交和军事上的成就。

赵煦亲政之后，就下定决心，重启河湟之役，对青唐地区的唃厮啰政权出兵。据陈均《九朝编年备要》等史料记载，结合赵煦执政后的情形，王赡和王厚因在青唐内部发生了分歧，借宋朝绍述之机，同献议复故地，在大臣章惇的大力支持下，宋廷终于下决心出兵。

宋朝放弃鄯州、湟州以界吐蕃，时间长达十余个月。宋方从一开始就很成功，一直都是处于绝对的优势。宋军于元符二年（1099）六月起兵。七月，副将王赡首次越过黄河，从陇西朱黑城出发，顺利攻取邈川。八月，吐蕃的头目胡征自青唐投降。王厚的强力合作，使整场战斗得以成功。九月，王赡占领青唐，宋以青唐为鄯州，以邈川为湟州。但宋军占领河湟后，遭遇吐蕃的反抗，此时宋军后方供应不继，只好于次年撤出河湟。

"元祐更化"时期，旧党恢复了"熙宁变法"时期已经废止的诗赋取士，以诗赋、经义两类录取进士。到赵煦亲政后，完全恢复新法，"诏进士罢诗赋，专习经义，廷对仍试策"。在科举中更是以策论试题明确表示朝廷的主张，以应试者是否斥责元祐主政者司马光等来定是否录取，开

## 第七章 七帝八陵（下）

了党争直接干预科举的先河。

赵煦执政时，曾发布《黄帝针经》给高丽，将《册府元龟》运送到高丽，以促进文化和科学技术的交流。

赵煦的身体一向不好，从小就患有咳血之类的顽症。元符二年（1099）八月，赵煦宠爱的贤妃刘氏，诞下一子赵茂，哲宗大喜，不顾阻力，封刘氏为皇后即昭怀皇后。可是九月二十五日，赵茂夭折，赵煦伤心欲绝，辞朝三天。四天后，刘氏的女儿扬国公主突然病逝，宋哲宗又为之辍朝三日。这件事使赵煦受到的冲击很大，他的病更加严重。

元符三年（1100）正月，赵煦病重，无法上朝。同月十二日，赵煦在福宁殿崩逝，年仅25岁，在位15年。四月，谥号宪元显德钦文睿武齐圣昭孝皇帝，庙号哲宗。八月，葬于永泰陵。

家属成员：赵煦登基之时，太后高氏便将眉州防御使兼兵马都虞候的孙女孟氏立为皇后，即昭慈圣献皇后。赵煦却偏偏喜欢容貌出众、才华横溢的刘氏（昭怀皇后），将刘氏由美人晋封为婕妤。

刘氏得了赵煦的宠爱，平日里嚣张惯了，连孟皇后都瞧不上。一次冬至朝会，后妃们按不同等级坐在形制不同的座位上，但刘氏别出心裁，把自己的座位装饰得同孟皇后的一样，所有人都对她不满。就在这个时候，有人叫道："太后来了！"众嫔妃慌慌张张地站起来，等了半天也不见太后的踪迹，众人纷纷坐下。这时，有人耍了个小花招，把刘氏的座椅偷偷抽走了。刘氏一屁股跌到了地上，惹得众人一阵大笑。她认为是孟皇后指使人干的，于是去找赵煦告状。再后来，孟皇后卷入了宫廷中的巫术事件，赵煦下令太监彻查此事，最后决定废除孟后，命其出居瑶华宫，号华阳教主、玉清妙静仙师，法名冲真。关于孟皇后巫蛊案，《宋史》认为与刘氏有关，《续资治通鉴长编拾补》则有整段关于孟皇后及亲属行巫蛊之事的细节。

之后，刘氏又生了一儿一女，先后被册封为贤妃、皇后。

## 宋太祖陵密码

元符三年（1100），哲宗驾崩，徽宗赵佶继位。在向太后的授意下，徽宗恢复了孟氏皇后的名号，尊其为元祐皇后，排在元符皇后（刘氏）之上。第二年，向太后崩，不久后，在崇宁元年（1102），孟氏再次被废黜，再居瑶华宫。

靖康二年（1127），徽宗赵佶与群臣商量，重新封孟氏为元祐太后，但不料圣旨尚未发出，金军已攻入宫中，徽宗、钦宗被掳，史称"靖康之祸"，因为孟氏是被废的皇后，所以孟氏才没有被金军俘虏得以活命。

哲宗生一子四女，除了两个女儿，其他子女全部夭折。

主要功绩：元祐更化、绍圣绍述、平夏城之战。

哲宗相对于他的父亲来说，变法要稍微温和一些，当然这也是神宗留下的基础，平夏城之战也让哲宗成为宋朝几个皇帝中难得的在战争上获胜的君主。

《宋史》评价："哲宗以冲幼践阼，宣仁同政。初年召用马、吕诸贤，罢青苗，复常平，登俊良，辟言路，天下人心，翕然向治。而元祐之政，庶几仁宗。奈何熙、丰旧奸柄去未尽，已而媒蘖复用，卒假绍述之言，务反前政，报复善良，驯致党籍祸兴，君子尽斥，而宋政益敝矣。吁，可惜哉！"

相对来说，《宋史》对哲宗的评价还算比较高，哲宗即位初年召用司马光、吕公著诸贤，废罢青苗法，恢复常平法，起用良才，广开言路，天下人心，都安稳地趋向大治。从而使元祐年间的政治，几乎能与仁宗时期相比。只是可惜神宗熙宁、元丰年间的旧奸驱除未尽，时间不长，新党被构陷诬害，导致旧奸被复用。

如果哲宗再活得长久一些，或许北宋的历史就会不一样了吧。

葬在北宋皇陵的几位皇帝在执政上都是可圈可点的，可是最终还是落得一败涂地，让人意难平。而后来的徽、钦二帝又到底在哪里下葬了？他们又经历了怎样的人生呢？

## 三、宋永佑陵与永献陵（徽、钦二帝陵）

园陵位置：众说纷纭。极有可能二帝去世后，归葬巩县宋陵，同时宋陵筑有徽宗衣冠冢。

下葬时间：绍兴十二年（1142），金世宗同意将徽宗遗骸归还，放在浙江绍兴的会稽山暂葬，并在巩县宋陵建了衣冠冢，陵名"永佑"，谥号徽宗。

南宋高宗绍兴二十六年（1156），钦宗被迫骑马狂奔，因为太过疲惫，从马上摔了下来，被马踩死。金世宗在南宋孝宗乾道七年（1171），以一品礼将宋钦宗下葬，陵名永献，谥号钦宗。

园陵概况：徽、钦二帝是在北宋末期被金兵所擒，并被送往北方，均死在我国东北的五国城。宋徽宗和宋钦宗的陵墓到底在哪，是一个多年没有解决的问题。徽宗被关在五国城内九年，于南宋高宗绍兴五年（1135）死在此城。

《南烬纪闻》记载了徽宗的死因和埋葬一事。据这本书记载，在金朝时徽宗遗骸已经不存在了，后来回到南宋，有人在开棺时，找到了一些骸骨，但具体是不是徽宗的遗骸就不得而知了，在形式上徽宗的灵柩应该已经埋入了南宋。

根据《历代陵寝备考》《夷坚志》所载，宋徽宗死的时候，想要埋葬在北宋境内，但是被金主拒绝了。当时有人在燕山给宋徽宗写了祭文："叹马角之未生，魂消雪窖。攀龙髯之莫逮，泪洒冰天。"

清乾隆《巩县志》记载："永佑陵，在县西南。徽宗北狩，同钦宗梓宫南还葬此。献陵钦宗陵附此。"

## 宋太祖陵密码

明嘉靖《巩县志》记载:"永佑陵,在县西南。宋徽宗房去,同钦宗梓宫奉还行在,葬于此。永献陵,宋钦宗陵,事同徽宗。"据上所记载,徽宗葬于巩县宋陵,原来陵区确两陵并存,实际上徽宗的陵是衣冠陵。

《历代陵寝备考》记载:"绍兴十二年八月,金人归葬徽宗皇帝,显肃皇后郑氏及懿节皇后邢氏之丧,丧至,帝易服,奉安龙德别宫,十月攒徽宗皇帝、显肃皇后于永固陵,寻改陵名曰'永佑'。"

《宋史·礼志》记载:"高宗绍兴五年乙卯,上皇帝徽宗卒于金,七年丁卯,始闻上皇之丧,帝成服,上庙号曰'徽宗'。绍兴十二年壬戌八月,金人归徽宗之丧夕……在会稽。""绍兴三十一年辛巳五月,钦宗殂于辛巳,其相隔二十有七载矣。孝宗乾道七年辛卯三月,金以一品礼葬钦宗于巩洛之原。"

据《文献通考》记载:"金人徙葬钦宗于巩洛原。而荆襄谍报及谓:'金以十万骑奉还陵寝以来,中外汹汹,边塞咸请增戍。'后卒无事。"

当时,金国派出了10万余名骑兵,保护着钦宗灵柩,却美其名曰"隆重举行葬礼",南宋人听说有10万金军在中原巩县驻扎,生怕金人趁火打劫,向长江进发,于是调集兵力,固守荆州和襄阳。

据《历代陵寝备考》记载:"孝宗乾道六年十二月,遣中书舍人赵雄如金贺生辰,别函书请陵寝。金主曰:'汝国何舍钦宗灵柩,而请巩洛山陵,如不欲钦宗之枢,我当为尔葬之。'七年三月,金葬钦宗皇帝龄巩洛之裕原,以一品礼。"

根据这些历史资料,徽宗和钦宗二位皇帝都是在北方去世的,徽宗死在东北五国城,钦宗死在燕京(今北京)。徽宗从形式上安葬于浙江绍兴,钦宗由金归葬巩县宋陵。金国埋葬钦宗时一并筑徽宗永佑衣冠陵。

徽宗衣冠"永佑陵"和钦宗"永献陵",位于清易镇,在巩县西。这里大地辽阔,地势南高北低。东、西为一望无际的陵区平原,其帝后、亲王子孙墓遍布。清易镇中央有一条南北河渠,全长大约1公里,把黄

## 第七章 七帝八陵（下）

土平原分成了两个区域。在村子的西侧，有一条通往高原的斜坡，斜坡上有一座关帝庙，因此这条路得名"庙坡路"。

这条斜坡是通往神宗永裕陵、哲宗永泰陵、徽宗永佑陵（衣冠冢）和钦宗永献陵的主路。进入陵区，就是一条从南到北的沟渠，之前这上面有一座桥，但是在开凿陵区的时候，为了土地平整，就将桥完全掩藏在了地下。徽、钦二帝的皇陵就在桥的东边，人们称之为"二圣冢"。之前这里是宋朝宗室的陵墓区，墓葬分布星罗棋布，后来徽宗衣冠冢和钦宗皇陵安置在其中。这两人都不是按照帝王规格下葬的，他们的陵台是按照一品官员的规格，是圆形的，不是覆斗形的。不过因为两人身份特殊，所以陵台要比其他的宗室陵台大一些。而且按照当时南宋的皇陵制度，不建陵园也不设石刻，所以两人下葬时也很随意，在众多的陵墓中并不明显，常人很难分辨。尤其是宋、金两国交战之际，政局不稳，金兵已经占据巩县，这里是两军交战的重点，当时金人匆匆掩埋了徽宗的衣冠和钦宗。

金国为了政治与军事的需求，安葬的时候，守卫森严，所以朝廷和民众对此事一无所知，这才有了后人的各种猜测，出现了很多关于徽、钦二帝葬地的说法。有说是葬在了北国，但这是不可信的，因为南宋朝廷为了讨回徽、钦二帝的遗骸，不惜付出巨额的赔偿，还割地求和。对金国而言，从政治、军事、经济等各方面来说都是值得的，所以遗骸肯定是归还了。

还有说是在绍兴埋了，这个说法有一定可能性，南宋皇帝和皇后去世后，都会暂时留在绍兴，等光复中原后，才会安葬在巩县祖茔。但是当时巩县在南宋与金国之间，比绍兴要近，金国不会舍近求远。《辍耕录》记载："杨坤在绍兴发掘徽、钦二陵、皆空无一物。徽宗陵有朽木一段，钦宗陵有木灯檠一枚而已。盖当时亦非真，不欲逆诈，亦以慰一时之人心耳。"

## 宋太祖陵密码

由此可见，杨坤在绍兴发掘徽、钦二陵时，墓内除了一截腐朽的木头和一盏灯笼之外，再无他物。至于说葬于高丽，则是无稽之谈了。首先是距离远，其次那里当时荒无人烟，并不适合埋葬。

徽宗在北国死后，已火化，南宋索要徽宗尸体，金方归柩南宋，南宋打开棺发现两段骨头，无论如何徽宗从形式上也算归葬南宋了，以慰当时人心。

宋徽宗生平：赵佶（1082—1135），宋神宗第十一子、宋哲宗之弟，宋朝第八位皇帝。哲宗于元符三年（1100）正月病逝时无子，向太后于同月立赵佶为帝。第二年改年号为"建中靖国"。

相传，在徽宗出生前，父亲神宗曾经去秘书省，看到南唐后主李煜的画像，一看此人容貌俊美，赞不绝口："见其人物俨雅，再三叹讶。"之后赵佶就降生了。"生时梦李主来谒，所以文采风流，过李主百倍。"虽然李煜转世重来的传闻并不可信，但赵佶确实和李煜有几分相似。徽宗从小喜好笔墨、书画、骑马、射箭、蹴鞠等艺术，对各种珍禽异宝、飞禽走兽情有独钟，他还特别擅长书画，在书画上面有非凡的天赋。

赵佶从小养尊处优，渐渐养成了轻佻浪荡的性格。赵佶长大后，沉溺于风月之乐，玩足球也是他的强项。赵佶的贴身丫鬟名叫春兰，花容月貌，才华横溢，是太后专门赐给他的，渐渐成为他的玩物。赵佶却不知足，他身为皇子，时常微服出入青楼，四处拈花惹草，只要是京都里的名妓，都与他有染，他甚至还把青楼女子带进王府中。登上皇位之后，他本性不改，对朝政之事不感兴趣，依旧是花天酒地。

元符三年（1100）正月，宋哲宗病逝，宰相章惇主张依礼立哲宗的同母弟简王赵似，若不然，应立长弟申王赵佖，而太后（神宗皇后）却认为自己没有儿子，神宗诸子皆庶子，排除患有眼疾的赵佖，所以主张立哲宗二弟端王赵佶。章惇认为赵佶过于轻佻不能为君，并用宋神宗的话反驳道："先帝尝言，端王有福寿，且仁孝，当立。"但太后在其他朝臣的支持下立赵佶为皇帝。第二年太后去世，这是赵佶25年执政生涯的开端。

太后在神宗时期就是守旧派，徽宗登基之后，与太后"权同处分军国事"。根据太后的意愿，徽宗委任了守旧派韩琦的大儿子韩忠彦为右相，革新派张惇、蔡卞等都遭到了攻击，那些被革职的保守党官员也纷纷官复原职。这一年的七月，在向太后还政之后，反对立徽宗为帝的章惇被罢相。此时，守旧派与革新派之争愈演愈烈，部分官吏主张摒弃成见，化解冲突。所以，改年号为建中靖国，以"本中和而立政""昭示朕志，永绥斯民"。然而，新老党派的斗争不但没有结束，反而越来越激烈。建中靖国元年（1101）十一月十一日，邓洵武首次提议徽宗应该绍述神宗，向韩忠彦发起攻击，并举荐蔡京为宰相。徽宗接受了他的建议，将次年定为崇宁元年，明确宣示放弃调和政策，改为崇法熙宁变法。

蔡京是一个政治投机分子，王安石变法时支持变法，元祐初支持司马光推翻新法，绍圣初又积极支持变法。徽宗登基后，他受守旧派攻击被贬，闲居在杭州，结交了赴杭搜集书画的宦官童贯，通过他，蔡京因其出色的书法得到了宋徽宗的认可。有官员因为徽宗对蔡京的信任，认为徽宗"必欲继志述事，非用蔡京不可"，在上书时极力推荐蔡京。

果然不久之后，蔡京成为左丞相，独相达三年之久。虽然后来两度被贬，但又再次为相或以太师之职把持朝政。徽宗末期，蔡京虽然致仕多年，但仍执掌三府之政。徽宗时期一直由蔡京和他的亲信统治天下，以绍述神宗的变革为名，来排除异己。

蔡京等为非作歹，贿赂公行，卖官鬻爵。"三千索（贯），直秘阁；五百贯，擢通判"，就是说只要给钱就会得到官职。他以各种名义，增加税收，掠夺百姓财富。比如征收所谓的经制钱，就是"取量添酒钱及增一分税钱，头子、卖契等钱，敛之于细，而积之甚众"，积累了大量财富。大兴土木，蔡京不仅在宫城之北建筑稍小于宫城的延福宫和规模更大的艮岳，甚至还借此机会，为自己建豪华宅第。为杜绝其他大臣的闲言碎语，圣旨也没有按照中书省草拟、门下省审核、上奏后颁布的流程，而是由徽宗亲书后即颁行，称作"御笔手诏"。蔡京等还让宦官杨球代书，自称"书杨"，以此来满足他们的私欲。

徽宗初期，太监杨戬首先设立了"稻田务"，在汝州（今河南）制定了一项法律，规定了耕种的田地向百姓收索民户田契，直至无契可证，才能将超过原始田契的土地命名为"公田"，农夫就是"租农"，要缴纳一定的费用，然后再向黄河和淮河一带扩展。梁山泊（泺）绵延百余公里，在今天山东巨野、郓城一带，这里数县的渔夫赖以生活的地方也被按船只强制征收了税款，逃税的人都会被判为强盗。在李彦和他部下的肆虐之下，整个北方都陷入了一片混乱之中，小规模起义不断发生。

这里面最有名的就是"梁山好汉"，宋江于宣和元年（1119）在河北路发动起义，在同年十二月发展成为具有一定规模的"河北剧贼"。北宋朝廷曾下诏招降，但宋江并未接受招安，而是在第二年向京东路进军，被称为"京东贼"，在青、济、濮诸州活动。此时，南方的方腊举行起义，发展迅猛，亳州知州侯蒙上书称："（宋）江以三十六人横行齐、魏，官军数万无敢抗者，其才必过人。今青溪盗起，不若赦江，使讨方腊以自赎。"后来宋江率兵南下，山东临沂知州蒋圆假装准许起义军借道，然后袭击南下的宋江起义军，起义军伤亡惨重。宋江起义军于宣和三年（1121）南下淮阳，朝廷派兵追赶，起义军一路向南，直逼淮南路楚州（今江苏淮安），人称"淮南盗"。起义军后向北行进，二月，知州张叔夜在海州（今江苏连云港西南）"伏兵乘之，擒其副贼，（宋）江乃降"。

在北宋末农民起义中，规模最大的一支是方腊起义军。方腊是浙江睦州人，是个佣工，被"造作局"屡屡羞辱，他通过明教（摩尼教）等秘密教派起义，被里正发现，他便将里正斩杀。宣和二年（1120）十月，方腊在青溪县城成立了第一个据点。受到"花石纲"影响的两浙民众也

## 第七章　七帝八陵（下）

跟着起义，很快就占领了睦州和歙州。这件事情传到了开封，徽宗立刻派出了心腹宦官童贯，率领数万原准备攻辽的大军，几乎在同一时间，起义军占领了杭州，方腊拒绝了下属提出的夺取江宁和长江要道的提议，向南方进发，一举拿下了婺州、衢州、处州。

宣和三年（1121）四月二十六日，方腊被韩世忠俘虏，起义失败。其余的起义部队转移到浙东，到了八月，起义军终于溃败。方腊在被俘后，被押送到了开封，在八月底遇刺身亡。北宋在平定了"方腊之乱"之后，却并未吸取经验、改革政治，反而变得更加黑暗和腐朽。其时距北宋被金灭掉不过五年。

然而在十年前，北宋也想过要灭掉辽。政和元年（1111），郑允中、童贯出使辽国，辽人马植夜见童贯，向童贯提出了灭辽之策，童贯对马植很是看重，遂约马植来到开封。他向徽宗建议，宋派使者从登州（今山东蓬莱）、莱州（今山东莱州），过辽东，与女真国联合，一同消灭辽国，并夺取五代后晋割给辽朝的燕云十六州。马植深受徽宗赏识，赐名为李良嗣，后又赐姓赵。宋人在金建国后，曾经派人过海，但是都没有上岸就回来了。重和元年（1118）马政出使金国，口头表示，宋金联合进攻辽朝，金遣散将与宋商谈联盟事宜。宣和二年（1120），宋遣赵良嗣与马政出使金国，金人多次派使者到宋国，两国达成了合围之约。约定由宋军攻取辽燕京，金军收取辽中京，辽灭亡后，燕云地区归于宋，宋将原纳的岁币交给金朝，这就是历史上著名的"海上之盟"。

然而，因宋兵腐朽无能，几十万兵马先后两次进攻燕京，都被辽人击溃，燕京被金军占领。

宋国每年加付100万贯的赋税，并随同每年的"岁币"向金人进贡，以此来赎回燕云之地。宣和五年（1123），燕京及九州中的六州，都被宋国收复。但燕京百姓大多被金人俘虏到了东北，宋人得到的是一片荒芜的空城，残破不堪。而宋人则在燕山府路上建立了新的燕京。金太祖还

197

## 宋太祖陵密码

提出了让宋出钱赎回云州之地。五月，金朝许将朔（今山西）、武（今山西）、蔚（今河北）三州先归宋，尚未实行，金太祖于同年六月病逝。

金太宗在登基之时，也一直恪守着约定。宣和六年（1124），当时的金国主将宗翰和宗望都曾表示不同意山西与宋国的划界，太宗说："是违先帝之命也，其速与之。"

靖康元年（1126）八月，金太宗命东、西两路大军南下，宋兵部尚书孙傅将所有的希望都寄托在了郭京的身上，郭京自称精通佛道之法，说用"六甲法"和佛教的"毗沙门天王法"来对付敌人。但宋军不久就被金军攻克，金兵分四路，乘隙而进，占了汴京。宋钦宗遣使到金营请和，宗翰和宗望都不肯答应。

金帝将宋徽宗赵佶和宋钦宗赵桓贬为平民。靖康二年（1127）三月下旬，金帝将徽钦二帝、后妃、宗室、百官、乐师、工匠、法驾、仪仗、冠服、礼器、天文仪器、珍宝、珍玩、皇家藏书、天下州府藏宝、宋徽宗精金千字文等都押送到北方，汴京中的所有财物被洗劫一空，北宋覆灭。因为这件事情发生在靖康年间，所以被称为"靖康之变"。

据说，宋徽宗听说财宝被劫，还一副无所谓的样子，直到皇室的典籍被人洗劫一空，他才长叹一口气。宋徽宗在押解的路上，受到了极大的侮辱。他最疼爱的妃子王婉容被金将掳走。到了金国首都后，金帝命赵佶和赵桓一道穿着丧服，到金太祖的神殿，拜见金太祖，向金太祖献俘。后来，金帝羞辱宋徽宗，封他为"昏德公"，在韩州（今辽宁昌图）幽闭，后来被转移到了五国市（今黑龙江依兰）。

在徽宗的日子稍微平静下来之后，他开始看书和作诗词。徽宗酷爱阅读，甚至到了废寝忘食的程度。有一次，他看了唐朝李泌传，才发现李泌是一个忠心耿耿的人，为了国家的振兴鞠躬尽瘁，却遭到了很多人的嫉妒。徽宗看后深受感动。但是，徽宗意识到这一点时已经晚了。

宋徽宗在狱中遭受了极大的心理煎熬，他的诗歌中充满了遗憾、哀

## 第七章 七帝八陵（下）

伤、凄凉。例如："花城人去今萧索，春梦绕胡沙。家山何处，忍听羌笛，吹彻梅花。"

靖康二年（1127）七月，宋徽宗派遣大臣曹勋秘密从金朝逃往南宋，临走时，将自己的一套马甲递给他，上面刻有"你这来援救父母"的字样。宋徽宗将这几个字拿给众臣看，大臣们无不痛哭流涕。宋徽宗一边流下眼泪，一边嘱咐曹勋，一定要转告给康王赵构："不要忘了我北行的痛苦。"说着，他掏出一块白色的丝巾擦了擦眼泪，又将帕子递给曹勋，道："让皇上（高宗）深知我思念故国而哀痛泪下的情景。"

金天会八年（1130）七月，金朝又将二帝迁到五国城（今黑龙江依兰）软禁。抵达五国城时，只有140多人。在流放期间，徽宗仍爱好诗词。

宋徽宗被囚禁了九年。金天会十三年（1135）四月甲子日，宋徽宗终因不堪精神折磨而死于五国城，享年54岁。金熙宗把他安葬在河南广宁。

金皇统元年（1141）二月，金熙宗为了缓和与南宋的关系，追封死去的徽宗为天水郡王，并将钦宗封为天水郡公，提高了二人的级别，去掉了原封号中的侮辱含义。又以赵姓天水族望之郡作为封号，以示尊重。金皇统二年（1142），宋、金"绍兴和议"彻底完成所有手续。宋、金按照约定，将宋徽宗的遗体运送到浙江省绍兴市，高宗生母韦贤妃随徽宗灵柩回乡。

宋徽宗登基时，推行新法，颇有明君之气，他开创了一种被后世称为"瘦金体"的书法，他还热爱画花鸟画自成"院体"。但不久在蔡京等人的怂恿下，政局一蹶不振，金朝大军攻入京城，徽宗受李纲之言，匆匆禅位给太子赵桓。古往今来，他都是不可多得的全能型人才。后人称赞他说："宋徽宗诸事皆能，独不能为君耳！"撰写《宋史》的史家们，亦曾感叹说，如果当初章惇的意见被采纳，北宋也许是另一种结局。史家们还说，如"宋不立徽宗，金虽强，何衅以伐宋哉"。徽宗在位25年，国亡被俘，受折磨而死，终年54岁，葬于都城绍兴永佑陵（在今浙江绍兴），庙号徽宗。

家庭成员：徽宗有五位皇后。显恭皇后王氏，葬于裕陵西侧。显肃皇后郑氏，薨于五国城，享年52岁。明达皇后大刘氏（追封），明节皇后小刘氏（追封）。显仁皇后韦氏（追封），生皇九子康王赵构，宋高宗即位后被遥尊为"宣和皇后"。

他的贵妃有四人，其他有名有姓的妃子多达上百人。

徽宗17岁成婚，娶德州郡守王藻的女儿，登上帝位后，立王氏为后。王皇后容颜普通，素来节俭，虽为正宫，却不讨徽宗欢心。这时，徽宗最疼爱的就是郑、王二位贵妃，这两位都是太后娘娘的侍女，容貌俊俏，口才极好。徽宗为藩王时，每次去慈德宫拜见太后，太后都会命郑、王二人与他做伴。二人生性谨慎，又会拍马屁，深得徽宗的欢心，久而久之，向太后就察觉到了这一点，徽宗登基，向太后便把二人赐给他。徽宗得到了自己想要的，心中大喜。据记载，郑氏"自入宫，好观书，章奏能自制，帝爱其才"。郑氏不但美貌过人，还协助徽宗处理朝政。所以徽宗对郑氏的宠爱更多。徽宗曾数次赠郑氏情词艳曲，广为流传。王皇后过世，徽宗于政和元年（1111）册封郑氏为皇后。刘贵妃、乔贵妃、韦贵妃都是徽宗宠爱的妃子。刘贵妃虽然是平民，但花容月貌，进了皇宫后，即得到赵佶宠幸，由才人连升七级而至贵妃。可是，她的好日子并没有持续多久，在成为贵妃之后就死了。刘贵妃曾经亲自栽过几株芭蕉，那时她说："等它们长成以后，恐怕我也见不到了。"一旁的随从听到这话，急急向徽宗禀报，徽宗一开始并不以为意。不料两日后，刘贵妃病得很厉害，等他再来探视时，刘贵妃已经离世。徽宗伤心欲绝，又赐了"明达懿文"四字谥号，并将她的一生写进了诗词歌赋之中。

韦氏一开始是宠妃郑氏（显肃皇后）的贴身丫鬟。她和郑氏的另外一个丫鬟乔氏结为姐妹,她们约定在富贵之时,不要忘记彼此。乔氏得了徽宗宠幸,册封为贵妃,将韦氏介绍给了徽宗,韦氏也因此受到临幸。韦氏于大观元年(1107)生皇子赵构。韦氏不得宠,只生赵构一人。靖康元年(1126)十一月,金人以徽宗的儿子为要挟,康王赵构自告奋勇赴金为人质,徽宗册封韦婉容为龙德宫贤妃。

宋徽宗共有32个儿子,其中有25位活到了成年。

长子:赵桓(1100—1161),即宋钦宗,北宋末代皇帝。

宋徽宗还有34个女儿,然而北宋宫廷几乎所有的皇室成员和财宝都被女真人掠走,仅有三位皇室成员得以幸免,一个是宋徽宗第九子康王赵构,另两个是被贬为庶人的宋哲宗第一任皇后孟氏,以及宋徽宗第三十四女恭福帝姬(政和三年,即1113年,公主改称为帝姬)。

徽宗其他女儿都受到了金国将领的蹂躏与摧残。

比如安德帝姬赵金罗(?—1127):母显肃皇后郑氏,靖康之变后为金朝都统完颜阇母所占,于同年十月二十六日被折磨死于完颜阇母寨。

茂德帝姬赵福金(1103—1128):靖康之变时25岁,初嫁宣和殿待制蔡鞗,茂德帝姬容貌最美,因而为金人指名索要,为第一批送入金营者。茂德帝姬先为完颜宗望所占,又为完颜希尹所占。第二年,即天会六年(1128)八月即被折磨死于完颜希尹寨。

成德帝姬赵瑚儿(1110—?):母显肃皇后郑氏,初嫁向子房,入金后入洗衣院。

……

主要功绩:剿灭方腊农民起义,创立瘦金体。

令人悲哀的是,徽宗的功绩更多在于艺术成就,如果徽宗不是皇帝,只是一个闲散王爷,他或许是最幸福的。

宋徽宗之所以失去天下,不是因为他像晋惠帝那样愚蠢,也不是因为他不像孙权那样心狠手辣,也不像三国时期司马氏篡夺曹氏政权,只是因为他有点小聪明，疏远排斥正直之人，宠信奸佞小人。于是，蔡京凭借着他那狭隘卑劣、乖巧伶俐的资质，满足了徽宗皇帝骄奢淫逸的愿望。

宋钦宗生平：赵桓（1100—1161），宋朝第九位皇帝，也是北宋的最后一任帝王，宋徽宗赵佶长子，宋高宗赵构异母的哥哥，母显恭皇后王氏。在位一年零两个月。

赵桓出生于元符三年（1100），原名赵亶。政和五年（1115），立为太子。宣和七年（1125），受宋徽宗禅让登基，改元靖康。他是一个犹豫不决、反复无常、对政治问题缺少敏锐判断的人，是一个胆小而又不争气的君主，因为听信了流言蜚语，将李纲革职。金兵围攻汴京，他却无力抵抗。靖康之乱，他为金所擒，被贬为庶人。南宋绍兴二十六年（1156），驾崩于燕京，终年57岁，葬于永献陵。

宣和七年（1125），赵桓受父宋徽宗赵佶禅让登基，是为宋钦宗，改年号为靖康。他登基之后，就把蔡京和童贯等人都降职了，后来又提拔了李纲来对付金国。宋钦宗登基仅一年多时间，却走马灯似的更替了26名宰执大臣。对于朝廷政局，耿南仲、李纲、种师道都起到了至关重要的作用，然而他们提出的一些重大的国家政策没有被宋钦宗所采用，而采用了其中的几个重大误国之谋。

耿南仲在宋钦宗登基之前担任过14年的太子宫僚。宋钦宗登基第三日，任命耿南仲为签书枢密院事，耿南仲因惧怕金军而逃出开封。耿南仲上任以来，最大的劣迹就是清除异己，以及"主和议"以签书枢密院事抗金国。这两项罪过，尤其在现在这种危急关头，对北宋的灭亡产生了巨大的影响。

金兵入关后，宋朝一片混乱。当时还是太常少卿的李纲，在军中崭露头角，成为兵部尚书。

李纲是一名不懂军事的文臣，在危急关头，却能将开封的防御体系布置得井井有条，多次将敌军逼得节节败退。他在平民中获得了很高的名声，但也引起了许多人的强烈嫉妒。宋钦宗任命李纲为守卫，却不能给他全面的权力，也不听从李纲的劝告，只想着屈辱求和。

李纲当众指责耿南仲挑拨离间，让两人之间的关系更加恶化。在宋军首次攻太原失利后，耿南仲趁势说："要支援太原，就必须用李纲。"宋钦宗当即命李纲为河北、河东路宣抚使。那时，陈过庭、陈公辅、余应求都看出耿南仲等人的心思，说李纲"不知军旅，将会战败""被群臣所困""不可派"。李纲自己也有自知之明，他"再拜力辞"，说他"且误国事，死不足以塞责"。宋钦宗听了这些流言蜚语，勃然大怒。李纲至此不得不就任出行。

太原战役是北宋王朝生死存亡的重要战役。太原沦陷，使得金军南下，与东路军会合，宋军在两次营救中损失惨重，开封沦陷已是板上钉钉的事情。

靖康元年（1126）十一月，开封外城被攻克后，聪明的金军没有立刻进攻，而是先占据了外围城墙，然后虚伪地提出了和谈。钦宗竟相信了此事，于是派使者前往金营求和。金将宗翰说："自古以来就有南北之分，现在我们讨论的是割地。"他又"请求"太上皇去金国交涉。这是一种命令，而非要求。徽宗哪里有勇气拒绝？无奈之下，钦宗只好让他代替皇帝去了。

闰十一月三十日拂晓，钦宗率领多位文武官员到金营处，恰好落入了金人的陷阱。钦宗到了金营，金兵将领并未接见，而是派人索要降表。钦宗不敢违逆，急急命人写投降书。但金人仍不满足，并命令须用四六对偶句写降表。钦宗迫于无奈，说事情到了这一步，也就没有什么好在意的了。大臣孙觌又修改了四次，才得到了金人的认可。这份投降书的主旨，无非是在金人面前卑躬屈膝、求饶。

呈上降表后，金人又提出要太上皇前来，在钦宗的哀告下，金人不再坚持。然后，金人在北边的斋堂上摆了一张香桌，令宋朝君臣面北而拜，恭恭敬敬地念着投降书。当时大雪纷飞，钦宗君臣被如此羞辱，都默默流下了眼泪。投降仪式结束，金人满足了，让钦宗回去。钦宗自入金营，深感耻辱，被迫做了金人臣子，想到这里，心中悲恸，泪水止不住地往下流，来到南熏宫，钦宗看到了前来迎接的大臣和民众，放声痛哭。他很感激，因为他的子民们还在担心他的安危。到了皇宫，他还在哭泣不止，宫廷内外更是哭声震天。钦宗初赴金营，历尽劫波，三日后归来，恍如隔世。

钦宗一回到宫中，金人便向他索要金1000万锭、银2000万锭、帛1000万匹，这简直是漫天要价。那时候的开封已经被金人搜刮一空，根本无法凑齐。可是钦宗被金人打怕了，一直忍气吞声，命人收缴金银。金人索要骡马，开封府用重典奖励揭发，方才搜得7000余匹，京中的马匹为之一空。金人又索要少女1500人，钦宗不敢怠慢，甚至让自己的妃子来抵数，这些少女不甘受辱，死了不少。至于金银，钦宗觉得国库里的钱不够，于是命权贵商贾出资，以奖赏军队。这是一种掠夺，凡是反对的人，都会受到重罚，就是郑皇后的家人也不例外。就算是这样，也没有多少银子，百姓被逼自尽者甚众，开封城内一片狼藉萧条景象。

虽然钦宗领导下的北宋王朝疯狂地向金人献媚，但是金人仍不满足，金人威胁说要纵兵打劫，并要求钦宗与金人重新谈判。钦宗被吓出一身的冷汗，刚刚被困在金营的阴影还没有消退，现在新的恐惧又袭上心头，这一次只怕是凶多吉少了。钦宗最终还是不能违抗金人的命令，只得再次去了金营。

钦宗抵达金营后，受到无比冷遇，宗望和宗翰根本不见他，甚至将他安排在兵营西边的房间里。房间里的摆件很简单，除了桌子和椅子，只有可供睡觉的一铺土炕。外面戒备森严，傍晚时分，金兵用锁链将房门牢牢锁着，钦宗君臣完全失去了活动自由。此时正是寒冬腊月，开封

## 第七章　七帝八陵（下）

附近下着大雪，气温异常寒冷。钦宗白天要挨饿，夜里还要承受彻骨的冷气，翻来覆去，难以入眠。这一切都是由他和他的父亲徽宗共同促成的。

宋朝官员多次请求金人放回钦宗，但金人对此置之不理，扬言金币和绸缎一天不凑齐，就一天不让钦宗回来。听到这个消息，宋廷立即加快了搜刮速度。开封府派出官员，直冲百姓家里搜查，肆意妄为，宛若抓贼。百姓5家为保，彼此监视，若有隐瞒，可以揭发。甚至福田寺的贫民、僧侣、歌舞杂技艺人等，都被列入名单。到了一月底，开封府军一共收集了16万两黄金、200万两白银、100万匹衣缎，却远远达不到金人要求的数量。宋朝官员到金军中交付金银，金人骄横跋扈、百般侮辱。自钦宗赴金营后，风雪不止，汴京的人早就没有了食物，吃了城里的树叶和猫狗后，就割饿殍为食，再加上瘟疫，饿死了无数的人。境况之惨，非笔墨所能形容。

但金人并未就此放弃，转而抢夺其他财物，以换取黄金和白银。所有的祭天礼器、天子法驾、各种图书典籍、大成乐器甚至百戏所用服装道具，都被他们收集了起来。他们还大肆掳掠女子，但凡容貌不错的女子都会被抓起来，供金人享用。那时候，王时雍是最努力劫掠女人的官员，人称"金人外公"。开封知府徐秉哲也不肯示弱，为了巴结金人，他把衣衫褴褛、体弱多病的女人装扮后，整车整车地送入金营，弄得开封城内怨声载道、民不聊生。

灭宋乃是金人一贯的政策，因此，虽然宋朝的皇帝和大臣们都对金人言听计从，但是金人仍然决定废除钦宗。钦宗于靖康二年（1127）二月六日被贬为平民。

金太宗下诏废徽、钦二帝，降为平民，强制剥掉二帝龙袍，随行的李若水则搂住钦宗身体，痛骂金人是畜生，金人一剑割断了他的喉咙。金人立张邦昌为皇帝，设立了一个傀儡政府。但是，这一傀儡政府不得

## 宋太祖陵密码

人心。

金人又开始搜刮金银，甚至连女子的发簪都被抢走了。开封府担心金银不够，金人无端挑衅，于是在开封附近建立了一个集市，以粮食来换取金银。因为京城长期被围攻，食物贫瘠，百姓的金银也无所用，于是都用来换取大米。如此一来，开封府的银子就多达数万两。但开封已经被洗劫了好几次，金银已尽，还不够凑齐金人要的。金人无奈，只能放弃。

金军将领得知康王赵构在河北有军事调动，企图切断金人的后路，金人害怕自己的力量不够，无法在中原广阔的土地上实施有效的管理，于是，在建立了一个傀儡政府后，便开始撤退。在撤离的时候，他们还把开封郊区的许多房子都给烧了。东至柳子，西至西京，南至汉上，北至河朔，在这个广大的地方，金人杀人像割草，恶气熏天。这造成了广大民众的严重灾祸，其罪恶之严重，可恨至极。

四月一日，劫持大批金银财物的金军分两队撤退。一队由宗望押送徽宗、郑皇后、亲王、皇孙、驸马、公主、妃嫔等人，于三天前从滑州北上。一队是宗翰押送的，其中有钦宗、朱皇后、太子、宗室以及孙傅、张叔夜、秦桧等一些不愿臣服的大臣，他们沿着郑州北上。除此之外，还有朝廷中的各种礼器、古董、典籍、宫人、太监、工匠等，被抓的人不下10万，整个北宋国库都被掏空了。金兵所过之地，万物皆灭。这样一场大浩劫，造成了宋王朝无法愈合的创伤，也成为历代文人志士们努力奋斗的精神力量。

钦宗出发时，他披着一顶草帽，穿青布衣，骑着黑马，在金人的押送下，显得十分狼狈，不仅是因为路途上的磨难，更是因为受到了金兵的羞辱。钦宗不时仰天长哭，辄被喝止。日暮宿营时，金军"縶帝及祁王、太子、内人手足并卧"，防止他们逃走。四月十日，自巩县渡黄河，驾车的人对随行的同知枢密院事张叔夜说，将过界河，张叔夜悲愤难抑，

## 第七章　七帝八陵（下）

仰天大呼，扼吭而死。钦宗等人在五月底经过太和岭时，被绑在马上。七月二十日，钦宗与徽宗在燕京相见，两人抱头痛哭，悲痛万分。九月后，由于南宋的实力越来越强大，金人担心他们会把徽宗父子抢回去，从而丧失谈判的筹码。于是，徽宗和他的儿子又一次被迫漂泊，被带到上京。

金人很快将徽、钦二帝赶到了一个偏远的小城镇——五国城。他们从此就居住于此，直至去世。

另外，韦贤妃等300多人进了洗衣房，朱皇后不堪羞辱，跳河自尽。男人被编入军中。

八年之后，即绍兴五年（1135），徽宗病死于五国城。

金天眷三年（1140），金主战派完颜宗弼率大军南下，首先在开封以南的顺昌败于刘锜所率的八字军，然后在开封西南部盐州、商昌，与岳飞的岳家大军交战两次，但还是失败了。最后在开封东南的淮西亳州和宿州击败了实力最差的张浚，在宋高宗以"十二道金牌"召回岳家军前，金军已被逼到开封东部和北部。完颜宗弼开始转向接受议和。

金皇统元年（1141）十一月，宋金签订了一份"绍兴和议"的文书。根据《宋史》记载，在十二月的最后一天，岳飞被处死，这是为完成议和而做出的牺牲。丁卯夏至五月一日，高宗生母韦贤妃随徽宗灵柩回乡。临别时，钦宗拉着她的手，要她带话给高宗，若能回去，让他做一个太乙宫主就心满意足了。韦贤妃痛哭流涕："你要是不回去，我还不如当个瞎子。"可是宋高宗因为自己已经绝后（宋高宗之子宋孝宗是养子），不想让钦宗或其子孙继承帝位，宋钦宗直到去世都没有返回宋朝。韦贤妃晚年果真有眼疾，瞎了一只眼睛。

一百多年以前，宋钦宗的祖先赵光义，在杀死了南唐国的国君李煜之后，有没有想过，自己的后代之中，也出现了这样一位才华横溢的艺术家皇帝，又可曾想到自己的子孙又有这样的一天呢？

## 宋太祖陵密码

据《大宋宣和遗事》中所述，宋钦宗于宋绍兴二十六年（1156）六月十日逝世。据说，金朝皇帝海陵王完颜亮叫56岁的钦宗和82岁的辽天祚帝耶律延禧比赛马球，宋钦宗从马背上摔了下去，被马踩踏致死。五年之后，也就是绍兴三十一年（1161），钦宗逝世的消息传入了南宋，引起了关于钦宗是1156年还是1161年逝世的争论。七月，宋高宗为其上谥号恭文顺德仁孝皇帝，庙号钦宗。

家属成员：钦宗只有一位皇后，仁怀皇后朱琏（1102—1128），钦宗即位后立朱氏为后。金人占领汴京，俘虏了徽、钦二帝，郑氏、朱氏二后，以及后宫宗室、大臣3000余人。此时已是四月，北国的气候依然很冷，徽钦二帝、郑朱二后穿的都是薄衫，夜里常常冻得睡不着。朱皇后当时26岁，艳丽多姿，常常被金军调戏。据说他们到达会宁府时，金人又下令皇太后、皇后入金宫"赐浴"。朱皇后受不了侮辱，先是上吊，被人救起，然后投水自杀身亡。建炎四年（1130）七月，朱皇后的刚烈得到了金太宗的称赞，说她"怀清履洁，得一以贞""众醉独醒，不屈其节"，追封她为靖康郡贞节夫人。

钦宗生了三子一女，只是最后下落怎么样，都不清楚。

主要功绩：无。

钦宗实在是可悲，却不值得同情，他的胆小懦弱使得百姓受苦，对比下来，钦宗只能说是自食其果。

《宋史》上评论："帝在东宫，不见失德。及其践阼，声技音乐一无所好。靖康初政，能正王黼、朱勔等罪而窜殛之，故金人闻帝内禅，将有卷甲北旆之意矣。惜其乱势已成，不可救药，君臣相视，又不能同力协谋，以济斯难，惴惴然讲和之不暇。卒致父子沦胥，社稷芜茀。帝至于是，盖亦巽懦而不知义者欤！享国日浅，而受祸至深，考其所自，真可悼也夫！真可悼也夫！"

如此说来，钦宗在东宫做太子时，并没有失德的事。直到他登上了

## 第七章 七帝八陵（下）

皇帝的宝座，对其他娱乐活动也没有什么爱好。靖康初年，钦宗刚刚执掌朝政，将罪大恶极之人流放、处死，故金国听说钦宗登基为帝，便打算卷铺盖走人。可惜的是，混乱的局面已经形成，无法挽回。君臣们面面相觑，既不能齐心协力，也不能度过这场史无前例的浩劫，只能焦急地讲和。最终，父子沦落敌国，国破家亡。此时的钦宗陛下，大概是胆小怕事，不知道该怎么做。钦宗在位时间不长，却遭受了如此的灾难，考察钦宗遭劫的原因，当真是可悲可叹！

历史早已是过去，想要理解历史，发掘历史的价值有两个来源：一是历史文献记载，二是古人遗留下来的物品。每一件文物背后都有不同的故事，所以文物的研究在历史研究中起着举足轻重的作用。其中最直接、最真实、最贴近历史的方式，便是了解历朝的陵寝。

回顾历史的长河，一幅幅辉煌的历史画面展现在我们面前，让无数历史学家为之着迷的赵宋帝国，在这一刻，变得光彩夺目。虽然宋代在历史上有争议、有贡献、有成就、有遗憾，但其所产生的宝贵的历史和文化意义不容忽视。赵宋帝国作为一个特殊的国家，给世界带来了无数的文化和历史，也给后世的人们带来了巨大的财富，值得人们去发掘和学习。

# 第八章

## 后陵及陪葬墓

除皇陵外，巩义还有亲王、公主、皇子、皇孙及诸王夫人墓144座，名将功勋墓8座，帝室宗亲陵墓千余座。

如今，在宋陵地面上发现的皇后陵寝只有17座，宋太祖孝明皇后陵、宋太宗懿德符皇后陵及宋徽宗的显恭王皇后陵、明达刘皇后陵、明节刘皇后陵，如今在地面上都找不到了。根据史料，宋陵的子孙墓和大臣的墓葬共144座，其中包括众所周知的包拯、寇准等人的墓。

北宋重文抑武，国家权力高度集中于皇帝，为后宫参政创造了有利的环境，后妃也因此提高了政治地位，在陵墓制度上的体现就是皇后单独起灵。

就让我们看看北宋皇陵中几座有代表意义的陪葬墓吧。

## 一、元德后陵

**陵园位置**：元德李皇后陵墓坐落在永熙陵上宫西北不远处。

**下葬时间**：葬于咸平三年（1000）四月八日。

**陵主生平**：元德皇后（944—977），李氏，镇州真定（今河北正定）人，宋太宗嫔妃，她是宋真宗赵恒的生母。前面所说的疯掉的太子赵元佐也是她生的。她还生过两个女儿，但是都夭折了。

当初宋太祖得知李氏有容有才，便推荐给太宗。太宗即位后，就封李氏为夫人，后来李氏在太平兴国二年（977）去世，年仅34岁。真宗赵恒即位后，追封元德皇后，祔葬永熙陵，配享太庙。

陵园概括：河南省文物考古研究院于1984年与巩县文物管理所共同组织挖掘队伍，对元德李后墓进行了挖掘。这是近1000年来首次官方发掘的皇室陵寝。这次挖掘是由于1981年秋季的一次大雨，雨顺着盗洞流入了墓穴，导致了整个墓穴面临全部坍塌的危险。

元德皇后陵的地面建筑已经没有了。目前尚有陵台、石刻和鹊台。鹊台南边的位置是永熙陵下宫遗址。

元德李皇后陵的神道石刻从南至北的次序是望柱、马和控马官、虎和羊、武官和文官，一共20件。

左右各一根望柱，八棱形，在柱头的仰莲座上有一个桃形的柱顶。柱体上细，下部较粗，每一根表面都用阴线刻缠枝宝相纹。柱子底部在一个正方形的底座上，底座上雕刻着莲花。

左右各两个控马官控马，控马官头上戴着幞头，腰间系着一条腰带，手中拿着一根长鞭放在胸前。马站立着，脖子上挂着铃铛，身上挂着鞍、鞯、镫等物。

左右各有两只猛虎、两只山羊。猛虎都是蹲着的姿势，头颅高高扬起，双眼愤怒，挺着胸膛，长长的尾巴曲于一面。山羊仰头匍匐，姿态温和。

武官和文官也是左右各一对。两名武官戴五梁冠，神色肃穆，穿着宽大的袍子，脚上穿着高底靴，手中持剑。两名文官，衣着与武官一样，一脸的平静，留着络腮胡子，两只手握着笏板。

四个神门外面都有一对石狮，所有的狮子都是蹲着的姿势，南神门的狮子相对大一些。在南神门内，还有两个宫人。宫人身形高挑，眉清目秀，双手捧着一条毛毯呈供奉状。

陵台坐落在宫城中央，呈方形覆斗状。在陵台的外围有一个长方形的墓门，其北侧与李后墓室相连。陵室内部装饰有石刻画像、砖雕家具、彩绘斗拱、壁画等。

因地面坍塌，河南省文物考古研究院和巩县文物管理所对其进行了抢救，之后又将其关闭。但是我们也因此有幸看到元德李皇后墓室是什么情况。元德李皇后墓穴为一座砖砌单室，由墓道、甬道和墓室构成。

墓道是从地表通向地下的通道，墓道位于陵台南部正中，分南北两段，是一条通往地下的阶梯。墓道口离地面0.4—1.0米，底部距地表15米。墓道经过夯筑，建筑坚固，没有发现任何被盗掘的迹象。

甬道则是在地下通向墓室的道路，左右两边都是平砖顺筑，墓门位于甬道的正南方。大门正面用线刻武士画像，后面是仿木结构的装饰。

从这扇门进去就是墓室了，墓室平面呈椭圆形，顶部呈弧形，环绕墓壁的砖砌立柱之间有11幅壁面，雕刻着桌子、椅子、灯架、衣架和窗户等装饰。在墓中北侧放置一具石棺，其南侧为四条石条，作须弥座式，以剔地和线雕之花纹为饰。出土时，墓葬中的泥土厚度达到7米，上层混用了大量的宋式青砖和近代瓷器。在墓底2米多深的泥土中，发现了一些玉简、瓷器和石函等文物。

李后陵地下宫殿的建造次序是：在地下掘出一个略呈"甲"字形的土坑，在南侧掘出一条斜坡，形成一条通往地上的墓道，在上面铺上一层砖石，再在上面铺上一层泥土，形成一覆斗状的陵台，最后由侍卫放入灵柩，将大门封闭，并将通道填平。

李后陵的内部装饰有石刻画像、砖雕家具、彩绘斗拱、壁画等。

石刻画像：在直额、门扉和棺材的南面上发现。越额上只有墨色的痕迹，可能因时间紧迫，没有来得及刻画。直额与越额都是门上的组成部分。这些画像多用阴线雕刻，只有棺材的南部有一些雕刻是用减地浅浮雕。直额中间雕有两个仙女，四周是对称的祥云。两名飞天仙女脸蛋丰润，柳叶丹目，纤细的腰肢，赤裸的双足，穿着一件长裙，呈凌空飞翔状。左边的仙女一只手托着一只盘子，里面装满了水果。右边的仙女，一只手里拿着一个花瓶,另一只手里拿着一朵鲜花。

两扇石门上,都刻着高大的武士,相对站立。武士国字脸,宽额头,浓眉大眼,身穿铠甲,手持武器,气势逼人。西门扉上的武士,头盔上簪花,系着一条宽腰带,左手插在腰间,右手拿着一把剑。东门扉上的武士服饰和左边的人差不多,左手放在胸前,右手拿着铜币。

在棺材的南面须弥座上有装饰用的花纹。刻有两朵缠枝牡丹花,束腰用镂空草图装饰,莲花垂刻小瓣。以上一串连续的花朵构成一条长幅画面。

斗拱上的装饰:斗与拱,均为我国木结构建筑中的支承构件,在立柱和横梁交接处。斗拱是用木头做的。上面刷上红色和白色的粉末。框内朱绘小瓣花。

壁画:在屋檐附近,曾经有过一幅壁画,可惜墙壁上的灰尘已经剥落,无法辨认。据考察,这里可能绘制有烟云缭绕的楼阁图。楼阁图再上一直至室顶,都刷了一层灰,上面用白色的粉末画直径5—8厘米的圆点,代表着星星。用白色的粉末绘制星河,从东南到西北斜穿在拱顶处,象征着天空。

壁画是指墙壁上绘制的图画。原始时代,人们在岩壁上雕刻不同的图案,以记录事件或者传达感情,这就是最早的壁画。史料上说,汉武帝在甘泉殿画过众神,宣帝在麒麟殿上绘制功臣的像,这些也都是壁画。魏晋至唐宋时期,佛道两派鼎盛,在寺庙和道观中都有大量的壁画。咸阳陕西秦皇宫的壁画,约有2300年历史。唐朝是壁画艺术最繁荣的时代,也是壁画的鼎盛期,这一时期创造了许多古代壁画,敦煌的壁画保存了大量优秀艺术品。唐代骆宾王的《四月八日题七级》中有一句:"铭书非晋代,壁画是梁年。"唐代张希复、段成式《游长安诸寺联句·崇仁坊资圣寺·诸画联句(柏梁体)》:"惜哉壁画世未殚,后人新画何汗漫!"说的都是壁画。宋代开始壁画慢慢没落,而明代开始流行画卷,壁画日渐式微。

中国古代壁画主要有三种形式，分别是墓室壁画、石窟寺壁画、寺观壁画。

宋朝时，在文人水墨画兴起之后，壁画的绘制成为一种民间职业，画家们被称为"画匠"和"工匠"，壁画已经没落。但是君主为稳固民心、加强权力，大力崇尚佛法、兴修寺院，所以寺观壁画还是比较多的。尤其是在山西，这里经历过宋、辽、金三朝的统治，地域多山，交通不便，加之民风古朴，其寺观壁画创作仍然很繁荣，全省现存宋、辽、金时期建筑近百座，保存有这个时期的壁画共计924.49平方米。著名的作品有高平市开化寺大雄宝殿内宋代壁画、应县佛宫寺释迦塔底层和灵丘觉山寺塔内辽代壁画、繁峙岩山寺和朔州崇福寺的金代壁画。这些壁画反映了宋、金时期壁画的艺术水平，难能可贵。

墓室壁画很稀少。不过，依然还是有一些作品。

中国古人认为，在坟墓里的尸体并不是安全的，他们随时可能会受到鬼怪的威胁，还有可能被盗墓贼侵入。比方说有一种鬼叫魍魉，专门吃尸体的脑子。而魍魉惧怕柏树和虎。因此，古人在墓地前面栽柏树，还会在墓前放石虎。这也是前面所说的神道石刻中有虎，以及在皇陵兆域内种柏树的原因。古人们也想出各种办法保护尸体，其中就有雕刻各种具有驱除魔气的神明的图案在墓室中，起到镇墓驱魔的作用。

河南宋朝墓葬中，为了能降妖除魔，通常是绘制方相、神荼等各种门神和各类守卫，以及兵器、护身符、十二生肖图案等。北宋皇陵的墓室中常见的镇宅辟邪的壁画是门卫图、仪卫图、武士图等。例如在仁厚村宋墓中，墓门左右两侧都画着守卫。东面的守卫头上戴黑色直角幞头，穿着红色圆领袍服，双手抱着剑。西面的守卫不完整了，只剩下膝盖以下。还有洛阳北宋时期的富弼壁画墓甬道的西侧墙壁上有"仪卫武士"，头戴头盔，身穿盔甲，腰间系着护腰，右手握着一把长剑，身体朝着南

## 第八章　后陵及陪葬墓

侧，也就是通道。

如果绘制的是门神，一般右侧的门神会有短短的胡须，左侧的门神则比较年轻。两个门神都戴着皂巾，面容丰润，浓眉阔目，穿着窄袖圆领紧身衣，双手置腹前拿着一根骨头，表情威严而不狰狞，就像是两个真正的守护者。

最引人注目的当数宋太宗时期元德李后陵地宫发现的等级最高、规模最大的壁画，元德李后陵是迄今为止宋代皇陵中唯一发现有壁画的陵墓。

可惜皇陵中的墓室壁画并没有被挖掘出来，等到它们重见天日的时候，或许会发现更多的优秀作品。

不过元德皇后陵虽然被盗过，但是也有少量的残碎随葬品，经出土修复后有玉、瓷、石、铜、铁、木等。

玉简：玉质泛着淡淡的绿色光泽。呈长条状，表面光滑。册文是阴刻的楷书，用金色粉末装饰。按册文的形式和内容不同，分为谥册和哀册。

在我国历史上，皇陵中放置玉册，是从唐朝开始的，从汉代到唐朝，在陵墓中使用的都是竹册。谥册和哀册都是宋人专门安葬皇帝、皇后和太子用的，而不是普通的文武重臣、宗室用的。按照宋朝的惯例，皇帝或皇后驾崩后，都会有人写下悼词，编撰一册，择吉日，由摄太尉呈告于南郊皇帝或太庙皇后，然后由中书令放在灵座上。根据《宋会要辑稿》第三卷"元德李后"一条记载，元德李后的册子是"知制诰王禹偁"所写，"摄中书令梁周翰读册"在《宋大诏令集》卷十五中，记载奉册人是张齐贤。

撰册人王禹偁（954—1001），字元之，济州钜野（今山东菏泽巨野）人。北宋诗人、散文家，宋初有名的直臣。《宋史》内有他的传。

他出生在一个以磨面为生的贫穷家庭。从小在乡下读书，9岁会作诗，

## 宋太祖陵密码

10多岁会写文章。太平兴国八年（983），他获乡试第一名，任成武县主簿。端拱元年（988），授右拾遗并直史馆。他随即用《端拱箴》对宫廷奢华的生活进行了批判。淳化二年（991），庐州尼姑道安诬告著名的文学家徐铉。那时候，王禹偁是大理评事，因为帮徐铉昭雪，又上书说道安的诬告之罪，宋太宗震怒，把他贬到了商州（今陕西商州）。

他还在《御戎十策》中向宋太宗陈说如何抵御契丹。咸平四年（1001）冬，他迁至湖北蕲春蕲州，不到一个月就病死了，享年48岁。王禹偁是北宋诗文革新运动的先驱，与韩愈、柳宗元、杜甫、白居易等人一样都是以反映社会现实为题材，以清新、平易近人的风格著称。他的词仅存一首，体现了诗人积极致世的政治志向，风格清新、悠远。苏轼在《王元之画像赞并序》中说，王禹偁"以雄风直道独立当世""耿然如秋霜夏日，不可狎玩"。

读册人梁周翰（929—1009），字元褒，河南郑州人，五代宋初文学家、政治家。《宋史》内有他的传。

这个人与王禹偁完全不一样，是一个性格比较复杂的人。他与高锡、柳开、范杲等人倡导古文质朴的文风，开创了宋代古文运动的先河，他们常常被称为"梁高柳范"。梁周翰从小就很勤奋，10岁的时候就学会了写诗。周广顺二年（952），考中进士，授虞城主簿，他称病未赴任。宰相范质和王溥都觉得梁周翰是个有名望的人物，不能让他去外任职，于是又任命梁周翰为开封府户曹参军。宋朝建国后，以梁周翰为侍郎，直史馆尚书。宋太祖最初在军队里与梁周翰的父亲相识，后来将军石守信也是他父亲的朋友。一日，太祖告诉石守信，他要任命梁周翰为知制诰，石守信将这件事告诉了梁周翰，却不料梁周翰迫不及待地去见皇上谢恩，太祖发怒，并打消了起用梁周翰掌制诰的念头。后来梁周翰在眉州打人至死，被削夺二官。

开宝三年（970），朝廷将进行郊祀活动，梁周翰写了一封奏折，说：

"陛下再次郊祀,应当广布恩泽,实行赦宥。臣以为天下很大,而其中有恩泽未到之处,宜推而广之。现今赋税所征很多,加以科变之物,名目繁多,调发供输,不无重困。现在西蜀、淮南、荆、潭、广、桂之地,皆归为王土,陛下若能以三方所得之利,减免诸道赋税之入,如此一来,则恩泽可均,民力可宽了。"

不久,梁周翰又因杖打锦工而被控告,太祖大发雷霆,训斥梁周翰说:"你难道不知道别人的身体与自己是一样的吗?为何滥施酷刑?"就当太祖要杖打梁周翰时,梁周翰说:"我有负天下才名,所为不得当。"太祖气消了,授他司农寺丞。

太平兴国期间(976—984),他当时在苏州,擅长音乐,嗜赌如命,唯一的爱好就是喝酒。苏州有个姓钱的乐吏,家中有百余人,梁周翰命他每日派百人来献上歌舞,以自娱。因为梁周翰不管朝廷事务,被贬官。但是后来在雍熙年间(984—987),宰相李虻因梁周翰声名赫赫,召他为右补阙,赐绯鱼袋,让他赴江淮提举茶盐。他在元德李后的葬礼中除了读谥册外,还是哀册册文的撰写者。

奉册人张齐贤(942—1014),字师亮,曹州冤句(今山东菏泽)人,后迁居洛阳。北宋名臣。《宋史》中亦有记载。

张齐贤在三岁那年,因后晋末的动荡,与家人一起迁居洛阳。虽然他小时候很穷,但他很努力地读书,有很大的抱负。张齐贤因为仰慕唐初名臣李大亮,所以自己取字为师亮。

赵匡胤西幸洛阳,张齐贤以一介布衣的身份去见赵匡胤,要献策,被召入行宫。张齐贤在地上以手画地,写下10个词:下并汾、富民、封建、敦孝、举贤、太学、籍田、选良吏、慎刑、惩奸。他逐条向赵匡胤陈述。其中有四条都很符合赵匡胤的心意,张齐贤一口咬定10条都好,赵匡胤大怒,命人将他拉了出去。赵匡胤回朝后,告诉弟弟赵光义:"我在洛阳,只收了一个张齐贤。但我不会给他任何职位,今后可以让他辅佐你任宰相。"

太平兴国二年（977），赵光义开科取士，本想把张齐贤录取为前几名，但是有司并未将他列入前几名，赵光义不高兴，就命张齐贤以大理评事的身份通判衡州。那时衡州审问强盗，审问完就要处决，张齐贤上任后，将5个被误判的人救了回来。从荆湖至桂州，水路邮递铺夫数千户，因邮差劳累，吃穿不足，张齐贤上奏，将其中的半数减去。

淳化二年（991）夏，张齐贤任参知政事。张齐贤的生母孙氏，80多岁，被封为晋国的太夫人。她每一次进宫，赵光义都赞叹道："婆婆有福，生得好儿，能为国分忧。"赵光义常常下手诏慰问，给予赏赐，朝官们都觉得他家很荣幸。

大中祥符五年（1012），张齐贤被调任回朝，请求辞官，入宫辞别时便坐，刚拜见就仆倒在地上。真宗连忙拦住他，让他的两个儿子扶着他上了大殿，吩咐他们在大殿里放3个垫子。张齐贤回到洛阳，买了裴度的午桥庄，这里有许多池榭松竹，张齐贤每日喝酒吟诗作乐，悠然自得。

张齐贤在大中祥符七年（1014）六月无疾而终，享年72岁。真宗听了这件事，大为悲痛，为他废朝二日。皇祐四年（1052），追谥文定。

由此可见，张齐贤历经三朝，一直都很得宠，因此，在下葬元德皇后的时候，由他来奉谥册宝告于灵座，是很正常的。

哀册共24字，字体比谥册简片要细一些。字迹工整，一看就是出自两人之手。在每个竹简的四厘米处打一个小孔，用来制成书册。正面还挂着一幅金色的壁画。值得一提的是，出土哀册中的大部分都是残缺不全的，册文与文献记载不符。

史书上关于元德李后生平的评价很好，出土的哀册册文中，有"芳稽母仪与后德""日月等其辉光享""颂周诗之美""皇批之彭欶炜彤史"等句，虽然多是奉承的话，但是也可以从侧面了解元德李后的性格。哀册内容如下：

## 第八章 后陵及陪葬墓

瞿辂宵陈，鸡人晓唱。灵庭洁乎祖载，脩路俨乎仙仗。九重天高以如慕，六宫日远而增哀。孝子嗣皇帝运昌继体，孝极因心。荷宝图之惟永，怀慈训之下临。考先远兮协兆，志慎终兮感深。乃诏近侍，恭播徽音。其词曰：皇家积庆，昊穹眷命。构象膺乾，来宾偶圣。高阳命族，历乡得姓。派别韩魏，门传英伟。华毂接轸，黄云效祉。五可凤彰，六行纯备。粤自艺祖，揖让登皇。帝尹京邑，表则四方。后治闺壸，柔顺含章。流虹感粹，梦日延祥。涂山诞启，挚氏生昌。爰洎神宗，承平御历。汾晋荡定，闽吴来格。海外燀威，域中渍泽。辅佐邦治，温柔惠迪。登进时贤，勤劳轸恻。躬享紫坛，奉词清庙。穜稑协恭，纮綖尽妙。动循典□，式是准绳。居玩图史，明于废兴。聪睿周敏，顾问允膺。节励清门，俭敦素履。环佩有节，簪珥防侈。恓隐流惠，辞封播美。贤以兴化，世仰余辉。仁则多寿，天胡有违。黄祇陨载，皓魄沉晖。皇子胜衣，受封胙土。汉邸承徽，姬宗夹辅。维宁攸赖，问安莫睹。元良肇建，万国以清。地启苍震，天临玉京。克广丕构，长德善成。德无疆兮坤元，业有开兮圣嗣。承天道兮庆其长，启帝绪兮昌而炽。寿觞称庆兮养莫伸，脂泽增感兮恩靡寘。呜呼哀哉！礼祎衣兮有奉，贵玉玺兮是膺。庙如在兮肃肃，祭以时兮蒸蒸。帝母之尊兮斯至，昊天之戚兮难胜。呜呼哀哉！洞启山园，风凄云驭。企谷林之封域，拂嵩邱之烟雾。石阙沉沉兮夜台，柏城惨惨兮朝露。呜呼哀哉！稽任姒之壸政，冠周召之国风。唯重熙之锡美，与三代而比隆。播彤管兮有炜，佑皇祚兮无穷。呜呼哀哉！

瓷器：所有的陶瓷都是碎的，根据材质可以分为细瓷和粗瓷，细瓷包括越窑青瓷、定窑白瓷，黑、白两种颜色的粗瓷是民窑的产物。

元德李后陵墓出土的越窑细瓷通体有均匀的青釉，薄薄的，质地光滑。青灰色的胎体，质地细腻。

墓中出土的龙尾盘的底部，微微凹陷。器型较大，底上覆釉，有烧痕。盘底部刻一条蜿蜒的龙形图案，龙须飘扬，鳞片均匀，爪子有力。龙身周围用水波装饰。

陶瓷盒子是由四个部分组成的。上端是一个盖子，盖子上有圆形的握手。中间两层，上、下各有一周凸棱，中部刻画云鹤。最下面的一层是盒底，子口向内，腹壁的上半部分是笔直的，下腹部是环形的。其表面刻画水波纹，下半部刻画云朵纹。

墓中出土的定窑白瓷釉质光滑，胎质坚硬，质地细腻，以飞凤纹为主要装饰。不少器物的内部阴刻有"官"字款。

在故宫博物院"秘色重光——秘色瓷的考古大发现与再进宫"展览中，展示了在河南省巩义市元德李后陵中发掘的越窑秘色瓷刻卷云纹盘等文物。

在墓室中还有一种随葬用品，叫作魂瓶，亦称为谷仓罐、堆塑罐，也称魂魄瓶，起源于西汉，兴于三国，盛于宋朝，到民国衰落，是中国南部一带一种盛行的陪葬品。

它是由汉朝五联罐演变而来的。相传伯夷、叔齐是商朝时期孤竹国君之子，他们对商朝特别忠诚，劝谏武王伐纣没有意义，如果武王进攻商朝就誓死不食周粟。周武王灭亡商朝后，建立了西周，两人遂饿死于首阳山。人们为纪念他们的忠心，在他们的随葬物品中放置了"五谷囊"。因此，最初的时候，魂瓶是用来储存食物的。王肃在《丧服要记》中还记载了一个有趣的传说。春秋时期鲁哀公为父亲举行葬礼，孔子质问他，为何没有将五谷囊放在他父亲的随葬品中，他反驳说："五谷囊陪葬是因为伯夷、叔齐不吃粮食而饿死，怕他们的灵魂会饥饿，所以就给他准备了一个五谷袋。我父亲食味含脯而死，这有什么用？"可见，在春秋时代，孔子已认为把五谷囊当作陪葬品是一种祭祀礼仪。

魂瓶上会塑一些图案，代表着逝者生前的一些情况，比方官职、出身等。汉代、三国、晋时期的魂瓶，多塑亭台楼榭、飞禽、回廊、歌舞伎，而在宋朝，以塑侍女为主。魂瓶对于还没有发现碑文的墓来说，可以对推断其朝代起到佐证作用。汉朝三国时期的魂瓶尺寸大，高、宽比差小，釉水失透，多为平底。到了宋朝，魂瓶形状类似于酒壶，大部分的瓷器釉面都有很强烈的琉璃质感。元朝时期，也出现了一些特殊的魂瓶，比如塑成一个人的头颅的魂瓶，躯干画在瓶身上。

若魂瓶上有大量的图案，就很有可能是一个有一定社会地位或很富有的墓主人；魂瓶堆积成形相对简单，数量稀少，墓主人的地位则可能比较低，也有一些没有图案的瓶子。

在2016年3月，有人发掘出了两只宋代魂瓶。一只是带沙的红色陶罐，口部略有破损，呈暗红色。全身素面，口部有盖子，盖子呈碗形，保存完好。总体形制沉稳厚重，比例协调。另外一只魂瓶是坛形的陶制瓶，有少量的残缺，全身饰刻画纹，体表有五道泥圈，每个圈上都有五个角状饰件，部分已残缺。造型奇特，充满了浓厚的殡仪与宗教气息。

整体说来，元德李皇后陵墓的墓室为仿木宫殿，屋檐下砌有砖雕的门窗和桌椅，全是仿木质，墓壁、门、窗、立柱、屋檐以及墓顶的斗拱等物，都是用砖砌的（永定陵以后的帝后陵地宫都是石砌）。两道石制的门，长2.7米，高4米。石门上雕刻着神荼和郁垒的图案，除了门神之外，墓室墙壁上还绘满了一座座宫殿。墓顶上绘有太阳、月亮、星星、银河等图案。

这些文物的出土是一次重大的突破，为进一步探讨北宋初期定窑瓷器的工艺与产地，以及当时的陵寝制度、墓室建造提供了重要的实物资料。

## 二、濮王园陵

园陵位置：在文献资料上并没有明确的记载。

下葬时间：治平三年（1066），宋英宗力排众议尊濮安懿王为皇，并且下达旨意"且欲以茔为园，即园立庙"。

园陵概况：《宋史·礼志二十六》和《宋会要辑稿·礼四十》都记载了英宗生父的坟园，东南"建庙三间二厦，神门屋二所，及斋院、神厨、棂星门"，"南北长六十四步一尺，东西六十二步"。濮安懿王园陵格局很特殊，它是宗亲坟墓，但是它的神殿与帝陵的宫殿是一样的。

因此对懿王的园陵规格比较有争议，一开始只是普通的宗室墓地，但是宋英宗在治平三年（1066）力排众议，尊濮安懿王为皇，并且下达旨意"且欲以茔为园，即园立庙"。从这以后，懿王的后代就都埋葬在濮安懿王园陵周围，甚至因为墓葬的数量过多而影响了皇陵的龙脉。到了徽宗时期，徽宗不得不下诏限制皇室宗亲陪葬在濮安懿王陵园附近。

陵主生平：濮王是宋英宗的生身父亲赵允让（995—1059），字益之，北宋宗室大臣，宋太宗之孙。他天资浑厚，外庄内宽，喜愠不见于色。宋仁宗在位很久但是没有儿子，收养赵允让第十三子赵宗实为皇子，改名赵曙。仁宗崩，皇子赵曙即位，是为宋英宗。

宋英宗登基后，围绕他的生父赵允让是皇伯还是皇父的争论，又称濮议。英宗即位后不过两周，大臣韩琦等人便建议英宗与相关官员商议英宗的生父之位。那时候仁宗已经去世14个多月，英宗下旨，让他在仁宗皇帝大祥之后再议，也就是待到满24个月再说。这显然是英宗陛下为了减少追封阻力想出的办法，先让大家冷静。治平二年（1065）四月九

## 第八章 后陵及陪葬墓

日，韩琦等人又一次提了这个问题，英宗下了旨意，将这个提议提交给太常礼堂，由两制以上官员商议。于是，一次长达18个多月的大讨论开始了，即北宋历史上著名的"濮议"。

结果，以王珪（1019—1085）为首的大臣认为濮王于仁宗为兄长，英宗应该称他为皇伯，韩琦和欧阳修等大臣则认为英宗应称赵允让为皇考，皇考是亡父的意思，他们请英宗将这两个方案提交众朝臣一起商议。英宗和韩琦等人以为众臣一定会配合他们，选择"皇考"。不料却事与愿违，百官的反响极为激烈，大多数人都赞同"皇伯"这一方案。一时间，众人七嘴八舌地议论。此时，太后听闻此事，亲自写了一道诏书，对韩琦等人进行了严厉的斥责，认为称濮王为皇考不妥。英宗觉得事态发展对自己很是不利，只好暂时搁置这件事情，等待太后改变主意。

英宗、韩琦等人在漫长的辩论之后，渐渐明白，要赢得这次论战，曹太后的态度至关重要，唯有让太后转变立场，采取釜底抽薪的办法，才能对文武百官造成重创。治平三年（1066），中书大臣共同议事于垂拱殿，当时韩琦正在家中祭祀，英宗特意将其召来商议，当时即议定濮王称皇考，由欧阳修亲自写了两封圣旨，送到了皇帝的面前。

到了正午，太后派太监将一份封好的文书送至中书，韩琦和欧阳修打开看了看，相视而笑。这是欧阳修写的诏书，上面有太后的签押。前面说过，曹太后一向与养子英宗不和，此时却不顾朝堂礼节，不顾大臣们的反对，将英宗之父奉为皇考，实在让人奇怪。所以，关于这件事的传闻，也就越来越多。有人说，这道诏书是曹太后醉酒后误签，第二天，太后醒来，知道了诏书的内容，却为时已晚。还有一种说法是，太后的诏书是由韩琦和欧阳修等人与太后的太监们勾结在一起，最后把太后说动。但不管怎么说，白纸黑字，太后也无法否认。

无论曹太后的旨意是有意还是无意，都是英宗所喜的，英宗即刻下了一道旨意，让这件事就此结束。

## 宋太祖陵密码

"准皇太后手书，濮安懿王、谯国太夫人王氏、襄国太夫人韩氏、仙游县君任氏，可令皇帝称亲，仍尊濮安懿王为濮安懿皇，王氏、韩氏、任氏并称后。"又降敕，称帝手诏："朕面奉皇太后慈旨，已降手书如前。朕以方承大统，惧德不胜，称亲之礼，谨尊慈训；追崇之典，岂易克当？且欲以茔为园，即园立庙，俾王子孙主奉祠事。皇太后谅兹诚恳，即赐允从。"又诏："濮安懿王子瀛州防御使岐国公宗朴，候服阕除节度观察留后，改封濮国公，主奉濮王祀事。"

与此同时，他还召集了几位大臣，商议着该如何安抚群臣，稳定局势。韩琦只是对英宗说："臣等是奸是邪，陛下自是心知肚明。"便不再说话。欧阳修很清楚地向英宗道出了自己的看法："御史既然认为其与臣等难以并立，陛下若认为臣等有罪，即当留御史；若以为臣等无罪，则取圣旨。"英宗迟疑片刻，最终答应欧阳修等人，将之前反对称"皇考"的三位御史逐出京城。英宗知道他们三个都没有罪，心里很是过意不去，对身边的侍卫道："不宜责得太过分。"

英宗的这个决定，又遭到了满朝文武的强烈反对，司马光等台谏大臣纷纷自请同贬。就连英宗在府邸的幕僚也都不同意，英宗也没有料到会这样。英宗不得不拉拢反对派主要人物王珪，许以执政职位。这件事才彻底结束。

英宗为生父之位，殚精竭虑，使尽浑身解数，可谓是软硬兼施，花了18个多月的时间，终于达成目的。实际上，"濮议"并不是纯粹的礼法之争。司马光等人执意要濮王只能称皇伯，就是想让英宗收拢民心，保持自己统治阶层的凝聚力。韩琦和欧阳修等实权大臣想得更多，知道仁宗已逝，太后也无力再做什么，所以他们必须全心全意地支持英宗，因为英宗才是真正的皇帝。

曹太后要么被劝说，要么被逼着同意赵允让称"皇"，赵允让的夫人谯国夫人王氏、襄国夫人韩氏、仙游县君任氏（任氏是英宗的生母）被尊称为"后"。可惜的是英宗在位仅4年就驾崩，没有来得及给父母上谥号，这件事也就不了了之了，赵允让仍为"王"，三位妻妾则并称"王夫人"。

濮安懿王陵园的特殊性值得关注，如果有一天能发掘这座陵园，从它的规格到位置，应该都是一份探索北宋陵寝制度的宝贵资料。

## 三、寇莱公墓

寇准墓位置：原位于洛河畔寇家湾村，墓冢高大，旁边有一条官路。宋以后的历代官员经过这里，文臣下轿，武将下马。清朝乾隆年间，因寇准陵寝靠近洛水边，有被洪水淹没之虞，于是奏请政府，将他的陵寝移至寇湾村东北岭。关于寇准墓的位置，有一些争议，但是在数千年的历史变迁中，如果有官员死后能陪葬在皇陵，是对其盖世功劳的表彰，因此，寇准墓大概率还是在北宋皇陵中。

永定陵南蔡庄村的南半公里处有两个大土冢，东侧是高怀德的坟茔，坟上立着一块写着"宋渤海郡王武穆高公墓"的牌匾。在陵寝的南面，立着一块10余米高的石碑，上面写着"大宋"两个大字，被当地人称为"验马碑"。两侧为蔡齐墓，前面立着一块刻有"蔡文忠公之墓，公伟齐，字子思，谥文忠"的宋代六角石碑。寇准墓就在一旁，与包拯墓隔着涌沟相望。寇准碑额上写着"旌忠"两个字，碑正中书"宋寇莱公墓"。也有说寇准病故于雷州后，妻子宋氏希望寇准归葬故里，当时仁宗也同意了。但因没有那么多的银两，灵柩运至中途，已经没有钱了，只得将寇准寄埋在郑州巩义。

下葬时间：明道二年（1033）十一月，宋仁宗为他昭雪，归葬下邽。

## 宋太祖陵密码

寇准墓概况：墓高3米左右，墓碑上有"宋寇莱公墓"字样，寇准是莱国公，所以是寇莱公墓。康熙五十五年（1716），当时的巩县知县陈徇立石。墓前有石人，有石羊，有石虎，有石望柱，可惜在一场灾难之后，坟墓被毁，墓穴也不见了踪影，只有一尊石虎和两只石羊躺在地上，和它最初的样子完全不一样了。

宋时讲究忠孝节义，摒弃厚葬之风，名臣多随皇帝而葬于此，以表对朝廷的忠诚。明嘉靖《巩县志》及民国史书中记载，有8名北宋大臣与皇帝同葬于郑州巩义。目前发掘的是寇准墓和包公墓。

碑文为清代任兵部侍郎、陕西巡抚兼都察院副都御史的毕沅所书。石板上布满了大大小小的疤痕，昭示着它的沧桑。碑亭前面是一块农田，那些柏树在瓜田的塑料棚中晃动，在石碑东边几米处，有两座全新的石碑，上面有寇准后裔孙谒墓的名录和一篇追思诗。1986年后，当地政府重视文物，在此兴建寇准小学，以保护这座衣冠冢并纪念这位历史名相。

墓主生平：寇准（961—1023），字平仲，华州下邽（今陕西渭南）人。北宋政治家、诗人。

寇准是世家子弟，先辈苏岔生是西周武王的司寇，曾立下汗马功劳，赐以官职为姓。其父寇湘，后晋年间因屡建功勋，被封为公爵。寇准才华横溢，刻苦用功，14岁时就写了许多诗篇，15岁的时候就已经开始学习《春秋》了。

太平兴国五年（980），19岁的寇准中了进士。宋太宗选取进士，都会在朝堂上亲自提问，年纪小的人一般都会被拒之门外。有人教寇准增报年龄，寇准说："我刚刚准备要踏上仕途，怎么可以欺骗陛下？"之后，他被任命为大理寺的判官，被调到巴东归州做知县，再到成安做知县。此后，他被提拔为盐铁判官、虞部尚书、枢密直学士等官。

端拱二年（989），寇准在朝堂上提出了自己的建议。因为忠言逆耳，宋太宗没有听从他的劝告，怒气冲冲地离了王位，要回到宫中。寇准拉着宋太宗的袖子，让他坐下，听自己把话讲完。后来宋太宗对寇准大加赞扬，说："我得到寇准，像唐太宗得到魏徵一样。"

在宋太宗的文武百官中，寇准是出了名的正直和睿智。北宋淳化初期，曾有两起受贿案件。情节严重的王淮，只被革职杖责，很快就恢复了原职；至于情节较轻的祖吉，则是被判了死刑。寇准知道这是王沔搞的鬼，王沔是个大官，他是王淮的兄长，寇准心中愤愤不平。

淳化二年（991）春季大旱，宋太宗召见朝臣，商讨政事，很多大臣说大旱是上天所致。寇准则说："《洪范》中说，天和人，如影如波，而旱灾，是因罚之不公。"宋太宗大怒，站了起来，回宫去了。不久，又召寇准询问刑罚不公平的情况，寇准说："请两府的官员来，我就说。"皇帝命人去请二府的官员，寇准才说："祖吉、王淮两人都贪赃枉法，祖吉受贿较少，却被处死，王淮因为是参政王沔的弟弟，受贿钱财千万，只被打了一顿，还能恢复官职，这是何等的不公！"宋太宗向王沔询问此事，王沔叩头谢罪，宋太宗对王沔进行了严厉的谴责，并得知寇准可用。寇准晋升为左谏议大夫、枢密副使，转任同知院事，开始直接参与北宋朝廷的军国大事。

寇准和张逊在枢密院有很大的分歧，一日寇准和温仲舒一同出门，途中遇到一个疯子，对着他高呼"万岁"。张逊知道了这件事，就唆使和他关系好的王宾去向宋太宗禀报。寇准让温仲舒做了证人，张逊又让王宾上奏，言语十分严厉，二人互相指责对方的短处。宋太宗大怒，将张逊革职，寇准也被降为青州知府。

但此时宋太宗已经离不开寇准了，寇准到了青州，宋太宗心情低落，时常打听寇准在青州的事。第二年，寇准被召回京师，拜为参知政事。

那时候，宋太宗废太子后还没有立太子。这让宋太宗很是头痛。宋太祖去世后，他的儿子德昭不能继承王位，宋太宗即位，宋太祖的死又被人传成了"烛影斧声"，这说明宋太宗很可能是杀了自己的兄弟。所以

## 宋太祖陵密码

宋太宗继位，就面临着一个问题：要么立自己的儿子为太子，要么立太祖的儿子为太子。那时候，朝臣们对太子之位都讳莫如深。

寇准刚从青州返回，来到宋太宗的面前。宋太宗的脚上有病，让寇准看过伤情后，深情地问他："你为什么这么晚才回京？"宋太宗问寇准应该选谁做太子。寇准早就料到宋太宗此番召见自己的用意，心中早就有了计较，只是没有正面回答宋太宗的问题。

寇准说："为天下择君，不可与后妃、中官（太监）商议，亦不可与近臣商议，应选择众望所归者立为太子。"宋太宗垂首沉思良久，屏退了侍卫，低声道："你觉得襄王如何？"寇准大喜，趁机说："知子莫如父。陛下认为襄王可以为太子，就请决定吧。"第二日，宋太宗册封襄王赵恒为开封尹，改为寿王，之后立为太子。

宋太宗和太子去祖庙回来的时候，京城里的百姓都围了上来，争先恐后地想要见一见太子。这时"少年天子"的声音响起。宋太宗很不满意，问寇准："臣民归附太子，我该怎么做？"寇准恭喜道："皇上选的储君，深得百姓欢心，是国家之幸。"宋太宗明白了，和寇准喝酒，喝得酩酊大醉。从那以后，宋太宗更加倚重寇准。后来，有人给宋太宗送来一件宝贝——通天犀，宋太宗命人制作了两条犀带，一条自用，另一条赐给了寇准。

至真宗时，寇准始终反对与辽议和，主张乘胜追击，收复失地。主战派将领宁边军都将杨之被派往幽燕数州。但真宗倾心议和，使妥协派气焰嚣张。他们攻击寇准拥兵自重，还说寇准居心叵测。寇准被迫放弃主战主张。于是，在妥协派的策划下，同年十二月，宋、辽两国签订了和约。这便是澶渊之盟的由来。

寇准功勋卓著，朝野上下有目共睹，却因此招来了灭顶之灾。寇准为北宋王朝立下了汗马功劳，而宋真宗又十分敬重寇准，惹得妥协派官僚嫉恨。

## 第八章 后陵及陪葬墓

王钦若这位曾经被寇准斥为"罪可斩首"的妥协派首领，对寇准的恨意就更深了。王钦若一回到东宫，便开始算计寇准。有一次回朝后，他趁机问真宗："陛下是否因寇准有功，所以才敬他？"宋真宗点头肯定。王钦若道："想不到陛下竟有此意。陛下非但没有羞愧，反而说寇准有功。"宋真宗愕然问他缘故。王钦若说："《春秋》一书都把城下之盟当作一种耻辱。澶渊之盟实际上是城下之盟，陛下不以为耻吗？"王钦若看出了宋真宗的不悦，又说："陛下听说过赌博吗？当赌徒们的钱快要输光的时候，他们就会把所有的钱都押在赌注上，这就是所谓的'孤注一掷'。陛下当初在澶州，不过是寇准'孤注一掷'罢了！"从此宋真宗对寇准冷淡了许多。

寇准是宰相，在选拔人才时，不被门第高低所左右，喜欢招揽那些出身贫寒却有真才实学的人才。御史台是专门批评朝政得失的机构，每当御史台缺人的时候，他都会让那些有批评精神的人去做。如此一来，他就成了王钦若的眼中钉、肉中刺。景德三年（1006）二月，由于王钦若等人的攻击，寇准被革职为陕州知州。

寇准离开东京，在河南、陕西等地作了多年的地方官。宋真宗晚年卧病不起，越发迷信和糊涂，对于王钦若与丁谓简直到了言听计从的地步。

天禧三年（1019），局势发生了变化。丁谓将寇准请回朝做宰相。丁谓这么做是有目的的。当时，无论资历还是声望，丁谓都不配做宰相，所以他请寇准回朝做宰相，借着寇准的名头，为自己效力。局外人很清楚这一点。寇准的一位门生曾非常诚恳地告诉寇准，称病不去是最好的选择，"再入中书"做宰相是最坏的选择。然而耿直的寇准不听劝告，于六月间赴京上任。

丁谓先后两次算计寇准。起初，他一心想把寇准拉拢到自己的队伍里。一次宴席上，寇准的胡子上沾了些菜汤，丁谓马上站起来替寇准擦胡子。寇准非但没有领情,反而大为恼火,当场斥责丁谓失了礼数。丁谓恼羞成怒,发誓要找寇准报仇。

宋真宗得了风湿病后,刘皇后就插手朝政,凡事皆问丁谓。丁谓误国,寇准、王旦、向敏中等元老纷纷上书,建议选一位光明磊落的大臣来辅佐太子。寇准特别指出:"丁谓和钱惟演都是奸佞之徒,不能辅佐少主。"这其实是反对刘皇后预政,反对丁谓专权。病重的宋真宗也意识到了丁谓专权的严重性,便批准了寇准等人的上书。寇准命知府杨亿秘密起草令太子监国的诏书,准备与杨亿辅佐太子。

刘皇后是四川人,娘家仗着权势犯法,宋真宗看在刘皇后的面子上,下了赦免诏书。寇准坚决反对,认为必须按国法处置。为此,寇准和刘皇后结下了梁子。不料寇准和杨亿密谋由太子监国,杨亿之弟张演酒后走漏风声,刘皇后先发制人,罢寇准为太子太傅,封为莱国公。就在这个节骨眼上,周怀政这个与丁谓有私仇的太监勾结同党,企图发动政变,将斩杀丁谓,复相寇准,立宋真宗为太上皇,拥立太子为皇帝。客省使杨崇勋泄露了此事。丁谓连夜化装坐牛车前往曹利用那里商讨对策。丁谓、曹利用派兵围困周怀政。周怀政被俘后自杀身亡。丁谓想趁机杀了寇准,诬陷寇准参与了这场阴谋。寇准虽然没有被问死,却又被罢免了宰相,被逐出了京城。

寇准遭贬一事,据说是丁谓等人背着宋真宗干的。据《宋史·寇准传》记载,寇准被贬官时,真宗病重不知道此事,问左右侍从为何多日不见寇准。寇准离开京城的那一天,大臣们因为忌惮丁谓而不敢相送,只有王曙以"朋友之义"来送行。参知政事李迪知道此事后勃然大怒,当众宣布他和丁谓是死敌,甚至持手板击打丁谓。李迪面呈皇帝,痛斥丁谓的奸诈,力陈寇准的冤屈。

寇准再次被罢相后,丁谓当了宰相,将寇准一贬再贬。

乾兴元年(1022),寇准含冤离开了道州,前往南方的海滨雷州。到任后，连个像样的住处都没有，但当地官员和百姓素来仰慕寇准的为人，主动为寇准盖房子，安排住处。他在任期间，除处理极少数政事外，主要是研读经释，闲暇时写字会友，每逢来客，都是笑脸相迎，不像是权贵。

他还指导当地居民在雷州学习中州音；传授农业技术，兴修水利，开渠引水，灌溉良田；讲授天文地理，以避邪说；同时，他还建立了真武堂，招收弟子，传播中原文化，促进雷州文明的发展。当时一位诗人对寇准赞不绝口："有官居鼎，无地起楼台。""无楼台相公"的美号就这样叫开了。

天圣元年（1023），寇准在雷州任所忧病交加，卧倒在床。此时，他以"病中诗"为题，赋诗一首："多病将经年，逢迎故不能。书惟看药录，客只待医僧。壮志销如雪，幽怀冷似冰。郡斋风雨后，无睡对青灯。"

天圣元年（1023）九月，寇准病故于雷州竹榻之上，妻子宋氏奏乞归葬故里，仁宗准奏。但因所拨费用有限，灵柩运至中途，钱已用完，只得寄埋洛阳巩县。明道二年（1033）十一月，宋仁宗为他昭雪，寇准得从归葬下邽，恢复了太子太傅、莱国公的身份，赠中书令，谥号忠愍。

皇祐元年（1049），宋仁宗又令翰林学士孙抃为寇准撰写了"莱国寇忠愍公旌忠之碑"，并亲笔为碑首篆写了"旌忠"二字。

寇准年轻时曾写诗："到海只十里，过山应万重。"一语成谶，最后卒于东南门至海岸只有10里远的雷州，远离家乡万里。

据说雷州百姓护送寇准灵柩北上，到了雷州的一个渡口，突然狂风大作，大雨滂沱，大家无法北上，只好停下来，为了防止棺材被雨水冲走，大家在棺木前插上枯竹。第二天，雨过天晴，棺材上长出了嫩芽。后人为悼念这位贤相，此处遂以"寇竹渡"命名。

寇准过世后，在妻子宋氏的请求下，将棺木运至洛阳安葬，途经湖北公安等地时，当地的父老在路上插了一根竹枝，据说后来竹子长成了一片森林,后人称其为"相公竹"。人们又把"寇公祠"建在竹林旁。明代大文豪戴嘉猷路过公安,写下了一首不朽的诗句:"万古忠魂依海角,当年枯竹到雷阳。"

雷州人为了缅怀他,在他的寓所"西馆"立祠奉祀。

绍兴五年(1135),宋高宗又赐"族忠祠"匾额。"曾为深渊无处诉,年年江上哭青春",这是寇准寄居"西馆"时抒发内心激愤和伤感的诗句。

寇公喝过水的那口古井,千年不枯,泉水清澈,人称莱泉。元仁宗延祐四年(1317),海北南道廉访使余琏修井,由名宦进士王佐题"莱泉井"石匾。寇公祠两侧廊厢布满歌颂寇准的诗文。

明进士金都御使魏瀚诗云:"廊庙安危力万钧,泰山乔岳等嶙峋。雷阳何以有此老?宋室未知有几人!济海舟航横野渡,谪居池地动星辰。南来为问崖州户,曾似丞尝庙貌新。"今天,人们怀着崇敬的心情,瞻仰着矗立在祠堂前的塑像,细看陈列馆里陈列的展品,凝视他生前使用的家具。当年寇公含泪吟唱着感人肺腑的诗句,依依不舍地在莱泉井边徘徊。

## 四、包孝肃墓

包拯墓位置:包拯的坟茔在永定陵附近。墓碑正面有一块清代的碑文,写着"宋丞相包孝肃之墓"。

下葬时间:嘉祐八年(1063)十月。

包拯墓概况:因包拯谥号为孝肃,所以又称包孝肃。包拯墓坐北面南,墓周长20米。墓前石刻尚存4件,东侧有1根望柱、1件石虎、1

件石羊，西侧仅存石虎1件。

望柱：大青石质地。六棱形状，底座上雕刻覆莲花，柱身雕刻牡丹缠纹，柱头雕刻束腰仰莲花蕊，这是宋代雕刻的一大特色。

石虎：大青石质地。虎身臃肿，雕刻精巧，与之相比，有种不协调的感觉。

石羊：尖脸，卷曲的脑袋，小巧的耳朵，笔直的脖子，昂着头，四肢匍匐在地，看起来栩栩如生。

石碑：立在墓室门前的石柱上。石碑上写着四个字："大清碑记。"在碑正面有楷书："宋丞相孝肃包公墓。"另一面刻有"宋丞相包公文墓碑记"的题跋。石板上的文字脱落得很厉害，已经无法辨识。根据资料，墓室的构造为"甲"字形。

在《巩县志》《河南府志》《中国历史大辞典》《中国历代陵寝纪略》等书中都有包拯葬在宋陵的记载。"朝命效为保信军节度推官，俾护丧归，葬公于合肥县公城乡公城里"，这里说的是包拯被葬到了合肥，但是这里也有可能是衣冠冢。据史书记载，包拯陪葬在皇陵，至今巩县宋陵还保存着宋制的包拯墓。在封建时代，如果一位臣子能被埋葬在皇陵，那就是对他一生的嘉奖，对他的后人来说，也是最大的荣耀。所以包拯的坟茔，应该还是在巩县的宋陵中。

墓主生平：包拯（999—1062），字希仁，庐州合肥人，北宋名臣。

天圣五年（1027），包拯进士及第。累迁监察御史，曾建议练兵选将、充实边备。历任三司户部判官及京东、陕西、河北路转运使，后入朝担任三司户部副使，请求朝廷准许解盐通商买卖。知谏院时，多次论劾权贵。再授龙图阁直学士、河北都转运使，移知瀛、扬诸州，历权知开封府、权御史中丞、三司使等职。

嘉祐六年（1061），升任枢密副使。曾任天章阁待制、龙图阁直学士。

## 宋太祖陵密码

嘉祐七年（1062），包拯逝世，享年64岁。有《包孝肃公奏议》传世。

包拯刚正不阿，铁面无私，英明果决，敢于为百姓伸张正义，京师有"关节不在，阎罗包老"的传言。后人尊称他为奎星转世，因其黑面形象，所以被称为"包青天"。

包拯任监察御史兼知谏院时，为了整顿吏治，惩治贪官污吏，弹劾贩卖私盐牟取暴利的淮南转运使张可久、汾州（今山西汾阳）的知州任弁以及贪赃枉法的仁宗太监阎士良，其中影响最大的是弹劾王逵。王逵曾任转运使，巧取豪夺百姓钱财。激起民变后，他又派兵捉拿，滥用刑讯逼供，惨遭其杀害者不计其数，以致民怨沸腾。但王逵和宰相陈执中、贾昌朝关系密切，又深得宋仁宗的欢心，所以无所畏惧。为此，包拯屡次上书弹劾，最后一次更是直接斥责仁宗，说："今乃不恤人言，固用酷吏，于一王逵则幸矣，如一路不幸何！"这番话说得慷慨激昂，群情激愤，朝廷终于罢免了王逵。

此外，包拯还弹劾过宰相宋庠、舒王赵元佑之婿郭承佑、仁宗张贵妃之叔父张尧佐。包拯任御史中丞的时候，弹劾了利用职权买了富户宅院的张方平以及在蜀中饮酒过度的宋祁，让朝廷罢免了他们的官职。由于包拯敢于弹劾权臣，当时社会上流传着一句关于"包弹"的谚语。世人凡见官吏有玷缺者，必曰："有包弹矣。""包弹"一词，天下皆知。

对于有才能、有政绩的人，包拯都能举荐，如杨纮、王鼎、王绰，都是革新派范仲淹提拔的人才，曾分别任江南东路转运使、提点刑狱、转运判官，因任内严惩贪赃枉法的官员，被誉为"江东三虎"。后因旧臣忌惮，三人降为知州，不得担任转运使之类的监司之职。包拯虽是由守旧派王拱辰推荐的御史，却不受政派的束缚，极力推举三人，使杨纮、王鼎、王绰先后出任荆湖南路转运使、河北路提督、江西路提督。

"庆历新政"后，包拯提出了若干改革建议。如主张严格选拔官员，裁汰冗员，对70岁以上的人，应强制辞官，解决冗员问题。他还主张停止征兵，拣斥老弱，解决冗兵问题，同时挑选精兵，训练义勇，充实边防军，抵御契丹。他向仁宗建议，"不必分文武之异，限高卑之差，在其人如何耳"，"必当考以应敌制胜之略，询以安边御众之宜"，然后"擢升而用之"。他向仁宗条陈了《七事》，建议"明听纳，辨朋党，惜人才，不主先入之说"，又奏请"去刻薄，抑侥幸，正刑明禁，戒兴作，禁妖妄"，言辞恳切，有理有据，一针见血，所以他的大多数建议被朝廷所采纳。包拯还专门上奏《进魏郑公三疏札子》，希望仁宗能够将唐太宗善纳魏徵之谏的故事作为鉴。

包拯任地方官期间，善于体察民情，兴利除弊，政绩卓著。他任京东转运使时，曾到各地视察贫困的冶铁户，向转运司申报，免除了他们欠下的官铁，鼓励能人开炉，发展生产。

在开封府任职时，包拯疏浚惠民河。惠民河又称蔡河，从东京流经通许，一直到淮河。后来为了方便水运，又从新郑引来闵水，使其流量大增。当时惠民河经常涨水，发洪水时"门关折，坏官私庐舍数万区，城中系桅渡人"。包拯查到了这条河泛滥的原因："中官世族筑园榭，侵惠民河，因此河塞不通。"遂毅然下令，将所有跨河修建的楼台、花园、水榭全部拆毁，使河水畅通。有些权贵持伪增步数的地券与包拯相争，包拯通过实地测量、验证，揭露真伪，上书弹劾，要求严惩。

包拯在任三司使期间，改革了一些旧弊。以前，凡是各种封藏于仓库供皇帝用的物品，都从各地科派，给百姓造成了很大的麻烦。包拯特设市场，公平买卖，百姓再也不受侵扰。原来吏员们欠了官府银子和布匹，大部分都被关进了监狱，有些人逃走了，就连带拘禁了他们的妻子儿女，像这一类情形的包拯都释放了他们。

包拯尤以断讼执法明敏正直著称。包拯离开天长县后，遇到了一个棘手的案子。某日，一农夫来到县衙，控告歹徒割掉自家耕牛的舌头，请求捉拿罪犯。割掉牛舌没有任何好处可图,包拯断定这是仇家的报复行为,于是命农夫宰牛卖肉,引诱罪犯上钩。宋人宰杀耕牛是犯法的,正如包拯所料,割牛舌者见牛主杀了牛,便去县衙告状,结果自投罗网。

在他出使庐州的时候,充分体现了他刚正不阿的秉性。庐州乃包拯故里,包拯任知州时,其亲朋故旧自以为能得其庇佑,仗势欺人,甚至扰乱官府,干过不少不法勾当。包拯决定大义灭亲,以儆效尤。正巧有个舅舅犯法,包拯也不忌讳近亲,在公堂上依法严惩他,从此以后,他的亲朋好友都收敛了气息,再也不敢胡作非为。

权知开封府后,包拯整顿吏治,改革诉讼制度。按照开封府的规矩,告状之人,须先将状纸交给守门的衙役,再由衙役转交。由于诉讼者不能面见长官,官吏往往借此敲诈勒索,徇私舞弊。包拯改革积弊,开诚布公,让告状的人可以直接去公堂,一陈冤屈,这样审判才会更加公正合理。

东京有很多皇亲国戚、达官显贵,素来难管,包拯又"立朝刚毅",凡以私人关系请托者,一律拒之,将东京治理得"令行禁止"。也正是因为他执法严明、不徇私情,威名震动都城,他在天章阁任知谏院时,弹劾权贵,贵戚宦官闻风丧胆,都忌惮他。

包拯严于律己、清正廉洁,是出了名的。23岁的时候,包拯得到了庐州刘筠的赏识,名声大噪,家乡有个富家请他去赴宴,一位姓李的同学兴高采烈地要去,包拯却一本正经地说:"彼富人也,吾徒异日或守乡郡,今妄与之交,岂不为他日累乎?"可见他为官前即确立了从政不徇私情的志向。

端州盛产砚台,历来为文人墨客所需,包拯出知端州时,革除了诸前任在"贡砚"数额之外,加征数十倍,中饱私囊和贿赂权贵的流弊,任满离去时"不持一砚归"。

包拯曾力申"廉者,民之表也;贪者,民之贼也",他不仅如此说,而且还躬身力行并教之于后代。包拯订立了《家训》，将《家训》镌刻于石碑，竖立于堂屋东壁，以昭示后人。

这些陪葬墓为我们展现了北宋朝廷与后宫的一些不为人知的小细节，可以作为历史的一个补充，希望有一日能发现更多的陪葬墓，让我们了解更多的历史。

# 第九章

## 宋陵的血与劫

巩义位于河南省的中部，山峦起伏，峡谷交错，属于低山区。北宋皇陵就在这里。这里东起青龙山，西临柏峪南岭，南到芝田镇八陵村，西到孝义镇，占地156平方公里。陵区内，土质较厚，水位偏低，适宜深挖墓穴和丰盈厚葬，陵区附近又盛产"岩棱温润，罕与为比"的石料，易于在附近地区修建墓葬和雕塑。

这座庞大的皇陵，经历了千百年的风风雨雨，台犹高数丈，墓壁隐约可见，墓碑完整，气势雄伟，来过这里的游人，无不被陵墓上的巨大石刻所吸引。看着那些雕刻得很精致的石柱、石狮、瑞禽、瑞兽，还有那些巨大而厚重的雕像，人们不禁会想到，这些石子究竟是从何而来，工人的工作是怎样的？

## 一、采石之役

采石之役是修建北宋皇陵的重要徭役之一。此类临时差役，在史料中有零散记载，好在修建宋真宗永定陵至宋哲宗永泰陵，都有详细记录采石的地方、采石的数量、劳力、时间等。

缺州水陆计缺运使朝缺尚书兵部员外郎缺军锺缺篆额，文林郎守河南府缑氏县主簿管句（勾）采取搬运缺山缺石缺乐辅国撰。

## 第九章 宋陵的血与劫

若乃土圭定国，卜洛缺二宅之雄，地镇秉灵，维嵩冠五岳之首，风雨之所会，阴阳之所和，居然得天地之心，绰尔是皇王之宅。周汉已降，实曰名都。我国家运缺隆兴，创业垂统，削平多垒，奄宅中缺邑长百万之师，城阙有亿兆之众，相水陆五达之要，缺漕运万计之饶，所以控淮汴之上游，为都畿之胜地，比之全盛又绝拟伦。

伏自太祖、太宗，应顺天人，追尊祖祢，钦崇懿号，迁奉寝园，乃于定鼎之都，以缺藏金之地。爰从吉兆，缺建宏规，协举孝思，高迈五陵之制。恭承道荫，聿锺万世之基。

大行皇帝祇缺璇图恢融，宝命启迪，缺逢迎粹和，绍二圣之令猷，超九皇之懿范。睿文冠古，穷经天纬地之源；神武膺期，成拨乱反正之业。仁以守位，孝以奉先，四时固绝于畋游，七庙弥敦乎恪谨。爰自君临兆庶，德服华夷，运神策于边荒，执利器于掌握。四夷即叙，不施烽燧之辉；百姓乂安，不识军旅之事。绵延怙泰，盛节交修。翠巘泥金，聿举增高之典；神雕殿壁，复施益厚之缺。以至延欸驭于寰清，授珍符于秘殿。奉缺夷之诲，昭示仙源，瞻晬穆之容，延昌宝祚。显道宗之积累，则幸景亳以朝真，答缺帝之贻谋，则款阳缺而荐号。顾能事之毕举，缺宸念而增虔，旰缺万机，焦劳庶务，六一丹就，百灵无缺鼎之缘，二十功成，缺后缺攀缺髯之叹，莫不哀缠。圣嗣痛结宫闱，六龙未达于杳冥，四海遽闻于遏密。

倏临远日，爰上缺瀍涧之滨，缺苍梧之野，缺集事岂缺人缺命威塞军节度使侍卫亲军步军副都指挥使夏公守恩、充修奉部署左骐骥使忠州防御使入内都知蓝公继宗充修奉铃辖。二公荷先朝拔擢之恩，副当宁选抡之寄，同心勠力，夙夜在公，仗钺而来，得以便宜从事，募诸道兵士工匠来赴，力缺表请文武官僚，使命分掌其事。虽钦承治命，以俭约而处先，而遵法古仪，在坚固以为事。计用安砌皇堂石二万七千三百七十七段，门石一十四，侍从人物象马之状六十二。凡有名山，悉皆寻访。缑氏县南有粟子岭者，盖少室之西山，万安之东岭也，多产巨石，岩棱温润，罕与为比。

辅国忝居麾下，仍属堤（提）封，首奉指缺司计置还以益赡为缺乃命中贵内殿崇班李知常，左侍禁李丕远与辅国同办其事，部领工匠四千六百缺，峭峻不缺行路杳绝，居民固无井泉以充日用，汲引甚远，饮歠或愆。士民之心方增劳止，忽有石泉一眼涌出，并岩谷中有清泉一派，临于山址，其源深而流长，缺味甘而且美。缺而至缺云缺熬熬之心，不胜其乐，倘非一人之孝感，二公之至诚，不能致也。拜井水涌，缺止于耿恭；刺山泉飞，靡专于李广。挺生杰出，何代无人！此山旧有神祠，绵历时岁，栋宇摧坏，且基址具存，因与同僚议其完葺，揆诸材瓦，假力余工，曾未浃旬，俨然新庙，冀其降福，以庇兹民。复有灵蛇，出为瑞应，其色皎洁，其状蜿蜒，爰有飞章，达于天听，特诏中使，颁睿旨，赉名香，率道流二十人，建灵场三昼夜。并设清醮，以答神贶。而又缺宣宸慈，抚恤士伍，饵以医药，赉以物帛，群情感激，罔不尽心。每梯霞蹑云，缺崖抱栈，若履平地，咸欲先登。镌琢之声，闻数百里。凡所攻采，应手而得，缺今所出，如同影响，般辇相继，有若风雷，而未及前期，厥数大备。自暮春之令序，逮献裘之届辰，以缺系时，其功就毕，洎乎充用，抑有羡余。辅国缺处下缺，叨预陈力，缺观事实，仍仰徽猷，秉笔直书，辞亦无愧。至于崇奉陵域，种植松楸，严肃威仪，秘邃宫阙，规模宏壮，制度久长，亦二帅之输忠，诸君之协葺，固不可缺而备言也。聊书采石一时之

## 第九章 宋陵的血与劫

事,乃万缺之一二矣。时乾兴元年八月十日记。

左侍禁提举山陵逐程排顿及缺递铺管勾采取搬运石段李丕远书及刻字,内殿崇班提举山陵逐程排顿及缺递铺管勾采取搬运石段李知常,山陵修奉钤辖左骐骥使忠州防御使入内内侍省都知勾当皇城司缺随驾缺蓝继宗,山陵修奉部署侍卫亲军步军副都指挥使威塞军节度使夏守恩。

亿按:碑漫漶,寻其可与史证者,惟蓝继宗见礼志。志云:山陵按行使蓝继宗言,据司天监定永安县东北六里曰"卧龙冈",堪充山陵。今碑云继宗充修奉部署。又云:山陵修奉钤辖,以见继宗必初为按行而后又充修奉,史文或不备附,于此见之也。《职官志》:使职兼领者,亲祀南郊,则有大礼、礼仪、卤簿、桥道、顿递五使籍田,泰山封禅,汾阴奉祀,恭上宝册,南郊恭谢,皆如之。按,桥道顿递使,当太祖崩而太宗时尹开封,固尝任之,寻又兼领五使。则志于大丧充使职者,亦当列之志内,然竟未收入,何欤?岂以国恤讳而不书欤?记所载李丕远、李知常并有提举山陵逐程排顿及马递铺等职,盖亦顿递使之遗也。故著之以补史阙。

这就是说在开采的时候,朝廷会给参加开采矿石的士兵和工人提供药物和物品,工人们感恩戴德,干劲十足,开采也变得轻松起来。矿工并不只是士兵,还有很多老百姓,并且是临时的。根据记录,开采石头的时候,从春天开始,直到秋季,这正是最忙碌的时候,老百姓却来这里采石,他们的兴致并不高。采石头要梯霞蹑云,依山势而行,显然不是一件简单的事情,可是这里把这件事写得轻而易举,可见是故意掩盖事实。

宋朝的陵寝和历代陵寝有很大的区别,以往的陵寝大部分都是在皇帝还活着的时候就开始修建的,而宋朝的陵寝要"七月而葬"。但这并不

## 宋太祖陵密码

意味着宋陵的建造会变得容易，反而因为施工进度比较紧迫，修造采集时间很紧，工作密度很大。在建造皇陵的时候，石头是最基本的。

在《永定陵修奉采石记》一文中，没有记载明确的日期，只说从春天开始。开采山石和修墓，在古代都是很重要的，可能需要测算日期，而且开采的项目很大，要做很多的准备工作，还要认定官员，不能操之过急，而且这个过程也是有时间限制的，因此肯定不能皇帝一死就马上开采石头。

此外，宋人在修建陵寝时，所用的石头都是从洛阳境内的一座名为"万安山"的山上取来的，因为石头很大，也很重，所以从安西的河道平原上运到这里来。因此，选择将宋陵建在平坦的地方，不仅是因为堪舆情况，也和运送石料等因素有密切关系。

宋陵的石雕对石质的要求很高，巩义四面八方都是大山，山上有很多的岩石，但是，当地的岩石容易被风吹裂，不能长久地存放，因此，宋代官府在巩义陵区25公里外的栗子岭选择了一个采石场。

栗子岭，也就是谷子山，早已绝迹，当地人对它并不熟悉。但从多地的地形来看，确实有一座与栗子岭一模一样的山头。这座山峰名叫"牛心山"，孤峰特出，矗立在群岭之中，鹤立鸡群，巍峨雄伟，远远看去，就像是一根大圆锥体，矗立在大地上。这条峡谷产上好的青石，谷内有一口泉水，两边的悬崖上都是乱石滩和形状各异的矿洞，在深的地方，还发现了宋陵开采石头的痕迹。很显然，这就是他们要找的宋陵采石的地方。

《永定陵修奉采石记》中说，栗子岭的石料"岩棱温润，罕与为比"，是一种罕见的优质石灰岩青石。至今栗子岭宋代采石场遗址还保留着，它坐落在一片山谷深处，残岩嶙峋的崖壁上还能看到当年挖开岩石时留下的划痕。

谷口较为开阔，谷底之山泉、溪流，逢天旱即干涸。顺着小河往上

## 第九章　宋陵的血与劫

走大约1公里，在北边的峭壁上，采石场呈东西走向，穿过青萝山与南横岭，峡谷两边是一片方圆数公里的采石区。在这片坡形的谷壁上，布满了往日开采时留下的采石台和石坑，有时还能看到为切割岩层而挖出的矿洞和敲刻竖线。采石台的表面又长又广，石坑大小不一。可以见到一些高仅二三十厘米的石质石雕，石雕的面目残缺。再往前走，山谷越来越狭窄，到处都是大大小小的石头，大的比卧牛还大，小者比鸡蛋还小。两侧山崖峭立，岩石暴露，岩石表面或呈台阶状，或呈水平状，到处可见人工开凿的痕迹。谷地里堆积着有切痕的废石料，有一块长方形的石头，从上面雕刻着眼睛和鼻子的形状看，像是一只猛虎。

在这座峡谷的最深处，有许多挖掘出来的碎片，还有一小块雕刻着一只眼睛和鼻子形状的半成品。从岩石的断面来看，这里的青石是一种灰黑色的石头，色泽深邃，质地坚硬，可以用来做大规模的雕刻，也可以用来雕刻精细的图案。

在峡谷的南侧，有一条古老的道路，有明显的车辙。在峡谷西南方的水潭两侧的石壁上，还刻有七处题记，虽然年代太过久远，很多已经看不清楚了，但其中一处上面写着："泰陵被旨提举采石，导泉于此。"

至于怎么搬运和雕琢石头，历史上没有任何记录，但根据历史学家的猜测，应该是用巨大的铁轮平板车来运送石头，这从矿洞里的痕迹就能看得出来。而且很有可能，这些石头都是被挖出来的，经过一定形式的粗加工开出大形后，被送到墓园进行精细的处理。这一点，从栗子山采石场出土的半成品和附近工匠们雕刻的祭拜用的小型雕像中就能看出来，开采匠人和石雕匠人是一起劳作的。此外，八陵陵区还发现了大量的碎石，其中永定陵地下宫殿中的两座石柱，形状类似，一座是经过精细雕琢的，另一座则是经过了简单的处理，也就是说，在陵区进行精细处理的概率非常高。

由此可知，北宋皇帝陵寝中使用的石料都是从栗子岭运来的。

## 宋太祖陵密码

为了修建陵墓，开采石头是一项艰巨的工作，工作量很大，用时也很长。根据《永定陵修奉采石记》的记载："计用安砌皇堂石二万七千三百七十七段，门石一十四，侍从人物象马之状六十二。"

还有其他记载：用兵士、工匠3.16万人；修永裕陵开采2.23万多块石头；修永泰陵采石2.76万余段，用兵士、工匠9700多人，并募近县役500人；修英宗高皇后陵采巨细石1万余段，用兵士、工匠5000余人；修神宗钦圣宪肃皇后及钦慈皇后二陵采石2.71万余段，用兵士、工匠9600多人。其中最大的一块石头，足有2米多宽。一般情况下，开采时间为40到60天。采石工人来自京城和四面八方，他们要开采，还要和百姓拉大块的石头，工作很辛苦，很有风险。在这段时间里，戒备森严。工人只能在采石场居住，没有足够的医疗资源，很容易病死。

大概是因为死的人太多了，那些官员们产生了一种心理上的压力，每当下起雨，他们就会觉得山上到处都是怨灵的哀号。为了获得心理安慰，官员在矿洞里修建了一个道场，以超度亡灵，《永泰陵采石记》中就记载了这一点。但是，这样的自欺欺人的行为，并不能掩盖压迫和剥削百姓的残酷事实。"采石工人"以逃跑的方式进行反抗，据记载，泰陵采石场只有50多人逃离，事实上，这还远远不够。

……以二月十日丁未开山，至五月十一日丁丑毕功……凡役兵匠九千七百四十有四，取石既移，惧役兵疲困而功不时集，复请募近县夫五百，俾悉挽巨石，以讫其事。然属运寒气，疠目京都达于四方，人多疾疫，而况大山深谷之间，岚雾蒸郁，朝暮冲冒病者宜甚。于是时药食口覆籍之具无一不备，仍分处太医各俾诊治，日且躬行巡视，由是病者千七百余人，而不可治而死者盖亦百厘之二，逃者才五十人耳。

## 第九章 宋陵的血与劫

虽然有太医给百姓看病，但还是有这么多人生病，甚至有700多人死去，却被算成功德一桩，可见平民的生命对他们来说，根本就是一文不值，可见百姓有多艰辛，生存环境有多差。

《永定陵修奉采石记》还反映了以前修奉山陵采石的情况：有病之人，都在山中安葬，事成之后，再也无法遮盖，今日，都是奉旨烧了，收集了一些东西。他家中的人都说，每当天气渐暗，山中便会响起一曲歌声，说那些倒霉的亡灵还没有得到自由。

为山陵服役，却被人扔进了山谷之中，连尸体都没有留下，这是一幅多么惨烈的画面啊，这是一座座建立在无数人流下的鲜血和尸骸之上的陵墓。

北宋时期有关陵墓事故的记录有四次：宣祖墓。《宋史·太祖本纪》载，乾德二年二月，丁巳，"治安陵，隧坏，役兵压死者二百人，命有司瘗恤"，这属于施工事故。

修建真宗永定陵时，宦官雷允恭事件，前面已经讲过。这是人为事件，也不排除政治原因。

真宗章穆皇后陵墓。《宋史·宦者传》蓝继宗传记中载："坐章穆皇后陵隧垫，贬如京使。"应该是在修建陵寝的时候选择的穴道有泉水，位置不正。

最后一次就是仁宗生母章懿皇后陵。《宋史》载："明道中，改葬章懿太后，而旧藏有水，以守勤尝典葬事，罢为永兴军兵马钤辖，徙鄜延路。"章懿皇后改葬归咎为故陵地卑有水，即墓地风水不好。其实是仁宗想为自己的生母换地方。

采石场如今虽然风和日丽，但每当有人看见宋陵石刻的时候，都会联想到悬崖上的痕迹，想起池塘边的碑文，想起过去的历史。它会加深我们对历史上统治者所认为的威仪的石刻艺术的理解，这里浸润着成千上万的古代工匠的鲜血和汗水！

## 二、守陵之人

　　守陵人就是陵墓守护人员、墓地看管者，是对陵墓负有看管和维护职责的人。古时候，并非每座坟茔都有守护人员，能有守卫的陵墓并不多见。有守陵人的墓主人的地位比较高，大多为王勋贵族、名臣烈士。

　　唐朝晚期，皇帝及重臣的墓室守护者的工作性质随之改变：陵寝守护者从义务差役，变成了由政府花钱雇佣的差役。

　　这是因为到了唐末五代，战乱频发，帝王、功臣烈士陵墓无人看守，而且因为战乱，守陵人必须拥有一定的武力值，而北宋普通百姓是没有这样的能力的。另外这些陵墓中往往都有珍贵的陪葬品，让很多探险家都为之疯狂。后周太祖曾对晋王柴荣说："昔吾西征，见唐十八陵无不发掘者，此无他，惟多藏金玉故也。我死当衣以纸衣，敛以瓦棺，速营葬，勿久留宫中。"就是说他打仗的时候看到了唐代的陵墓皆被挖掘出来，没有其他的原因，就是因为里面有财宝。如果他死了，就用纸制的衣服，用普通的棺材，尽快安葬，不要在皇宫里停留太久。他想用薄葬的方式来防止自己的坟墓被毁。在宋代的墓葬中，陪葬的器物十分丰富。因此，北宋的陵墓和历代的帝王皇陵相比，需要更多的士兵去守护。

　　唐朝实行府兵制，其特征是兵、农结合，平日为农夫，农闲时训练，战时参军。他们都有自己的兵器和马匹。这就使守护陵墓的唐朝百姓拥有了一定的防卫能力，能够有效地抵抗破坏陵墓的行为。这种状况在宋朝时有所改变。宋朝军队制度发展到了相当成熟的征兵制度，军队和农民完全分开。农民只负责耕地，从来没有接受过军事训练。一般的农民根本没有能力保护陵墓。再加上军人自身的纪律严明、反应迅速、组织

## 第九章 宋陵的血与劫

严密、便于调集、忠于朝廷、易于指挥，分散的、难以组织的平民自然被有组织的军队取代。皇陵的管理和陵区的维护自然是由宋朝军人承担。

因此到了宋朝，由征兵保卫帝王陵寝的情况出现。北宋皇陵的守卫以士兵为主，专门保护皇帝陵墓原本是属于边军的任务，后因为其特殊的功能而被提升为禁军，有"奉先""奉园"之称，与以前的官吏、平民在皇陵中担任守卫的角色有着天壤之别。而宋陵独有的柏子户，只负责陵区内柏树的移植与维护，并无保护陵寝之责。

最早的时候，永安陵、永昌陵和永熙陵，设置了500名守陵将士。宋真宗永定陵，因章献皇后之事，另设一统领，守陵士兵为1000人。永昭陵也是一样。从这一点来看，北宋皇帝陵墓中的守卫人数是有严格限制的，每一座陵墓的守卫都是500人，而在皇后的陵园中，则根据具体情况增加人数。守卫陵墓的士兵数量与墓主人的地位是一致的。皇陵中有200名守卫，因为墓主是皇子，所以守卫的名字被改成了"奉园"。奉园的士兵和奉先的士兵，在待遇上并没有什么不同。

陵墓卫士是陵区中最重要的劳动者，担负着诸多任务。具体来说，守陵人的主要任务就是看守皇帝、王侯、王公贵族的陵寝，防止有人偷盗、破坏。这是最基本的职责，其他功能也在此基础上不断扩展。不管守陵人的职责是什么，都不能忘记守护皇陵的职责。

关于宋代守陵人的最早记录是至道三年（997）八月二十三日的诏令："于永熙陵下宫置殿，奉安太宗圣容。置卫兵五百人守奉，朝暮上食，四时祭飨。"也就是说，永熙陵建好的时候，宋朝的军队就会驻扎在这里。这500名士兵，负责看守陵墓，每日两次，为宋太祖的画像进贡，一年四季都要进行祭祀。但是，并没有明确标准。

每日早、晚两次的进贡以及四季的祭祀，都由守陵人来承担。虽然每天的陵寝祭祀都是由朝廷指定的官员来管理，但是真正的执行人员是守陵人。

## 宋太祖陵密码

到了景德元年（1004）六月十二日，宋真宗下旨："先置永安军士专奉陵寝，颇闻河南府多它役使，宜遣使押赴陵下，仍葺营以居之。守当使臣等先给职田，亦闻以耕种为名，多占兵充役，宜别加给赐，以田并赐永安院。"这是一种对士兵的职责和待遇的正式规定。这是西京河南府（今河南洛阳）的一支军队，驻扎在永安县（今河南巩义），隶属于边军，主要任务是保护陵墓，但后来大多被迁到别处。宋真宗为了解决这个问题，专门把守陵的将士安排在陵寝附近，并赐给他们近陵官田和居所，以便他们能够全心全意地守护陵寝。

宋真宗大中祥符八年（1015），"三陵封地，令三陵副使、都监常切检校，稍有损缺，即勒奉先兵士完葺"。也就是说陵园的封地，都是由守陵人来修复的。

宋仁宗景祐四年（1037），宋廷有"陵寝已有奉先指挥给洒扫，而柏子户多富民，窜名籍中，以规避徭役"的记载。陵寝内有侍卫，以备扫墓，显然是守陵的士兵也需要打扫陵墓。

天禧元年（1017），三陵失窃，守陵士兵是盗匪之一。为了防止类似的恶性事件再度发生，朝廷将永安县县尉廨置于三陵侧并令"三陵副使、本县监押、县尉每日夜互相警巡"，最大程度地防止了守陵人的偷窃行为。

元祐元年（1086），中书上奏："兵士夜宿陵寝，恐因此阙事，乞下永安县计置召人结买。"将士们在寝宫过夜，怕有什么不方便之处，特请永安县筹办。宋哲宗说："守陵墓的将士，不能在外面劳作。"于是下令："所有的城池，都不要购买，立即停止。"可见之前这些采买也是交给守卫士兵的。

奉先军确实是各大陵墓的主要劳动力，许多杂七杂八的事情都是由守陵人负责。此时，在祭祀仪式中，分发和回收仪衣也成为守陵人的工作。

## 第九章　宋陵的血与劫

其实宋朝皇帝对守陵将士提出的最根本任务就是在陵寝中过夜，以保护陵墓，不想让将士们为别的事情所驱使，然而，事情并没有按照他们的意愿发展。从建立之初，守陵人在自己的职责之外，就有其他杂事要干。虽然有少量规定禁止守陵人干其他杂事，但大多数杂事还是都被保存下来，并逐步形成了一种新的制度。

可以说，在北宋的陵寝之中，守陵的将士担负着大量的劳力，他们的责任早已超越了守陵这个狭隘的概念。

主要是因为北宋军队与之前的军队相比，有很大的区别。北宋时期，士兵除了履行军队的传统职责外，也有为国家重大项目提供体力劳动的职责。守陵人虽然是禁卫军，但他们的职责却是属于边军的。而让百姓充当守墓人的做法，往往会耽误农时，劳民伤财，加剧社会矛盾。以兵代民，可以有效地减少劳力，保证人民生活，促进生产。为此，宋朝的统治者们尽量减少民间劳动，由守陵人负责打扫卫生、修缮陵墓。

宋真宗大中祥符四年（1011），"诏三陵所管军士有罪者止得科罚，其当杖者送永安县"，由此可见，永安县的官员也有监督和管理驻军的权力。

宋仁宗朝时，孙长卿通判河南府，朝廷派人"诏汰三陵奉先卒"，被淘汰的人在河南府衙门口大呼小叫，孙长卿说："矫制使还，而具言不可汰之故，朝廷为止。"由此可见，守陵士兵的管理人还是西京河南府。西京河南府是驻军的主要行政机关，掌握着守陵士兵的生杀大权。

宋高宗在绍兴七年（1137）下诏："西京奉先指挥李英卖玉注椀，（刘）豫疑非民间物勘鞫之。"奉先指挥说的就是守陵士兵的头头儿，他卖的碗不像是来自民间的。有些奉先军在陵寝中盗取陪葬物品出售，由守陵人变为盗墓贼，再也不能担负起保护陵寝的责任。这也是关于皇陵守卫士兵的最晚记录。

北宋时期，皇帝的陵寝由军人把守，这种情况持续至南宋灭亡。

## 宋太祖陵密码

后来金人入侵，大宋王朝南迁，官方部队无力保护皇陵，而北宋皇帝陵墓的守卫就变成了那些拥护宋王室的义务兵。

而这些守卫士兵也是有监管者的，也有赏罚制度。他们的管理者是陵都监，不过监管的权力并不大。

在奖赏上，恩赏多来自皇帝。如乾兴元年（1022），为宋真宗修建永定陵的麦守恩，曾经为守墓将士请恩，"奉先卒月增钱二百，俟三年罢给"。元丰三年（1080），安葬慈圣光献皇后于永昭陵后，曾赐"永昭、永厚陵奉先兵士特免差出二年"，总之，守陵人的赏赐，与北宋的其他将士相比，都要高出不少。

守陵将士犯错，"奉先兵士犯杖以下，情轻者断讫，仍旧犯徒以上及杖罪，情理重者杖讫，配千里外牢城"。就刑罚的标准而言，由于士卒守陵工作的特殊性，朝廷对守陵者犯错误的刑罚较轻。

除去守陵士兵，北宋皇陵还有一类特有的人员——柏子户，即"栢子户"，其产生与北宋皇陵密不可分。有的人认为柏子户同于守冢户和灵户，还有一种说法，柏子户专门维护北宋皇帝陵墓里的柏树，并没有其他职责。也有人认为，柏子户除了维护柏林以外，还有保护陵墓的功能，等等。

《宋会要辑稿》中关于柏子户的记载是："永安县诸陵园松柏，宜令守当使臣等督课奉陵柏子户，每年以时收柏子，于滨河隙地布种。俟其滋茂，即移植以补其阙。民间园林不得辄有侵取，违者论如律。"

因皇帝陵墓修建需要树木，在陵墓附近的山林间移植，恐扰百姓，故设柏子户，采柏树，栽种于"滨河隙地"，待其长势旺盛，移入皇陵。所以，柏子户是为新建成的宋朝皇帝的陵墓而特别设置的。最一开始柏子户应该有一些打扫陵墓的责任，但是，随着时间的推移，陵墓的清扫工作就交给了守陵的士兵，柏子户也不再负责陵寝的清扫工作了。

除了皇陵，其他的宗室陵墓甚至后周皇陵中也有柏子户。有柏子户的陵墓,其主人通常地位显赫,陵区的建造标准也比较高,并且陵区内都有柏林。由于陵园大多是新建的,所以在修建初期,陵园的绿化工作还未完成,柏林的移植和养护工作还需要人来完成。所以,泛泛地把柏子户和守冢户、灵户等同是不合适的。同时,我们也应该意识到,维护陵区的树木,也是一种保护,与守陵士兵、传统意义上的守陵民众相比,只是在工作性质和职责上有差别。

柏子户的主要任务是负责皇陵柏林的移植与维护。尽管宋朝皇帝的陵区面积很大,园林面积也比较大,但是随着陵区的不断扩张,柏子户的数目却没有增加。相反朝廷曾一度大幅减少柏子户的数量,柏子户大多是由皇陵附近的老百姓担任,因为柏子户的工作很简单,而且还有减免赋税和差役的优惠,吸引了不少富民商户充当柏子户,这样就可以逃避赋税了。当然,这也是因为柏子户只负责陵园区内的绿化,并没有保护墓园的功能,所以才减少柏子户的数量。

于是,朝廷开始削减柏子户的上户数目。之后,大臣们又多次上书,提议重新增加柏子户的数量,还曾经一度免去柏子户中的上等户。后来康定二年(1041),柏子户的数量又恢复了,但入柏子户的都是下等人户,避免了一些人利用官府对柏子户的优待政策进行逃税。

陵园中除了王公贵族的陵墓外,还有一个特殊的存在——孔林。孔林,又称至圣林,孔林面积约200万平方米,其中有10万多个墓穴,有可以通向城门的神道。孔子墓坐落在孔庙中央,以"偃斧"为封地,汉建宗庙、建庙门,宋朝刻制石仪,元代立碑、建周垣、建重门,明代重修享殿墓门、添建洙水桥坊、万古长春坊。

孔子和他的家人都葬在孔林。孔子坟的守坟户为7户,宋真宗景德四年(1007),增加到50户。宋真宗于大中祥符元年(1008)东封回程,到了林庙,近便10户,以奉茔域。

王安石改革后,"朝廷裁减役人,议者欲役钱宽剩",孔林中的护林户由5人降至3人。宋哲宗登基后，孔子四十六世孙孔宗翰曾上书说："因为之前朝廷裁去了一些人，别人只当陛下是为了国库，却不知道君王对儒者的尊崇。看林的守户一户只有3人，这1600多年，埋葬了孔子的后人，方圆十里，周围都是高大的树木，但这些年来，大部分都被强盗砍伐。"故元祐元年（1086），宋哲宗下旨，恢复原状，林户遂改为5人。

守陵士兵和柏子户的出现，反映了社会的进步和经济的发展。自北宋以后，历代帝王陵寝中都有守陵士兵的身影。他们用自己的方法，守护着这些皇陵。

## 三、盗墓之祸

就算是有护卫，帝王陵也逃不过被盗的厄运。更何况，这都过去几千年了。根据目前的考古发现，中国现存的所有帝王陵都曾被盗墓贼"光临"。温韬盗了唐"十八陵"，"巩义八陵"被刘豫盗掘。与汉、唐帝王陵墓的原葬相比，北宋的帝王陵墓总体上较为简朴。汉、唐的皇帝都是从在世时就开始卜穴的，但宋朝的皇帝没有在自己在世时建造过陵墓。刘豫本是北宋的一员，后来归附于金朝。降顺叛逆，本来就是大逆不道，挖盗古墓，更是罪大恶极。

北宋末代皇帝是钦宗，他在位只有一年零四个月。

金国大将粘罕在靖康元年（1126）十一月十五日从蒙津渡黄河，第二个月，金兵攻入东京，君臣南下，北宋覆灭。四年后，刘豫被金国封为"大齐皇帝"，并迁都开封，建立了名为"大齐"的傀儡政权。当了傀儡皇帝的刘豫学曹操，建立了一个专门的盗墓组织，这是中国历史上第二个有记录的盗墓组织，疯狂盗坟掘陵。史书上说："刘豫僭立，见兵士

## 第九章　宋陵的血与劫

卖陵中玉碗，即置淘沙官，再发河南山陵及发民间无主坟墓。"刘豫除了重用他的亲信，还封了他的儿子为"淘沙官"。

北宋皇陵虽然简单，但造价很高，相对于汉、唐皇陵来说，挖掘起来并不费力。刘豫、粘罕等人先后盗掘、毁掉了赵匡胤所认为的这片风水宝地，除了皇陵之外，后陵、妃墓和周围的臣子墓也没有幸免。据记载，刘豫盗墓技术很好，小墓直接挖开墓顶，大墓则在墓台一侧挖个洞，撬开墓顶的石门，用绳索将墓碑拉下来。当时，墓中到处都是盗墓贼，宋哲宗赵煦的尸骨被挖了出来，被乱扔在地上，暴晒着。那时候，尸横遍野，风水宝地变成了乱葬岗。

刘从善是河南淘沙官，负责在洛阳和巩县一带盗墓。刘从善率领一队兵马，直扑巩县和洛阳，同当时永安县的伪守窦玖勾结在一起，主要盗掘没有被金兵洗劫过的古墓，凡是已经被盗走的墓，都要再挖一遍，连老百姓的小坟都不放过。一时间，巩县、北宋陵区内外，到处都是盗墓贼，尸骨遍地。为了洗刷罪证，窦玖放火烧了陵墓中的建筑和园林。

刘豫肆无忌惮地盗掘，使僧尼、柏子户等无处可去，只好流落他乡。自此，北宋皇陵无人看管，盗墓贼猖獗，西京一带的盗墓贼趁火打劫。

北宋皇陵与汉、唐皇陵相比，陪葬品并不丰富，但刘豫、粘罕仍视其为宝库，这其中也有政治原因，金政权有意破坏皇陵，挑动南宋政权人的神经，刘豫就是其中的罪魁祸首，被后人唾弃！

钦宗靖康元年（1126），东京被金兵攻陷，北宋灭亡。金兵大获全胜，便开始抢掠永安诸陵。他们先是抢夺了皇宫、献殿和各禅院的金银珠宝、古董、字画、衣物等，然后又挖了一座陵墓。

陵墓里的宝藏让金军将领们眼红，于是他们展开了一场规模更大的抢掠。他们在小坟上挖了一个大坑，在大坟上凿了一个洞，撬开了墓顶的石门，用绳子拉了下来。每一座陵墓都被洗劫一空，到处都是残垣断壁，到处都是灰烬，到处都是硝烟。

## 宋太祖陵密码

南宋皇帝闻讯后,派遣淮北三京的方庭硕前往巩县祭奠。他眼睁睁地看着八陵被金兵洗劫。宋哲宗的尸体被掘了出来,散落一地。回到朝中,他痛哭流涕,将自己看到的一切都告诉了高宗。高宗命河南镇抚使翟兴和岳飞等将领,率军前往永安,驱散金军,并命人修缮陵墓。但是河南是金人的地盘,每一次交战,都会引来金兵的反扑,于是在永安和巩县展开了宋、金两国的拉锯战,宋军退去,金兵又来,挖得更狠,甚至还烧了房子,砍了树木。于是,这片松柏林立的陵地,便成了一片荒芜之地。

很难有民间的土匪能够在史书上留名,但是朱漆脸是宋、元两代盗墓中难得在史书上留名的。甚至连整个盗墓的细节,都有详细的记录。朱漆脸是宋末元初洛阳一带最出名的一个人。他原本并不是被这么称呼的,只是机缘巧合,才被起了这么一个绰号,以至于连他的真名都被遗忘了。说他出名,并不是说他偷了很多坟头,而是说他盗的坟地很出名。他曾盗了宋太祖赵匡胤的陵墓。

陶宗仪在《南村辍耕录》中记载,元代有"木乃伊"可以治疗"损折肢体"的神话,与"僵尸人肉堪为药"的说法很相近。也就是说,在元朝,传说在墓葬中的遗体具有治愈四肢创伤的神奇功效。于是,盗墓的风气就更加盛行了。

朱漆脸并非盗永昌陵的罪魁祸首,前文提到,第一个盗墓贼是大齐皇帝刘豫。刘豫大盗七帝八陵后,皇陵受到严重破坏,南宋皇帝在金人退走之后,就开始重建被破坏的墓地,将那些被洗劫一空的坟茔全部恢复如初,将从棺材里扔出来的尸体重新下葬。刘豫盗宋陵时,宋仁宗永昭陵是主要目标,永昌陵赵匡胤的灵柩却没有被人打开。永昌陵是七帝八陵中保存最完好的一座。不过,也正是因此,永昌陵虽然避开了刘豫,但未能从民间的盗墓贼手中逃脱。

宋末元初,对盗墓贼来说,简直是一个绝佳的机会。那个时候,宋

## 第九章　宋陵的血与劫

朝处于风雨飘摇之中，可以说，这时没有人会在乎皇陵怎么样了。朱漆脸出手的时机恰到好处。

朱漆脸看到洛阳一带的大小墓葬几乎都被偷光了，余下的要么是规模较小，要么是有士兵把守，根本无法得手。经过深思熟虑，他最终选择了赵匡胤的永昌陵。他认为永昌陵的守卫不过都是些年迈的老兵，没什么好怕的。而且北宋的陵墓都被人洗劫一空，唯独永昌陵不仅连棺椁都没被打开过，反而在修缮中，还埋下了不少陪葬物。这也许是因为赵匡胤是宋王朝的开创者，后世对他表示敬意。

在仔细调查之后，他制定了一套关于永昌陵的盗墓方案，并带人成功地打开了地宫，进入了墓室。朱漆脸看到石床上的棺木，顿时大喜过望。

朱漆脸吩咐人将棺材掀开，里面堆满了珍贵的陪葬品。当盗墓贼将赵匡胤的陪葬品全部收集起来之后，这位开国皇帝的遗体就这样出现在了世人的眼前。尽管已经过去了数百年，但因为保存得好，赵匡胤的尸体没有腐朽，仿佛还活着，身上还有一条晶莹的玉带。朱漆脸见多识广，一眼就看出这是一个无价之宝，想要将它据为己有。不过因为尸体是僵硬的，宋太祖的体形很大，但是棺材里的空间不是很大，朱漆脸和他的属下使出了浑身解数，都无法将赵匡胤的尸体移开。

最终，朱漆脸想出了一个法子，他把一根绳子绑在了太祖的脖子上，然后把太祖绑在了自己的腰上，朱漆脸一用力，赵匡胤的身体就被提了起来。赵匡胤刚刚"坐"起身，嘴巴猛地一张，一股黑色的液体从口中喷了出来，正好喷在朱漆脸的脸上。朱漆脸吓了一跳，还以为这是防盗用的毒药，但看了半天也没有中毒的迹象，这才放心下来。可是这些黑糊糊的东西粘在脸上，怎么擦都擦不干净，所以朱漆脸这个名字就开始流传，时间长了，大家也就慢慢淡忘了他的真名。

这是历史上关于尸毒的记载中一个很特别的故事。传说，古代人在

## 宋太祖陵密码

死之前，往往会服用一些有毒的药材，以备日后尸体的保存。这种毒素会将人的五脏六腑全部腐蚀，变成液体。如果有盗墓贼搬运尸体，身体会被挤压，口中会喷出大量的汁液，将盗墓贼的皮肤给烧焦。

后来，他带着太祖之墓中的宝物去了汴梁，准备卖掉，没想到却被人识破了宝藏的来历，上报官府，这群盗墓贼全部被打死。

其实金国曾经设立了两个傀儡皇帝。

张邦昌（1081—1127），名子能，生于永静军东光县（今河北东光）。北宋后期的宰相，是主和派代表人物，进士。在宋徽宗和宋钦宗时期，他先后担任尚书右丞、左丞、中书侍郎、少宰、太宰、侍郎。金兵围攻东京，他主张议和，后跟随康王赵构作为人质前往金国，请求割地赔款求和。靖康之乱后，他被金人强行立为大楚皇帝，并在一个月内成立了"伪楚"政权。金国撤军之后，他将元祐皇后迎进了延福宫，还政于宋高宗赵构，被封为检校太傅、奉国军节度使、同安郡王府。

金太宗于金天会元年（1123）登基，背弃盟约，向宋国发动进攻。宋徽宗惊慌失措，生怕被人说成是亡国之君，于是禅位于宋钦宗。王黼和钦宗是对立的。宋钦宗登基之后，便默认了李党暗中对王黼的刺杀，而童贯也在顷刻之间被处死。张邦昌虽然平日里并没有什么大罪，但钦宗一定要铲除他，所以钦宗把一份"美差"交给了张邦昌，那就是与金和议。

在这次和谈中，钦宗明面上答应割地赔款，实际上却是暗中发动了对金营的袭击，将张邦昌逼入绝境。张邦昌怎么可能不知道？他要钦宗割地，钦宗拒绝，要河北印绶，又被拒绝了。看得出来，钦宗并不希望张邦昌回去。

这场和谈还使张邦昌和康王也就是宋高宗建立了一种新的友谊，钦宗派康王来谈判，想必早就对康王有所顾忌。

张邦昌也不是吃素的，一口咬定这次袭击不是朝廷指使的，居然保

## 第九章　宋陵的血与劫

住了性命，但因金人没有看到割地的凭据，谈判自然也就谈不拢了。于是，金国发动了反击，请求罢免李纲等主战派。宋人当时以为，张邦昌与主战派是"私敌"，这是张邦昌指使的。这可能是由于张邦昌后来被立为伪皇帝，以致当时人们以为张与金人是一伙的。事实上，他们对张邦昌的评价是错误的，推翻主战派是金人的必要条件，张邦昌只是一个低级官员，没有资格说话。但李纲因此被降职，这使得金人变得更加嚣张。

北宋覆灭之后，金人明显想要朝廷进贡，因此，他们必须有一位汉人皇帝来为自己筹集岁贡。虽然汉人均提议另立赵氏，但金太宗都拒绝了。此时，张邦昌成为唯一的候选人。

张邦昌知道这个位置不是那么好坐的，当时大部分的汉人都反对这个提议，尤其是秦桧。

金军一撤，张邦昌即刻大赦天下。吕好问劝说张邦昌还政康王。但王时雍、徐秉哲告诫他，还政必无善终，此时张邦昌骑虎难下。但他还是毅然决然地将宋国的国玺献给皇帝，立康王，请宋哲宗元祐皇后垂帘。他在信中写道："所以勉循金人推戴者，欲权宜一时以纾国难也，敢有他乎？"

张邦昌明知道还政还的是身家性命，但他还是义无反顾。而且此人自始至终都没有僭越自己大宋臣子的身份，所以有些人完全否定他，也是有不妥之处。毕竟谁也不会拿自己的身家性命去还政。张邦昌还政之日，跪在地上痛哭求饶，可能是张邦昌半真半假保命的权宜之计。

建炎元年（1127），张邦昌因叛国罪而死。

刘豫（1073—1143或1146），字彦游，永静军阜城（今河北阜城）人。金朝扶植的傀儡皇帝。

建炎四年（1130），被封为"大齐皇帝"，建都大名，使用金朝"天会"年号，恭奉金朝命令，改元阜昌。

刘豫出身农家，自幼无德，曾偷同学的白金盂、纱衣。元符年间（1098—1100），刘豫考中进士。政和二年（1112），他受谏官攻击，宋徽宗不愿揭发他过去的丑事，下令不再追究。不久，刘豫多次上书礼制局之事，宋徽宗说："刘豫乃河北种田之人，怎懂礼制？"刘豫被贬。宣和六年（1124），授国子监，官至河北提审。

金人南侵，刘豫弃官至仪真避乱。刘豫是中书侍郎张悫的好友，建炎二年（1128）正月，刘豫因张悫举荐，被任命为济南知府。当时山东盗贼横行，刘豫不愿前往，请求调任东南某郡，执政不喜，不允，刘豫愤然上任。同年冬天，金军攻打济南，刘豫派儿子刘麟出战，金军将济南团团围住，副将张柬增援，金军才退兵。金趁机派人以利引诱刘豫，刘豫记起了先前的怨恨，于是谋反，杀了关胜，率民降金，刘豫献城投降。建炎三年（1129）三月，完颜宗弼听说赵构已过长江，派刘豫知东平府，任京东西、淮南安抚使，节制大名、开德、濮、滨、博、棣、德、沧等州，任刘麟为济南知府，刘豫统领黄河。

建炎四年（1130）七月二十七日，金朝派大通尹高庆裔，知制诰韩窻，册封刘豫为皇帝，国号大齐，建都大名府。先前北京顺豫门长出瑞禾，济南渔夫捉到鳝鱼，刘豫以为是他登基的符瑞，便派刘麟带着厚礼贿赂金左监军完颜昌，请求封他为帝。完颜昌答应了，派使者去问民军该选谁当皇帝，众人还没来得及回答，刘豫的同乡张浃就提出了立刘豫的要求，于是完颜昌决定立他为帝，命高庆裔和韩日方准备一本玺绶宝册，册封他为帝。

九月九日，刘豫即位，大赦天下，遵照金朝的年号，称天会八年（1130）。

刘豫回到东平，将东平升为东京，改东京为汴京，南京为归德府。他的弟弟刘益留在北京，不久又在汴京留守。降淮宁、兴仁府、颍昌为州。因他生在景州，曾任济南知府，统领东平，在大名称王称霸，于是招揽了上四郡数千壮丁，人称"云从子弟"。他还下了一道假旨意，求直言进谏。十月，封其生母翟氏为太后，妾钱氏为皇后。钱氏是宣和时期的宫女，对宫中的事情很熟悉，刘豫想要仿效宫中的规矩，所以立了她为皇后。十一月，改年号为福昌。

金朝决定废掉刘豫，刘豫又向金人求援，金朝任命女真万户为元帅府左都监，驻扎在太原，以渤海万户屯河。于是尚书省上奏刘豫治国无功，应当废黜。十一月十八日，金废刘豫为蜀王。

先前完颜亶令完颜昌、完颜宗弼南侵汴京，诱骗刘麟来到武城，率领骑兵将刘麟团团围住，然后又向城内奔去。刘豫正在讲武殿射箭，宗弼带着三名骑兵冲入东华门，抓住刘豫的手，将刘豫拉到宣德门，逼着刘豫翻身上马，两名骑兵拔出利刃，将刘豫关在金明池中。第二日，召集百官，宣诏斥责刘豫，以数千铁骑围城，派校尉在大街小巷巡逻，扬言："从今往后，我不会再给你们发兵，也不会收你们的钱，我会帮你们杀貌似猛兽的人，请你们的旧主少帝来见我。"

刘豫苦苦哀求道："我们父子二人，并无对不起大金之处。"完颜昌道："赵氏少帝出了京城，百姓自焚而死，到处都是哭声。现今你被废，没有一人可怜你，你怎么不自责呢？"刘豫无言以对，被逼离开，表示愿意留在相州的韩琦宅第。后来他与儿子刘麟一同迁往临潢，金封刘豫为曹王，赐田给他居住。

刘豫统治期间，助金为虐，绍兴二年（1132）迁都汴京，派其子刘麟、侄子刘猊及宋朝叛将李成、孔彦舟等人与金军联合，攻占襄阳。岳飞于绍兴四年（1134）打败李成，收复了襄阳。刘豫派儿子刘麟与金军在淮南会合，屡战屡败，激起了金朝的不满。

绍兴六年（1136），刘豫征发中原民兵大举伐宋，没有得到金朝协助，导致大败溃退，伤亡极重，民怨沸腾。次年，其被废为蜀王，金朝废除伪齐，迁居上京临潢府（今内蒙古自治区巴林左旗），改封曹王。刘豫被废时年65岁。至于他是哪一年死的，《宋史》《金史》记载不同，《宋史》记载为绍兴十三年（1143），《金史》则记载为皇统六年（1146）。

## 四、南宋皇陵浩劫

南宋传世152年，历经9位皇帝。尽管南宋外部纷争不断，但其对外贸易和经济发展迅速，思想、学术、文化艺术都得到快速发展。理学在南宋时期成形并确立正统地位，开始向海外传播，为推动中华民族融合和中华文明的发展贡献出了一定的力量，在世界历史上具有重要的影响。

南宋六陵，象征着南宋的繁荣与发展，现位于浙江省绍兴市越城区宝盛镇宝山南麓，占地2.25平方公里。南宋六陵掩映于茂林之中，依山而建，每座陵寝均设上下宫，功能齐备，结构完善。

与北宋时期"七帝八陵"的布局如出一辙，无不彰显着赵宋王朝皇室的风采和昔日的荣光。宋六陵是反映宋代皇家陵寝制度及其演变的重要遗址，一方面继承了北宋皇陵规制，另一方面又开创了明清皇陵规制的先河。2013年被列为全国重点文物保护单位。

宋六陵包括：永思陵、永阜陵、永崇陵、永茂陵、永穆陵、永绍陵。

**永思陵（宋高宗赵构及宪圣慈烈皇后吴氏陵）**

陵主生平：赵构（1107—1187），宋朝第十位皇帝，即宋高宗，字德基，在位35年，南宋开国皇帝，宋徽宗赵佶第九子，宋钦宗赵桓异母弟，母显仁皇后韦氏。

绍兴三十二年（1162），禅位于皇太子赵昚，被尊为光尧寿圣宪天体道性仁诚德经武纬文绍业兴统明谟盛烈太上皇帝。淳熙十四年（1187）卒，是中国历史上少有的长寿帝王之一，谥号圣神武文宪孝皇帝，庙号高宗。

## 第九章 宋陵的血与劫

北宋靖康元年（1126）春，金兵首次包围开封，他曾以亲王身份在金营中做过短暂的人质。那年冬天，金兵南下，他奉命出使金营求和，被守臣宗泽劝留在河北磁州（今河北境内），免于被金兵俘虏。金兵再次围攻开封时，他受命为河北兵马大元帅，宋廷命他率河北兵马驰援京师，赵构率兵迁往北京大名府（今河北大名），又迁往位于今山东的东平府，以避敌锋。

金兵俘徽、钦二宗，于靖康二年（1127）五月一日北去，赵构即位于南京应天府（今河南商丘），改元建炎，为南宋的第一位皇帝。南宋初建之时，他迫于形势，委任抗战派李纲为宰相，但不久后将李纲赶走，与汪伯彦、黄潜善等奸臣放弃中原，由南京应天府逃至扬州。

建炎四年（1130）夏，金兵从江南撤军，赵构这才返回绍兴府（今浙江绍兴），后又移驾临安府（今浙江杭州），又把临安府定为南宋都城。金兵停止南侵后，宋高宗调集精兵，镇压荆湖、江西、福建一带的农民起义军和盗匪。虽然他在防御金兵方面做了一些部署，任命岳飞、韩世忠、吴玠、刘光世、张俊，分区负责江淮两省的防务，但只是以军事部署为筹码，并无收复失地之意。他重用金朝派往南宋的秦桧，任命他为宰相，同秦桧加紧进行投降活动，极力压制岳飞等将领的抗金要求。

和尚原之战是南宋前期宋军抗击金军的重要战役之一。此战由著名抗金将领吴玠、吴璘兄弟指挥，二人于建炎三年（1129）五月、十月分别击退金军，阻止金军西线进攻，保住川陕门户。和尚原之战后，金陕西经略使完颜杲率10万大军，继续向川陕方向进犯南宋，企图避开和尚原，由宋军防守薄弱的饶风关入川。南宋绍兴三年（1133），川陕之战，宋军与金军在饶风关（今陕西石泉西北）交战。金军因无粮，又有瘟疫，于四月初率军北撤，吴玠乘机在武休关（今陕西留坝东南）袭击金军的后军，金军猝不及防，被斩杀数千人，溃不成军。王彦趁机夺回了金州。

赵构在位期间，面对金的威胁，连年征兵，军费消耗巨大，不得已向农民征收辽饷,农民不堪重负,爆发起义。宋廷又征收练饷,以镇压农民起义。此时土地兼并严重,农民起义时有发生。如果赵构不与金人讲和,那么战场上的巨大经济来源,就只能靠老百姓了。

为了摆脱因军费开支而造成的财政困境,南宋不得不发展海外贸易以拓展财源。

南宋初年,土地兼并严重,贫富差距悬殊,宋高宗知道,一旦大规模的农民起义爆发,南宋就会失去政权,金人趁机南下,宋国连半壁江山都保不住。在这种情况下,宋高宗决定与金国议和。

澶渊之盟,北宋用极少的代价换来百年和平;而南宋绍兴的和议,则基本奠定了南宋后期的和平局面。这一切,都是赵构的功劳。在《宋史》中,赵构与刘秀并驾齐驱,成为中兴守成之明君。

赵构退位后,自称不再过问朝政,但其实也干预一些政事。

一天,宋高宗到灵隐寺冷泉亭喝茶,一位修行者殷勤地伺候着他。修行者哭诉道:"我本是郡守,却因为得罪了司马,被贬为庶人。"赵构说:"明日我替你向皇帝禀报。"回宫后,赵构果然向皇帝说要恢复修行者的官职。过了几天,他又去了一趟冷泉亭,看到修行者还在,回到宫里的宴席上,他的脸上写满了愤怒。孝宗小心翼翼地问赵构为什么生气,赵构说:"我年纪大了,没人听我的话,前几天我跟你说过行者的事,你为什么不去做?"孝宗答道:"昨日我已向宰相禀报,宰相一查,这人贪赃枉法,饶了他一命已经是轻的了,不能复职。"赵构却不管不顾,道:"那我以后还怎么见人?"孝宗无可奈何,只得去向宰相说:"太上皇发怒了,就算那人犯了谋杀罪,你也要让他复职。"宰相只好照办。

光宗绍熙二年(1191),加谥受命中兴全功至德圣神武文昭仁宪孝皇帝。赵构精于书法,善真、行、草书,笔法洒脱婉丽,自然流畅,颇得晋人神韵。著有《翰墨志》,传世墨迹有《草书洛神赋》等。

宋高宗仅有一个亲生儿子赵旉,即元懿太子,卒年3岁。

## 第九章　宋陵的血与劫

**永阜陵（宋孝宗赵昚、成穆皇后郭氏、成肃皇后谢氏陵）**

陵主生平：赵昚（1127—1194），初名伯琮，后改名瑗，赐名玮，字元永，宋太祖赵匡胤七世孙，宋高宗赵构养子。南宋第二位皇帝，宋朝第十一位皇帝（1162—1189）。

绍兴二年（1132），赵昚被高宗选中育于宫中，绍兴三十年（1160），被立为皇子，被封为开府仪同三司、宁国军节度使，封建王。绍兴三十二年（1162）五月，被立为皇太子，改名赵昚。

绍兴三十年（1160），世界上首次由国家发行的纸币（会子）出现，此前发行的纸币（交子）都是由四川地方发行的，用于四川地区。会子用楮皮纸印制，又称楮钱币。

隆兴元年（1163），宋孝宗即位之初，诏书上盖有"隆兴尚书户部官印会子之印"，以表示这是朝廷户部发行的纸币，以增加其权威性，便于流通。赵昚很关心会子。

金帝完颜亮于绍兴三十一年（1161）南侵，朝中大部分大臣主张逃亡，年仅35岁的赵玮主动请缨，要求率军迎战金军。但经老师史浩提醒，赵玮为免高宗疑心，再次上书，请求赵构亲征时随驾护送，以表忠心和孝心。

赵玮于绍兴三十二年（1162）五月二十八日被立为太子，改名赵昚。六月，赵构赐赵昚字为元永，并以"倦勤"为借口，将王位传给了赵昚，赵昚就是宋孝宗。赵构自封为太上皇。从那以后，宋朝的皇位又回到了太祖赵匡胤那一支。据说赵构早有退位的打算，曾告诉过赵昚，但赵昚流着泪坚决推辞，直到战事爆发。七月，赵昚继位第二个月，下诏召主战派老将张浚入朝，商讨恢复河山的大计。他接受了史浩的建议，平反了岳飞的冤狱，恢复了他的官职，赦免了流放的岳飞的家人。除此之外，赵昚也逐渐恢复了对主战派大臣的支持。他重用主战派，积极备战。

赵昚在隆兴元年（1163）五月，任命张浚为北伐统帅，开始了隆兴北伐。一月之内,宋军恢复了灵璧、虹县、宿州,以威慑中原。后因金军优势兵力反攻,宋军主将不和,军心涣散,退兵时被金兵追上,损失惨重,宋只好与金国再次议和,史称隆兴和议,又称乾道之盟。和议的主要内容是:宋朝皇帝对金朝皇帝改称臣为称侄;把岁贡改为岁币,把绍兴和议议定的银、绢各减5万,为20万两、20万匹;南宋割唐(今河南唐河)、邓(今河南邓州)、海(今江苏连云港)、泗(今江苏盱眙北)四州外,再割商(今陕西商州)、秦(今甘肃天水)二州予金国。隆兴和议后,宋、金两国相安无事40余年。

隆兴北伐失败后,赵眘内外政策趋于平稳,南宋朝廷又沉醉于"中外无事"、偏安一隅的氛围之中。当时社会百姓富足,人民安居乐业,政治繁荣。南宋政府重视生产,劝课农桑,兴修水利,国富民强,牛马遍野,粮食充裕,一派太平盛世的景象。这就是历史上的"乾淳之治"。

赵眘吸取了秦桧长期担任宰相,造成势力错综复杂的局面的教训,大大缩短了宰执的任期。赵眘时时刻刻都在提防宰执的势力,防止他们拉帮结派。赵眘也严格遵守外戚不干政的家法,防止了外戚在朝堂上独断专行的事件。赵眘还力图以参知政事制衡宰相。

淳熙十三年(1186),临安府罢免了300余名官员,又裁掉了700余名冗员,减少了不必要的开支。此外,赵眘也严格限制了恩荫赏赐,减少了各级官员的荫补数量。

淳熙十六年(1189),赵眘禅位于三子赵惇,称至尊寿皇圣帝。绍熙五年(1194),赵眘崩逝,在位27年,享年68岁,谥号哲文神武成孝皇帝,庙号孝宗,葬于永阜陵。庆元三年(1197),加谥绍统同道冠德昭功哲文神武明圣成孝皇帝。《全宋词》录有其词一首。

后世普遍认为赵眘是南宋最杰出的皇帝。他在位期间,平反岳飞冤案,重用主战派,积极收复中原;在内政方面,加强集权,积极整顿吏治,减少冗员,惩治贪污;重视农业生产,人民生活安康,出现了史称

"乾淳之治"的盛世景象。后人称其为"南渡诸帝之首"。

**永崇陵（宋光宗赵惇及慈懿皇后李氏陵）**

陵主生平：赵惇（1147—1200），宋朝第十二位皇帝，宋孝宗赵昚第三子，母成穆皇后郭氏。

绍兴二十年（1150），赐名赵惇，授右监门卫率府副率，转荣州刺史。孝宗即位后，拜镇洮军节度使、开府仪同三司，封恭王。

乾道七年（1171），立为皇太子。

淳熙十六年（1189），宋孝宗禅位，赵惇登基为帝，改元绍熙。

绍熙五年（1194），禅位于次子赵扩，成为太上皇，史称绍熙内禅或光宗内禅。

光宗皇后李凤娘，是术士皇甫坦举荐的，被高宗封为恭王妃，她是庆远军节度使李道的二女儿。她生性妒忌，时常在高宗和孝宗面前告状，因此常被太上皇和太后责骂。

光宗登基后，身体状况忽上忽下，不能正常管理政务，这正是李氏想要的。自绍熙三年（1192）起，"政事多决于后"，李氏掌握了大部分的权力。但她对朝中大事没有任何兴趣，也没有能力参与，在她看来，权力最大的作用，就是给自己的家族带来巨大的利益。她册封了娘家三代为王，侄子孝纯官拜节度使，一次归谒家庙就推恩亲属26人，172人授为使臣，下至李家门客，都奏补得官。李氏外戚恩荫之恶，自南宋开国以来，无人能及。李氏的祠堂更是公然逾越规矩，守卫的人数甚至超过了太庙。李后一家之所以能拥有如此巨大的权势和财富，都是因为她患病的夫君光宗。

光宗李氏皇后仅生嘉王赵扩一人，继位是天经地义的事情，只是这件事被孝宗阻止。也许是嘉王性格软弱，孝宗觉得他不适合继位，而魏王赵恺之子嘉国公赵抦，天生聪明，深受孝宗宠爱。当年光宗取代了赵恺为太子，孝宗却偏爱赵恺的儿子，不肯把嘉王立为储君，这无形中让光宗对孝宗的疑心更重，令光宗时时惶恐不安。在他眼中，自己的父皇，不但是嘉王的太子之位，更是自己皇位的威胁。在李后和太监的双重挑拨下，光宗的恐惧渐渐变成了一道无法抹去的阴影，心理上和精神上的压力与日俱增，最终形成了一种莫名其妙的怀疑和妄想。他视重华宫为畏途，所以很少来拜见，尽量避开孝宗。皇帝的孝道出了问题，群臣义不容辞，群臣的所作所为更是激起了光宗的顽固与猜忌，最终导致了一场长达数年的过宫风波。

在过宫一事上，一些朝臣对光宗的建议让光宗偶尔也会动心，答应过宫，但一入后宫，李后就会改变光宗的主意，大臣们最后还是没能如愿。有一次，在谢深甫等人的逼迫下，光宗传旨过宫，正要离开时，李后从屏风后走了出来，拉着他往回走，陈傅良则拉住了光宗的衣袖，跟在后面。没想到李后一声呵斥，陈傅良只好放声大哭。赵汝愚是宗室中最受光宗信任的重臣，光宗对他的劝说，也是百般推阻。

随着光宗病重，政局动荡，群臣再也无法容忍这个疯子皇帝。绍熙五年（1194）七月，赵汝愚和韩侂胄在太皇太后吴氏的支持下，拥立嘉王赵扩为宋宁宗。宋宁宗登基后，尊光宗为太上皇，后为寿仁太上皇后，后居泰安宫。

此时的宋光宗还不知道政权的更替。当他知道这件事后，很长一段时间都拒绝接受宁宗的接见，依然住在皇宫里，而不是住在太上皇的寝宫里。他对于失去皇位的担心终于应验了，所以病情加重。与他一同失势的李氏一反常态，不再像以前那般咄咄逼人，反而对光宗多了几分同情。她唯恐触动光宗的软弱，常以杯中之物安慰光宗，再三叮嘱内侍、宫女，不要在光宗面前提及"太上皇""内禅"等敏感字眼。

庆元六年（1200），光宗因病崩于寿康宫，在位5年，终年54岁，葬会稽永崇陵。宁宗嘉泰三年（1203）上谥号为循道宪仁明功茂德温文顺武圣哲慈孝皇帝。

## 第九章　宋陵的血与劫

**永茂陵（宋宁宗赵扩、恭淑皇后韩氏、恭圣仁烈皇后杨氏陵）**

陵主生平：宋宁宗赵扩（1168—1224），宋朝第十三位皇帝，宋光宗赵惇与慈懿皇后李凤娘的次子。

乾道四年（1168）十月十九日，生于恭王府，赐名赵扩，淳熙五年（1178）十月授予明州观察使，封英国公，淳熙十二年（1185）三月封平阳郡王，淳熙十六年（1189）三月晋封嘉王。绍熙五年（1194），赵扩被立为太子，不久，宋光宗被逼退位，赵扩在韩侂胄、赵汝愚等大臣的拥戴下继位，第二年改年号为庆元。宋宁宗即位后，任用赵汝愚和韩侂胄为相，赵、韩两派斗争激烈。

庆元元年（1195），宁宗罢免了赵汝愚，韩党专权。次年又定理学为伪学，禁止赵汝愚、朱熹等人担任官职、参加科举，是为"庆元党禁"。嘉泰四年（1204），宁宗追封岳飞为鄂王，两年后削去秦桧爵位，打击了投降派。

宁宗时期与金朝关系逐渐趋于紧张。宋宁宗不满金朝蛮横要求按旧式礼法行事，不满其屈辱地位，因而支持韩侂胄采取强硬手段对付金朝。

嘉泰四年（1204）四月，宋宁宗采纳了韩侂胄的建议，崇岳飞、贬秦桧，把岳珂写给岳飞的证词公之于世，册封岳飞为鄂王。不久之后，宋宁宗改元开禧，取的是宋太祖"开宝"年号和宋真宗"天禧"年号的头尾两字，以示南宋恢复元气。开禧二年（1206），宁宗下令削去秦桧死后的申王爵位和"忠献"谥号，改谥"谬丑"，下诏斥责秦桧误国之罪。这件事，可以说是平反岳飞案中最彻底的一次。这些措施对主和派进行了有力的打击，鼓舞了主战派，赢得了民心。同年五月，宋宁宗颁布了北伐金朝的诏书，史称"开禧北伐"。

宋朝军队首先向金军发起进攻，没有任何征兆。

战争初期，宋军收复了部分地区，但是由于金朝事先得到消息，察觉南宋"将谋北侵"，有所准备，一遇袭，立即展开反攻。由于韩侂胄用

## 宋太祖陵密码

人不当,中军统帅皇甫斌率军攻打唐州,结果被金兵击溃,接着又攻打蔡州,在溱水大败,韩侂胄急忙撤军。在两淮北伐主战场的邓友龙等将领亦因战败被革职。

不久,金军从东、中、西三个战场进攻宋军,宋朝军队由攻转守。金军大举进犯,先后攻占了真州和扬州,西路军重镇和尚原、蜀川门户大散关,亦被金军占领。韩侂胄欲借吴曦之手在四川战场挽回败局,然而陕西河东招讨使吴曦早已在四川暗通金兵,自立为王。第二年战争结束,宋朝战败。

纵观宋宁宗时期,发生了两次大规模的宋金战争,第一次是开禧二年(1206)宰相韩侂胄伐金,最终不能战胜金国,从而签订了嘉定和议。第二次宋金战争从嘉定十年(1217)开始一直持续到嘉定十四年(1221)三月,战争波及了长江上游至下游所有地区,最终宋金双方都没能获胜。

宋宁宗先后有9个儿子,但是都在未成年时就夭折了,因此他不得不从宗室子弟中另寻储嗣。庆元四年(1198),选太祖后裔燕懿王德昭九世孙、6岁的赵与愿养在宫里,赐名曰严。嘉泰二年(1202),赵曰严封卫国公。赵曰严13岁时被立为皇子,封为荣王。次年立为皇太子,更名㬋,后又改名为询。但赵询没有当皇帝的命,于嘉定十三年(1220)八月病死,时年29岁,谥景献,与庄文太子一起葬在杭州的太子湾。这正是如今杭州西湖太子湾公园地名的由来。

嘉定十四年(1221),又进沂靖惠王赵抦嗣子贵和为皇子,赐名竑,授宁武军节度使,封祁国公。次年又加检校少保,封济国公。赵竑对史弥远的专权很是不满,曾书"史弥远当决配八千里"并指了指地图上的琼崖,说道:"我若得势,就把史弥远送到这里来。"然而史弥远派去监视赵竑的侍女看到了这一幕,当即向史弥远汇报。史弥远一听,吓得魂飞魄散,心想要是赵竑当了皇帝,他的日子可就不好过了。于是,他开始对赵竑不利,经常在皇帝面前说赵竑的坏话。

## 第九章 宋陵的血与劫

宋宁宗病逝后，史弥远与杨皇后将赵昀召入宫中，在宋宁宗的灵柩前即位，杨皇后也在一旁听政。赵竑目瞪口呆地看着新皇登基，百官朝拜。赵竑以为自己才是皇帝，所以拒绝行礼，结果被人强行按在地上磕头。赵竑被封为济阳郡王，后来又被封为济王，出居湖州。

嘉定十七年（1224），宁宗驾崩于临安宫中的福宁殿，在位30年，终年57岁，葬会稽永茂陵。理宗宝庆三年（1227），上谥号为法天备道纯德茂功仁文哲武圣睿恭孝皇帝。

**永穆陵（宋理宗赵昀陵）**

陵主生平：赵昀（1205—1264），南宋第五位皇帝，宋太祖赵匡胤之子赵德昭九世孙。

原名赵与莒，嘉定十四年（1221）被立为宁宗弟沂王嗣子，赐名贵诚，嘉定十七年（1224）立为宁宗皇子，赐名昀。宋宁宗死后，赵昀被权臣史弥远拥立为帝，是为宋理宗。

宋理宗继位前十年，一直被宰相史弥远挟持，他对政事不闻不问，却崇尚理学，纵情声色，直到史弥远于绍定六年（1233）去世，宋理宗才开始治国。他立志中兴，采取革除史党、亲擢台谏、澄清吏治、整顿财政等改革措施，史称"端平更化"。到了后期，他又沉湎于荒淫无度的生活之中，朝政落入了丁大全和贾似道的手中。

端平元年（1234），南宋联合蒙古国灭金。开庆元年（1259），蒙古攻鄂州，宰相贾似道以宋理宗名义向蒙古称臣，并将长江以北的土地完全割让给蒙古。

宋宁宗8个儿子年幼夭折，宁宗命宰相史弥远寻找品行端正的宗室继位，史弥远则把这件事交给了他的幕僚余天锡。余天锡途经绍兴，遇上大雨，到全保长家避雨，于是与赵与莒兄弟相识。余天锡知道两人都是赵氏宗族的人，觉得两人行事得体，认为是继任沂王的合适人选，便将他们推荐给了史弥远。史弥远将兄弟二人接到临安，亲自商议，认为

## 宋太祖陵密码

兄长赵与莒最适合继任沂王。故于嘉定十四年（1221）将赵与莒选入宫内，赐名贵诚，继承沂王王位。

嘉定十七年（1224），宋宁宗驾崩，史弥远联同杨皇后假传宁宗遗诏，废太子赵竑为济王，立沂王赵贵诚为新帝，是为宋理宗。

景定五年（1264）十一月十六日，宋理宗在临安去世，在位40年，享年60岁，遗诏太子赵禥即皇帝位。咸淳元年（1265）三月，葬于会稽府永穆陵。咸淳二年（1266）十二月，上谥号为建道备德大功复兴烈文仁武圣明安孝皇帝。

### 永绍陵（宋度宗赵禥陵）

陵主生平：赵禥（1240—1274），南宋第六位皇帝，荣王赵与芮之子，初名孟启，又名孜、长源。宋理宗无子，收其为养子，先后封其为建安王、永嘉王、忠王。景定元年（1260），赵禥被立为太子。景定五年（1264）十月继位，改年号为咸淳。

赵禥在位十年，即位时，金国已经灭亡多年，而北方蒙元的军队大举南下，国难当头之际，他却把军国大权交给贾似道执掌，使南宋偏安江南的锦绣江山处于暗无天日之中。

咸淳十年（1274）七月，赵禥驾崩于临安，年35岁，谥号端文明武景孝皇帝，庙号度宗，葬于会稽永绍陵。

除上面介绍的之外，宋六陵中还有北宋徽宗陵、哲宗后陵、徽宗后陵、高宗后陵。陵区占地2.25平方公里，为江南最大的皇陵区。

元初，诸帝、后陵寝遭西僧杨琏真伽盗掘，地面建筑遭到破坏。明朝初年，朱元璋根据《南宋诸陵图》，重新立碑植树，并加以祭祀。

宋王朝覆灭后，在元朝政府的默许下，一次前所未有的大范围的盗墓行动开始了。西藏僧人杨琏真伽是此次盗墓的主要参与者。杨琏真伽乃吐蕃大乘禅师八思巴之徒，元世祖忽必烈信奉佛教，尊八思巴为国师，而杨琏真伽则因其师长之故，成为江南释教总督，负责江南佛教之事。

## 第九章　宋陵的血与劫

宋陵首先被盗的，为魏王赵恺之墓。孝宗第二个儿子赵恺，葬于山阴会稽县的天长法华山。至元二十二年（1285），泰宁寺会稽县和尚宗允和宗恺为了取悦杨琏真伽，与天长寺僧人福闻联手，挖开了魏王赵恺的陵墓，得到了大量的金银珠宝，并将其献给了杨琏真伽。魏王陵的发掘，让杨琏真伽等人起了贪婪之心，他们召集了河西僧人和他们的帮派，对宋陵展开了一场大规模的挖掘。宁宗与皇后杨氏、理宗和度宗的陵墓再次被盗。宋陵护陵使罗铣奋不顾身，但被他们用刀子逼出了墓穴，罗铣躺在那里号啕大哭。

四座陵墓里，最有价值的就是理宗陵寝，据说开启之后，有一股白色的雾霭升腾而起，那是一股浓郁的宝气。理宗的遗体依然保存得很好，有些人认出理宗嘴里的夜明珠，所以这些强盗把理宗的遗体从坟墓里抬了出来，倒挂在了一棵大树上。允泽一脚踹在了理宗的脑袋上，表示自己并不害怕。防腐的水银慢慢地从理宗口中滴了三天三夜。西藏的僧人们有一种风俗，那就是皇帝的头可以厌胜、发巨富，所以杨琏真伽让人砍掉了理宗的脑袋，据为己有。杨琏真伽等人离开后，罗铣又买了一口棺材，将所有的帝尸都收了起来，悲痛之极，周围的村民都哭了起来。到了晚上，四面八方都有哀号之音，连绵不绝。理宗的首级在西藏僧人们手里不断地流传着。明朝建国之后，朱元璋听闻这件事情，"叹息良久"，于是派人去寻理宗的首级，于洪武二年（1369）以帝王礼葬于应天府（今江苏南京），次年，又命人将理宗的遗骸安放在绍兴永穆陵。

杨琏真伽等人第二次挖掘宋陵，徽宗、钦宗、高宗、孝宗、光宗五帝及孟氏、韦氏、吴氏、谢氏四位皇后的陵寝，都被挖掘了。徽、钦二帝都已亡于金，虽然金人已将其遗体交还，但高宗并没有打开棺椁进行检查。杨琏真加等将两位皇帝的坟茔都挖了一遍，却什么也没有发现。高宗和孝宗二帝的尸骨，因为年代太过久远，已经"骨发尽化，略无寸骸"。高宗陵寝仅存有几件锡器和一件端砚，而孝宗陵仅存有一件玉瓶炉和一件古铜鬲。光宗吴后和宁宗杨后的遗体仍"俨然如生",之后罗铣将二后的遗体放入棺中,并将其火化了。古墓中有数万枚钱币,因尸气侵蚀,形同铜钱,众僧弃而不取,多为邻近的村人所捡。

中国历代王朝更替时,多对历代皇帝的墓室采取保护措施。尽管中国历史上关于帝王陵寝失窃的记载不断,但大多是私人行为,与国家无关。而宋陵的失窃,却是另一回事。杨琏真伽等人在元王朝的大力扶持下进行盗墓。曾经有赵宋宗室、元人向元世祖提出要庇护宋陵,但是忽必烈对此充耳不闻。从古墓中得到的许多宝贝,都被忽必烈用来装饰天衣寺。元世祖对盗墓的拥护,是因为当时的政治斗争。虽然宋朝灭亡了,但还是有不少人以恢复宋室为借口,发动叛乱,杨琏真伽趁势以"压胜"为借口,提议修建佛塔和佛寺,并将宋帝的遗体放在塔下,以此来震慑宋人。这样的话,倒也符合忽必烈的心意,忽必烈本来是打算利用宋陵的事情,来结束民众对赵宋的思念,所以他支持了杨琏真伽的盗墓行为。

杨琏真伽的盗墓行为和元王朝的大力扶持,造成了极其恶劣的后果。历史记载,从此"江南掘坟大起,天下无不发之墓矣",以前的墓葬失窃现象变得很常见,这对中国古代文化遗产造成了毁灭性的冲击。忽必烈本来是打算利用杨琏真伽等人的所作所为,来镇压民众、稳固政权,但不料事与愿违,盗墓者之举激起了宋人的极大愤慨,民众的反对之心越来越盛。一直到元末,朱元璋造反之时,都会利用"宋陵事件"煽动民众造反,这是当时蒙古皇帝所没有想到的。

宋六陵被盗后,南宋皇帝遗骸的处理结果众说纷纭,有说守陵使罗铣就地掩埋,绍兴义士唐珏盗骨葬于兰亭天章寺前,宋太学生林德旸盗骨于东嘉,等等,再到元末陶宗仪的《南村辍耕录》已是难辨是非。

在这些传说中,唐义士、林义士的故事流传甚广。杨琏真伽盗掘宋六陵时,绍兴义士唐珏暗中将宋理宗以外的骸骨换掉,葬于兰亭附近的天章寺前,六陵各立一封,以冬青为记号,并作《冬青行》两首。另一个故事讲的是宋太学弟子林德旸，他扮成乞丐，背着竹篓，手里拿着一根竹竿，将有用的东西放进篮子里。他又用银子贿赂了西域僧人，终于将高孝两朝的遗骨分成两封，葬于今温州东嘉。他还用冬青做了记号，写了两首《冬青诗》。

但是所谓"冬青义士"的故事，不仅事迹大同小异，诗文相似，而且内容也漏洞百出。宋理宗从殡葬到陵墓失窃，相隔不过20年，极有可能其尸体与活人无异，否则也不会发生盗贼"倒悬其尸"和"沥取水银"的事。既然如此，唐珏和林德旸，又是如何得到他的遗骨的？杨琏真伽盗走了部分宋六陵遗骸，埋入了杭州镇南塔下，一部分遗骸则由南宋守陵官罗铣收集并火化。元末一些汉族士大夫为了寄托亡国的哀思，特意安排时间和情节，创作出"冬青义士"这一故事。清初，由于当时政治形势类似元代，"冬青义士"的"义举"也随之传开。

20世纪50年代，六陵中只有孝宗陵、理宗陵，尚存享殿三间，缭以周垣，其余仅存墓冢、墓碑、祭桌。

20世纪60年代，墓冢被铲平，墓碑、祭桌被移作他用。现陵区尚有部分墓冢石及作为六陵标志的200余棵古松，陵区环境依然保持当年风貌。

由于宋六陵在元代遭到毁灭性的盗掘，所以到了明清时期，人们已不大清楚六座皇陵的分布位置。目前所能见到的关于南宋诸陵位次的最早图像资料是清代康熙《会稽县志》中所附的《宋六陵图》。

《宋六陵图》图中显示南宋诸陵分为南、北两区，南区新妇尖之正北为孝宗陵，其西南为高宗陵，其东南为光宗陵，东北为宁宗陵；北区雾连山下正南为理宗陵，其西为度宗陵。这和万历《会稽县志》的记载是一致的，反映的也是明代认定的南宋诸陵位次。但该图所示诸陵位次与宋皇室埋葬习俗明显有悖，也与宋代一些文献记载不相吻合，因此，肯定不是南宋诸陵的本来位次。

## 宋太祖陵密码

　　南开大学考古学与博物馆学系刘毅教授在对《宋会要辑稿》进行系统研究后认为，宋六陵分为南、北两个区域。南陵区即新妇尖陵区，葬徽、高、孝、光四帝和孟、郑、韦、邢、吴、谢六后；北陵区即雾连山陵区，葬宁、理、度三帝和杨后。他还绘制了《南宋攒宫位次示意图》。

# 第十章

## 国宝重回故里

盗墓事件不仅仅发生在古代，现代也有盗墓事件的存在，只是盗墓行为现在已经引起国家的重视，不会放过一个盗墓贼。

2005年9月12日中午，巩义东出口，数千名群众高举横幅、击鼓相迎，欢迎数月前失窃的国家一级文物"回家"。卡车在一辆警车的护航下，慢慢地开了过来。三件文武官石刻静静地躺在车上，但有一件雕像的腿断了，显然是被人在搬运的时候折断了。然而它们并不知道自己经历了什么，只是保持着威严。

但是无论怎样艰难，都要看住这些有历史价值的石刻！想要知道怎样保护，就需要知道北宋皇陵的现存情况，在这个基础上进行开发与保护。

## 一、现存情况

北宋皇陵属于大型的古代遗址，并且还长期暴露在野外，很难用什么办法将其覆盖住保护起来，因此难免受到自然或者人为的破坏。石刻主要由石刻主体、底座、土衬石等构成。土衬石是台明与埋深的分界，总体而言，石雕的本体底部都有一个底座，这样一个石雕就由三层石座组成。因此这些石刻很容易受到风化。自然力量会对宋陵地宫、陵台、宫城、神道、石像生、鹊台、乳台等产生危害，包括温度的变化、冰劈、层裂等物理风化，以及氧化、水解等化学因素都会对它们产生影响。此

## 第十章 国宝重回故里

外,还有洪水、暴雨造成的侵蚀,地震、崩塌、环境污染、酸雨等灾害也会对石刻造成影响。在古代的时候有战乱、天灾这些无法控制的因素。到了现代,虽然不会有战乱,天灾也可以提前做好准备。但是也出现了一些只有现代才会面临的问题,如修建公路、扩建城市等,这些让皇陵的地形地貌受到了破坏。

而且人们的忽略也是一个使北宋皇陵受到伤害的原因:永昌陵的石羊等石像生被埋在了农田里,只露出一部分;永熙陵的神道在之前被开辟出来当作一个村民娱乐的小广场;永裕陵的陵区紧紧挨着工厂,工厂排出来的废气加剧了皇陵的风化程度;其他的陵区基本上都变成了田地。

还有一种是保护性破坏,早期使用水泥砂浆、环氧树脂等材料修补破损的石刻,这样不仅会造成石雕的表面有流动的痕迹,还会破坏石雕的视觉效果,有悖于文物的修复。

前面说过的元德李后陵就面临雨水倒灌的危险,因此相关部门对元德李后陵进行挖掘,许多石刻被掩埋。

1996年,永泰陵的石像生头像被盗走,后来被卖到美国,1998年克林顿访华的时候将它归还。

还有2005年"1·26"文物被盗事件。事情是这样的,西村镇滹沱村的一名农妇,在几个月前的早晨,在距离村庄100多米外的一片小麦地里除草。她下意识地朝四周看了一眼,只见田地上一片荒芜,似乎缺了些什么,她呆了一下,失声惊呼:"糟了,石人不见了。"

办案民警立即赶到现场,紧张地进行调查。村子里的村民们七嘴八舌地议论着,跟他们朝夕相处的石头人,怎么可能就这么消失了?

这些石人就是北宋皇陵中的神道石刻。宋陵石刻造型独特,工艺精湛,气势雄伟,在艺术和考古上都有很高的价值。1982年,国家将北宋皇陵列为国家重点文物保护单位,所有的石雕都是一等一的珍品。

国宝失窃,令无数人忧心忡忡。这两件石人,每一件都有2.9米高,

## 宋太祖陵密码

重量大约有2吨，这么大的一块石头，居然能在一夜之间消失得无影无踪，这不仅说明盗窃者的胆大妄为，也证明了他们早有预谋。随着时间的推移，100多名警察彻夜未眠，而那两件被偷走的石刻，却像是凭空消失了一样，再也找不到了。

国家一级文物失窃引发了一场轰动。巩义市检察院迅速介入，对保护工作不力的北宋皇陵保护所所长立案侦查。经调查，自上任后，该所长未认真执行文管所制定的安全巡查制度，导致安全检查流于形式，以致国家一级珍贵文物失窃。巩义市法院于5月9日以玩忽失职造成珍贵文物流失罪，对其处以一年六个月的有期徒刑，缓刑二年。

就在警方为"1·26"大案而绞尽脑汁的时候，另一件惊天动地的罪行也在悄然发生着。

同年5月的某一天半夜，芝田镇永昌陵区亲王墓的守护人巡逻时，突然看到几个人影在麦地里鬼鬼祟祟地走来走去。就在他们准备走近一看的时候，一道手电筒的光芒打了过来，两个守护人吓了一跳，连忙躲进了草丛里，屏住了呼吸。

等这些人走后，两人赶紧回到村子里，报了警。警察到达案发地点时，发现另一件武将石雕被偷走，其手法与"1·26"的盗窃手法一模一样。巨大的压力笼罩在每一位民警和文保工作人员的心头。

在排除了当地居民作案的前提下，警方适时调整了策略，同时发布了1万张关于被盗文物的悬赏公告。在此期间，公安机关奔赴山东、陕西等10余个省份，辗转数万公里，排查出300余名关键犯罪嫌疑人。直到9月，高速路上车辆调查的民警报告了一个好消息，在两起案件中，有一辆车牌尾号"395"的货车，从巩义开上了高速，天亮之前，在永城市下了高速，然后继续向北行驶。

巩义市公安局局长对这个几乎是大海捞针般的任务非常重视，直奔永城明察暗访。

## 第十章　国宝重回故里

很快就有村民反映见过这辆货车，警察抓住了这个机会，将嫌疑人抓获，在3个多小时的审讯中，嫌疑人终于露出了破绽，他们招供出了其他3人两次偷盗石像的罪行。很快警察将其他3人抓获。至此，轰动社会的"1·26""5·26"宋陵文物特大盗窃案成功告破，5名犯罪嫌疑人悉数落网。

几人得知巩义的一块露天石雕能卖出高价，趁着夜色，潜入永昌陵区的潘后陵，在石雕的底部挖出一个三角形的支架，用铁索将石刻的腰部缠绕起来，用铁链将石刻吊起来放入车中。第一次成功之后，几人一直提心吊胆，后来见没有动静，于是在5月的一个晚上又如法炮制，偷走了一尊武官石刻。

案件告一段落，三件石刻塑像光荣"回归家乡"，但是怎么保护文物成了现在主要的课题，宋陵的石雕分布很广，所以除了位于市中心的永昭陵以外，其他7座都在野外。每天晚上巡视8座陵墓，要开车98公里，走20公里，总共要花6个小时。

可见北宋皇陵现存的情况并不是很好，很难想象曾经宏伟的皇陵会变成这个样子。

从石刻的保存状况来看，永昌陵神道石刻比陪葬区的石雕要好。因为处在农田之间，石雕所在的地形发生了很大的变化。比如，最南边的一根望柱，因为地势的降低，底部的泥土已经被挖掉了，不得不用红砖代替掏空了的泥土，来加固地基。而最北边的一头狮子，则被掩埋在泥土里，只露出了一个脑袋和后背。其他的石刻则不同程度地埋入泥土中。而在石刻周围，则是一些小树、杂草、麦芽。石刻本身也受到了不同程度的人为破坏，个别石刻局部被盗割、毁坏，在历经数百年的自然风雨后，石质本身也都存在着不同程度的风化病害，石质表面有裂缝、局部腐蚀等。但总体而言，永昌陵上宫石刻在几百年后仍保留了相当完好的部分，其原始位置也真实地反映了原来的地平高度，从而为我们提供了丰富的历史、地理资料。

除神道石刻之外，现存的还有西神门外的石狮子。东门狮的主要问题是邻近的道路周围地平抬高，导致其所在位置塌陷；南门狮周围环境恶劣，被垃圾等所包围；西门狮周围的环境为农田，地平面与原址相近，但是狮头被破坏；北门狮经调查后移到文管部门保管。

永昌陵陪葬区还保存着一些石刻。章怀潘皇后神道两侧现存的石雕共有18块，与原来的石雕相比，丢失的数量更多。这一地区留下的石刻损坏情况比较严重，除了少数几处比较完好外，其余部分均有不同程度的损坏。另外，地貌也发生了很大的改变，这些石雕四周都是耕地，因为地势平坦，所以这些石刻都被掩埋在了泥土里。

永昭陵目前地表上尚有鹊台、乳台、门阙等建筑物的基本遗址，其中以神道石刻保存得最为完好。在巩义市宋陵的救援工作中，他们陆续清除了昭陵的鹊台、乳台、南神门门道和东南网架等。双鹊台坐落在墓室的最南边，以黄土为基座，表面包砌着青色的砖石。

## 二、文化开发

中华人民共和国成立后，国家各级政府对北宋皇陵的保护给予了极大的关注。可分为三个阶段：第一个阶段是1982年之前。1963年，北宋皇陵被列为国家级重点文物保护单位，相关部门对其进行了全面的保护和科学的探索。对宋陵的研究多为整体介绍和调查。

第二阶段为1982至2006年。1982年，北宋皇陵被列为全国重点文物保护单位，《北宋皇陵》一书出版。宋太宗元德李后陵于1984年被挖掘，并设立了永昭陵管理处，使永昭陵的地表建筑得以复原。学者们对其石刻艺术、村落史、陵墓布局、北宋丧葬特征、陵寝制度等问题作了较全面的探讨。

从2006年到现在是第三个阶段。北宋皇陵被列入"十一五"期间国家100处大遗址保护重点工程，巩义市建立了北宋皇陵管理处，在陵区安装了集群的地下数字采集报警系统，并准备申请将其列入世界文化遗产预备名单。世界文化遗产是指在历史、考古、美学、科学、人类学、艺术等方面有突出价值的文物、建筑物和遗址。周口店遗址、殷墟遗址、秦始皇陵遗址和元上都遗址由于其独特的价值而被列为世界文化遗产。北宋皇陵应该持续进行有关的学术研究，积极申请国家文物局保护，使其在经济和社会发展方面的功能得到充分的发挥，早日列入世界文化遗产名录。

通过前面的内容，可以看出北宋皇陵的文物价值主要体现在：一是科学研究与历史研究价值。这是古代劳动人民的智慧的结晶。它体现了当时的政治、道德和美学取向，也体现了当时的科技水平、经济水平和技术水平，是北宋丧葬文化的最高形态和建筑资料。二是宣传与教育的作用。认识北宋皇陵，既能提高国家自豪感，又能提高国民文化素质，传播精神文明，普及科学知识。三是旅游的经济效益。其浓厚的文化因素是很好的旅游资源，在"保护为主，合理开发"的方针下，可以获得经济效益。

中国共有40多万处不可移动的文物，其中各级文物保护单位7万余处，其中有2351个国家重点文物。为使这些文物由"文物保护"向"文化遗产保护"转变，国家文物局与财政部共同制定了《"十一五"期间大遗址保护总体规划》，并将100个全国重点大型遗址纳入保护范围。由于自然、人为等多种因素的影响和破坏，北宋皇陵的文化遗产资源正处于逐渐消亡的危险之中。

将巩义北宋皇陵的旅游价值深挖是一个不错的方法，北宋皇陵在历

## 宋太祖陵密码

史、文化、艺术还有教育四个方面都有很大的价值。北宋皇陵是北宋王朝留下来的珍贵遗址，对广大旅游者有很大的吸引力。将北宋文化和现代技术结合，利用5D技术复原北宋皇陵的场景，让厚重的北宋皇陵历史变得轻松有趣。在遗址保护的基础上，合理地进行旅游开发，可以让北宋皇陵的价值得到更充分的体现，也可以将得来的效益用到保护遗址上，给这座城市带来更多活力与资源。

不过北宋皇陵并不能单一地开发旅游，可以进行进一步的资源整合，巩义市也有很好的资源，除了北宋皇陵还有杜甫故里和康百万庄园，这些景区也都十分有知名度，同时也吸引着外国友人。

对宋代墓葬的研究，为我国历史学科的学术发展提供了新的思路，更让许多国际学者了解了中国的古代文化，从墓葬的角度来看中国古代墓葬的文化价值与意义，也吸引了国外学者对中国古代历史进行研究，尤其是对文化繁荣的宋朝进行研究。如美国学者费正清认为："北宋与南宋是中国历史上最辉煌的时期。"

由于宋代经济的繁荣和科技的进步，外国学者对宋朝的研究产生了浓厚的兴趣。因此，带动了国内外学者对宋朝历史的研究。从古代优秀的先贤身上汲取经验、汲取智慧是非常有效的方法，也为更多的学者提供了参考。

到底该如何开发和保护这些文化遗产呢？

首先，要强化防灾研究，建立防灾体系。宋陵千百年来，虽然经历了天灾人祸、风雨侵蚀，但它的建筑遗址、石刻群等仍然有很大的价值，可以借鉴国内外先进的遗产保护模式，建立起一套全天候监测、预报、防范的防灾系统，将宋陵的自然破坏程度降到最低。

其次，科学规划城市。将部分征收后的土地改造成遗址公园，并保留一定的缓冲区，以满足遗址保护、村落、耕地等用地的需要，对村庄用地进行控制。要加强陵区周边环境的保护，严格控制在陵区周边兴建工业企业，以改善周边地区的生态环境。

最后，还要加强群众的参与，保护文物的安全。还可以加强数字化博物馆建设，收集民间遗物，建设宋陵数码博物馆。利用计算机图像处理技术和虚拟现实技术，真实、系统、全面地保存宋陵文物、石刻。可以将他们的就业与宋陵文化遗址联系起来，形成靠遗址文化发展经济的方向，使人们更好地了解和支持文化遗产保护工作。同时，国家也要制定地方性的文物保护条例，对各种类型的文物犯罪进行严厉的打击。

宋陵是一座具有很高历史价值和文化价值的遗址，其地下遗迹分布广泛，价值高，面积大，但由于宋陵位于农村地区，所以很难保存。以往的国土文物都是以人防为主，缺少技术，技术水平很差。然而宋陵的价值评估达到了世界文化遗产的多个标准，具有申报世界文化遗产的资格。国家文化遗产是民族文化、国家形象的重要载体，是增强民族认同、增强民族文化自信、增强民族凝聚力、增强国家凝聚力、增强国家整体实力、涵养民族精神、建设中华民族共同精神家园的深厚基础和重要支撑。巩义历史、文化和旅游资源是其重要的文化资源。

保护好这座城市的文脉，让它展现出无穷魅力，造福后人。

**北宋皇陵时间表**

963年，赵匡胤命司天监赵修己、内客省使王仁赡等改卜安陵（永安陵）于巩县之邓封乡，将埋葬在东京东南的父母的遗骨迁葬到巩县西南。

976年，开始营建永昌陵。

997年，建永熙陵。

1022年，建永定陵。

1063年，建永昭陵。

1067年，建永厚陵。

1085年，建永裕陵。

1100年，建永泰陵。

前后经营达 160 余年之久，形成了一个规模庞大、气势雄伟的皇家陵墓群，堪称"露天艺术博物馆"，是研究宋代典章制度和石刻艺术十分珍贵的实物资料。

北宋末年，金在中原扶植的大齐皇帝刘豫曾对北宋皇陵进行大规模盗掘。

金朝占据中原后，陵墓建筑被彻底毁坏，珍宝被盗掘一空。

元朝时，陵区尽犁为墟。

明朝初年，朱元璋曾命人加以修葺，禁人樵采。

清朝年间，又分民户看管，减免其赋税、劳役。

1918 年，日本人曾来此考察。

中华人民共和国成立后，中国学者进行了多次考察。

1963 年，北宋皇陵被列为国家级重点文物保护单位。

1982 年，宋陵由国务院公布为第二批全国重点文物保护单位。

1984—1985 年，发掘太宗妃子、真宗生母元德李后陵，李后陵为太宗永熙陵的祔葬后陵之一，因早年已遭盗掘，出土少量随葬品，其中的玉谥册、哀册及精美的越窑秘色瓷器、定窑细瓷器有较高的文物价值。

1995 年 6 月，经国家文物局批准，永昭陵抢救保护方案开始实施，巩义市并先后投资近亿元，恢复了部分地面建筑。

2006 年，宋陵被列入"十一五"期间国家 100 处大遗址保护重点工程。

2006 年，巩义市开始对文物保护每年拨专项经费 120 万元，并以每年 10% 递增。但是由于过去田野文物保护一直是以人防为主，防范保护缺乏技术手段，科技含量低。

2007 年，由国家文物局投资 550 万元，对宋陵实施安全技术防范工程。该工程是集地下拾音报警、视频红外监控和巡更系统为一体的复合型高科技现代化防护工程，能全面监控陵区内的一切声音和图像。宋陵技防工程安装完成监控中心12个,铺设各类线材10万余米,安装摄像监控探头39个、地下数字拾音探头290个、前端调制解调器72个,安装巡更系统11套。

2009年,"宋陵大遗址保护项目"增列为巩义市重点工程。

# 后　记

　　在写这部作品之初，笔者没有想过皇陵的存在会有这么多意义，想法还停留在对盗墓小说和陵墓的猎奇中。然而写完后才明白，中国的墓葬在长期的发展过程中取得了巨大的发展，出现了规模庞大、数量稀少的古代帝王和后妃、大臣墓群；而在其发展历程中，与绘画、书法、雕刻等诸流派逐渐融合，形成了一系列的综合艺术成果。

　　宋陵在艺术上的独树一帜，是一种独具匠心的天才之作，是大宋文化和礼乐制度的特别证明。

　　这也是让笔者写下去的种种动力，希望更多的人将目光转向陵墓背后深藏的意义。

　　可惜，由于种种原因，笔者无法去巩义亲眼观看北宋皇陵的巍峨与"萧条"，所以很多内容查询了一些资料，有河南省文物考古研究院出版的《北宋皇陵》，关于"五音姓利"的《宋代皇陵布局与五音姓利说》《论阴阳堪舆对北宋皇陵的全面影响》，

# 后 记

关于北宋皇陵陵寝制度的《北宋陵寝制度研究》，关于北宋皇陵布局的《北宋皇陵建筑构成分析》，关于石刻、石雕的《北宋皇陵石刻》《略谈宋陵神道石刻艺术》等。

这些资料让笔者感觉到北宋皇陵的雄伟和败落就在眼前。

同时从中也学到了不少知识：好奇赵匡胤陈桥兵变是否有所密谋，也好奇"烛影斧声"的真实性；了解到关于选皇陵的种种操作以及下葬时的种种礼仪制度；对于永昌陵中的石刻也有了更多的认识；对北宋几位皇帝、皇后的概况有所了解，写到仁宗去世时也跟着伤心。

因此也有不少的感悟：惊叹皇陵雕刻的精美，感叹北宋皇陵建造的不易，唏嘘北宋皇陵的被盗，为北宋亡国的凄惨而悲哀，忍不住想起那句诗："兴，百姓苦；亡，百姓苦！"

我们要不断地回顾历史，宋陵不只是一个王朝的缩影，其存在的意义很大。很多都需要后人去学习，去继承。这样，我们才能真正地接触到历史，感受它的文化力量，这是一个王朝最后的象征。

它在竭尽全力地告诉我们，它曾经的辉煌和没落。

查献芹